10 days サクッとわかる 貿易実務 問題集 第4版

グローバル・ビズ・ゲート 池田隆行

この本を手に取った方へ

みなさん、こんにちは。

この本は、貿易ビジネスを勉強された方が、学んだ知識がどれだけ身についているかを確認することを目的とした問題集です。

日本では「貿易実務」に関する数多くの書籍（テキスト）が出版され、また、貿易実務講座が頻繁に開催されています。しかし、学んだことがほんとうに理解できているのかを手軽に確認できる手段がなく、使える知識として身についているのかが不安だという声をしばしば聞きます。

本書はそういった声にお応えするために、問題集という形で貿易実務の知識の理解度を確認できるようにしたものです。取引の流れに沿って分類した問題で、それぞれの取引段階で必要な業務知識を定着させることができるような構成になっています。

学習の効果をより上げるために、とくに①個々の解答の正誤だけに一喜一憂しないこと、②解答の正誤にかかわらず、解説までしっかり目を通すこと、③1回だけでなく、何度も繰り返し解いてみること、の3点をおすすめします。

本書によって確実に定着した貿易実務の知識を、お仕事に、また検定試験対策に活用していただけたら幸いです。

最後に、本書執筆にあたり、問題にチャレンジして内容のチェックにご協力して下さった、大阪航空専門学校エアライン学科、京都外国語大学エクステンション講座「貿易実務検定講座」、SBキャリアカレッジ「貿易実務検定B級取得科」の学生、訓練生の皆様に深く感謝いたします。

2020年4月

株式会社グローバル・ビズ・ゲート　池田隆行

本書の効果的な使い方

　本書をご利用いただくにあたって、「こうしなきゃダメ！」というルールはありませんので、ご自分のペースで読み進めていただけます。
　「どのように勉強したらよいかわからない」という方は、次にあげる〔より効果的な使い方【例】〕を参考にしてください。

より効果的な使い方【例】

●学習の前に準備するもの
　・筆記用具（鉛筆またはシャープペンシル、消しゴム、マーカー、色ペンなど）
　・メモ帳
　・付箋など

●学習をはじめる
　はじめから100％理解する必要はありません。1つの項目（テーマ）について80％以上理解できたと思ったら、次に進みましょう。
　ただ、理解が不十分だと思われるところには付箋を貼って、2回目にしっかり理解するようにしてください。
　① 問題を解き、答え合わせをします。正誤に一喜一憂せず、正答した問題であっても、解説を読んで知識を確実に定着させましょう。
　② 重要なキーワードは、解説の部分で赤字で表示しています。以前出てきたはずなのに、意味を忘れてしまったキーワードは後回しにせずに、意味を思い出して理解しましょう。

●1回目が終わったら
　付箋の箇所や、解説の中の赤字の箇所、「Point!」の内容は重要ですので、これらを中心にチェックして知識を完全なものにします。

なお、1回、2回だけでなく、何度も繰り返し問題を解き、解説を読んでいくことで、より理解を深めることができます。

先のことである。
8. 設問の記述は、3月15日を基点にその先1ヵ月以内とい

必ずおさえていただきたい重要事項です。

運送経路に関する主要な用語
・Port of Shipment：積地港、仕出港（いわゆる輸出港）
　　　　　　　　　「Port of Dispatch」ともいう。
・Port of Destination：荷揚港、仕向港（いわゆる輸入港）
・Final Destination：仕向港より先の最終的な運送先（最終仕向地）

問題6

 1. (A)　2. (C)　3. (B)　4. (D)　5. (G)　6. (H)

同盟船の二重運賃制とは

複数の船会社が運航している定期船の航路では、運賃カルテルを結んでいる「海運同盟（Shipping Conference）」があります。海運同盟に加盟している船会社が荷主に提示する運賃率は、原則同じです。

一方、「盟外船（Outsider）」と呼ばれる、海運同盟に所属しない船会社もあります。盟外船の運賃は海運同盟の運賃率に縛られず、各社が独自に設定していますが、海運同盟の価格カルテルに対抗するために、安い運賃が設定されて多くなっています。

もう一歩進んだ、貿易の現場で使える知識、起こりがちなハプニング事例を、コラムとして紹介しています。ひととおりの学習を済ませた後に読むと、「なるほど！」と納得でき、お仕事の参考にもなります。

同盟は、盟外船の運賃に対抗し、顧客（荷主）るために、同盟船にのみ船積みする荷主を優賃制度を設けています。そのため、同盟船の果的に二重運賃制となっています。
制度は、以下のとおりです。
（Contract Rate System）
み船積みすることを条件に、通常よりも安い
運賃率を適用する契約を結ぶ制度。契約に反し、盟外船

 46

v

サクッとわかる貿易実務問題集【第4版】

CONTENTS

この本を手に取った方へ
本書の効果的な使い方

Day 1 契約交渉をはじめるまで

❶ 貿易と国内取引の違い・・・・・・・・・・・・・・・・・・・・・・・・・・・・・・・・・・・・ 2
❷ 貿易にかかる費用・・ 6
❸ 取引相手探し・・・ 9
❹ 信用調査と与信管理・・・・・・・・・・・・・・・・・・・・・・・・・・・・・・・・・・・・ 14

Day 2 契約交渉【前編】（商品、運送、保険条件）

❺ 契約交渉の流れ・・ 22
❻ 契約内容（1）－商品条件－・・・・・・・・・・・・・・・・・・・・・・・・・・・ 30
❼ 契約内容（2）－運送条件－・・・・・・・・・・・・・・・・・・・・・・・・・・・ 37
❽ 契約内容（3）－保険条件－・・・・・・・・・・・・・・・・・・・・・・・・・・・ 48

Day 3 契約交渉【後編】（価格、決済、書類条件）

❾ 契約内容（4）－価格条件、インコタームズ－・・・・・・・・・・・・ 60
❿ 契約内容（5）－決済条件（送金、荷為替手形決済）－・・・・・・・・ 72
⓫ 契約内容（6）－決済条件（信用状決済）－・・・・・・・・・・・・・ 83
⓬ 契約内容（7）－船積書類－・・・・・・・・・・・・・・・・・・・・・・・・・・・ 88

Day 4 契約成立と許認可取得

⓭ 契約成立・・・ 100
⓮ 輸出者の許認可の取得・・・・・・・・・・・・・・・・・・・・・・・・・・・・・・・ 107
⓯ 輸入者の許認可の取得・・・・・・・・・・・・・・・・・・・・・・・・・・・・・・・ 117

Day 5 決済準備と保険付保の手続き

⓰ 為替予約・・・ 128
⓱ 信用状発行依頼－輸入者－・・・・・・・・・・・・・・・・・・・・・・・・・・・ 138
⓲ 信用状の受領－輸出者－・・・・・・・・・・・・・・・・・・・・・・・・・・・・・ 147
⓳ 貨物保険の付保・・・・・・・・・・・・・・・・・・・・・・・・・・・・・・・・・・・・・ 156

Day 6 輸出通関と船積作業

20 船積準備（1）－貨物と書類－ ･････････････････････････164
21 船積準備（2）－船積作業と通関手続の依頼－ ･･･････････173
22 輸出通関 ･･183
23 船積作業 ･･191
24 船積書類の準備 ･･･････････････････････････････････201

Day 7 貿易代金の決済

25 輸出代金決済（1）－送金決済、D/P、D/A決済－ ･･･････214
26 輸出代金決済（2）－L/C決済－ ･････････････････････223
27 輸入代金決済と貨物の引取り（1）－通常の場合－ ･･･････232
28 輸入代金決済と貨物の引取り（2）－船積書類未着の場合－ ････239

Day 8 輸入通関と荷受け作業

29 荷降し（荷受け）作業 ･･･････････････････････････248
30 輸入通関 ･･258
31 輸出／輸入決済の為替レート ･･･････････････････････270

Day 9 クレームへの対応とリスクの回避策

32 トラブルへの対応－運送トラブルと保険クレーム－ ･･････282
33 トラブルへの対応－取引クレーム、市場クレームへの対応－････292
34 トラブルへの対応－PL責任への対応、紛争解決の手段－･････299
35 貿易金融 ･･307
36 貿易保険 ･･313

Day 10 より効率的な貿易取引をするために

37 輸出通関の迅速化、効率化 ･････････････････････････324
38 輸入通関の迅速化、効率化 ･････････････････････････332
39 貿易の様々な形態 ･･･････････････････････････････345
40 貿易マーケティング ･･･････････････････････････････353

vii

Day 1

契約交渉を
はじめるまで

項 目 名	重要度
❶ 貿易と国内取引の違い	★★
❷ 貿易にかかる費用	★
❸ 取引相手探し	★★
❹ 信用調査と与信管理	★★★

貿易のリスクと貿易実務の関係をおさえよう！ → テキスト P.2 〜

❶ 貿易と国内取引の違い

問題 1 次の記述について、正しいものには○、誤っているもの
には×をつけなさい。

1. 一般に、「貿易」とは「異なる国の間で行う売買取引」のことをいう。
2. 自国と他国の間だけでなく、自国以外の他国間の取引を行うことも「貿
易」という。
3. 長年の経験や慣習によって、今や貿易はリスクを感じることなく行う
ことができる。
4. 貿易取引は原則として返品不可で、輸入した商品は買切りとなること
が多い。
5. 貿易では取引相手が外国にいるが、最近はインターネットの普及に
よって相手のことをよく知っているのがほとんどである。
6. 貿易を行う際には、取引相手と考え方や商習慣が違うことを考慮しな
くてはならない。
7. 貿易取引においては、取引国間の距離や、それに伴う運送などにかか
る時間について考慮しなくてはならない。
8. 貿易取引を日本円以外の通貨で行うときは通常、外貨との通貨交換が
必要となる。
9. 近年は運送のスピード化によって、貿易でも時間を考慮しなくてよく
なっている。
10. 貿易取引は、輸出者と輸入者の間のみで完結し、他者が介在すること
はない。
11. 貿易取引ではいくら費用がかかっても、リスクを回避・軽減できる方
策をとったほうがよい。

問題2 次の各文は、貿易のリスクについての記述であるが、（A）信用リスク、（B）為替変動リスク、（C）運送リスク、（D）時間の経過によるリスクのいずれに該当するかをそれぞれ答えなさい。

1. 為替相場の変動により、輸入者が支払うべき代金の額が変わる。
2. 輸入者が輸出者に商品代金を支払ってくれない可能性がある。
3. 通常、輸入者の代金支払いは、輸入商品の販売前であるため、輸入代金の回収ができるまで資金繰りが厳しくなる可能性がある。
4. 契約交渉や運送に時間がかかっている間に、その商品の商機を逃してしまう可能性がある。
5. 輸入者が代金を支払っても、輸出者が商品を送ってこない可能性がある。
6. 運送途上の事故や商品の破損、腐食といったトラブルに遭う可能性のある期間が長い。
7. 日本の輸出者が外貨で受け取った代金を、自国通貨に転換した場合、予定していた利益額が目減りする可能性がある。
8. 輸出者が商品の製造・調達に費やした資金を回収するまでに時間がかかり、資金繰りが厳しくなる可能性がある。
9. 運送途上で商品が盗まれたり、商品を積んだ船そのものが海賊に襲われる可能性がある。

問題3 「貿易の流れ」の要素といわれるものを、下から選びなさい。

（1）ヒト　（2）カネ　（3）トキ　（4）モノ　（5）カミ　（6）リスク

3

▲ 正答 & 解説

問題 1

▲ 正答
1. ○ 2. ○ 3. × 4. ○ 5. × 6. ○ 7. ○
8. ○ 9. × 10. × 11. ×

解説

1. **記述のとおり。**貿易の意味には商品だけでなく、無形のサービスや技術を売買することも含まれるが、いずれであっても異なる国の間で行う売買取引のことをいう。
   ※本書では、商品の取引のみを扱っています。

2. **記述のとおり。**自国以外の他国間の取引を行うことを**三国間貿易**という。

3. 貿易では、長年の経験や慣習によってリスク回避のための様々な方策がとられているが、リスクそのものがなくなったわけではなく、リスク回避策をとってもある程度のリスクは残る。

5. インターネットや電子メールの普及で、海外の取引相手とのやり取りが容易になったのは事実だが、相手をよく知っているのが当たり前とはいいがたい。

9. 運送のスピードアップにより運送時間の短縮は進んでいるものの、それでも国内運送よりは時間がかかることが一般的で、また様々な手続きに時間を要するため、考慮しなくてもよいわけではない。

10. 貿易取引には、輸出者や輸入者といった売買当事者だけでなく、運送や決済、許認可取得などの場面で様々な業者や機関、団体が関係してくる。

11. 貿易のリスクをすべて回避することが理想ではあるが、回避策には費用がかかることがほとんどである。国際的な価格競争の中で、競合に勝つためにはリスクをとっても費用を削減しなければならない局面があるため、必ずしも費用をかけてすべてのリスクを回避することが正しいとはいい切れない。

問題2

正答 1. (B) 2. (A) 3. (D) 4. (D) 5. (A) 6. (C)
7. (B) 8. (D) 9. (C)

解説

　信用リスクには、設問に挙げたもの以外に「国が違うために、考え方や商習慣が違うことによる意識、理解の齟齬」というものもある。
　また、「時間の経過によるリスク」のうち、資金繰りに係るものを**資金負担リスク**と呼ぶこともある。

> **貿易の3大リスク**
> 信用リスク ……… 安心して取引ができる相手かどうかわからない
> 為替変動リスク … 通貨の交換によって利益額が減るかもしれない
> 運送リスク ……… 運送中に事故や盗難が起こるかもしれない
> これに加えて、取引に時間がかかることによる、商機逸失や資金繰りが厳しくなる「時間の経過によるリスク」が、主なリスクである。

問題3

正答 (2)　(4)　(5)

解説

　本セクションで挙げたような「貿易のリスク」を少しでも小さくするための、様々な手続きや商習慣が「貿易実務」である。この貿易実務の流れの要素は、カネ・モノ・カミの3つである。

> **貿易の3つの流れ**
> カネの流れ … 輸出入する商品の対価の支払いの流れ
> モノの流れ … 輸出入する商品の流れ
> カミの流れ … 取引に伴ってやり取りされる様々な文書・書類の流れ

"貿易採算" の考え方を身につけよう！　　→ テキスト P.7 〜

❷ 貿易にかかる費用

問題1　次の記述について、正しいものには○、誤っているものには×をつけなさい。

1. 国内取引にかかる費用と、貿易取引にかかる費用では、その項目（内容）はほぼ同じである。
2. 貿易取引においては、「目標利益」を設定するのが一般的である。
3. ビジネスとして貿易取引を行う場合、できるだけ多くの利益を得ることが目的となる。
4. 輸出者は、輸入者に対しての価格を常に極大利益を得られるように建てることができる。
5. 市場や取引相手から求められる価格が、自社で費用や利益を想定して建てた価格よりも高い場合、自社の利益を削ったり、費用を下げる努力をしなければならない。
6. 国際運送費は、常に輸出地で支払わなければならない費用として考えるものである。
7. 商品原価、輸出者の管理経費や通信費や販促費といった諸経費、輸出者の目標利益を合わせたものを「商品出荷価格」と呼ぶ。
8. 輸入地では多くの場合、関税などの税金が徴収される。
9. 取引価格を建てる際には、費用の積上げ計算で計上忘れがないように、「貿易採算表」を作成することが望ましい。
10. 貿易採算表を作成するのは輸入者だけで、輸出者はその必要がない。
11. 貿易採算表を一度作成したら、その採算予定を遂行するために変更しないことが望ましい。
12. 費用削減のためには、同じ業務依頼先（業者）を使い続けることが望ましい。

正答 & 解説

問題1

正答 1. × 2. ○ 3. ○ 4. × 5. × 6. × 7. ○
　　　　 8. ○ 9. ○ 10. × 11. × 12. ×

解説

1. 貿易取引では、国内取引よりも多くの段階があるため、その分、費用項目も多い。
4. 貿易においては必ず相手があり、自社、取引相手ともに極大利益を得ることを目的として活動しているので、輸出者であっても輸入者であっても、常に極大利益を得ることができるわけではない。
5. 市場や取引相手から求められる価格が、自社で費用や利益を想定した価格よりも高い場合には、その分、価格を上げて自社の利益を増やす余裕があることになる。設問は逆。

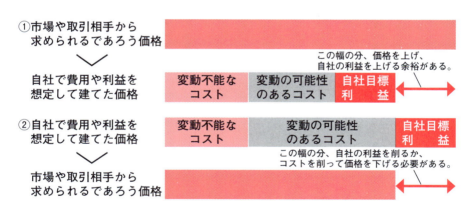

6. 国際運送費や貨物保険料は、取引条件によって支払地（負担地）が変わる費用項目である。
8. 記述のとおり。日本では現在、輸出に際して関税が徴収されることはないが、国によっては輸出関税を徴収することがある（インドネシアのパーム油やカカオ、ロシアの木材など）。そういった場合には、輸出地でかかる費用項目として考慮しなければならない。

10. 輸出者であっても、輸入者への取引価格の設定のために**貿易採算表**（この場合は輸出採算表）を作成することが望ましい。
11. 貿易採算表は、費用削減や利益調整をするたびに作り直すものである。また、採算計算時の為替相場から変動が予測される場合にも、同じく採算計算をやり直すべきである。
12. 同じ業者を使うことで説明の手間が省けて楽なこともあるが、コスト削減のためには時折、他業者から相見積りを取って最善の業者を選択しているのかを検討することが望ましい。

Point 貿易コストの構造図

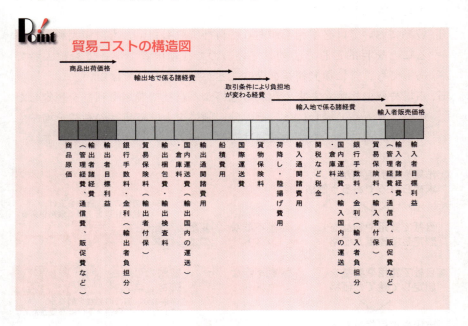

インターネットでの取引相手探しの方法は進化中！　　**→ テキスト P.11 〜**

❸ 取引相手探し

問題1　次の各文は取引相手を探す方法についての記述であるが、どのようなものについて説明しているのかを、それぞれ下の枠内の（A）〜（H）から選びなさい。

1．輸出入取引を希望している企業の社名、取扱商品や連絡先などを掲載した企業録。

2．職業別電話帳。

3．具体的な商品、価格、取引条件などの情報が提示された案件を公開しているもの。

4．取引相手を探し、商談をするために、輸出者や輸入者が出展や参加をする場。

5．貿易関係機関や、大使館商務部に自社の取引希望内容を伝えて、それらが持っているリストなどから候補先を紹介してもらうこと。

（A）見本市、商談会	（B）企業紹介依頼
（C）バイヤーによる商品発掘	（D）イエローページ
（E）海外商社名簿	（F）売込みレター送付
（G）引合案件情報	（H）トレード・ダイレクトリー

問題2　次の記述について、正しいものには○、誤っているものには×をつけなさい。

1．売込みや買付け希望のレターは、未知の相手から送られてくるものであるから、それらの送り主を取引相手として考慮すべきではない。

2．企業の社名、所在地・連絡先、業種、取扱商品、売上高等を掲載した「Trade Directory」は、取引相手探しに有効なツールである。

9

3. 具体的な商品名や取引価格など、ある程度詳細な条件を記して取引案件を提示することを「引合い（Inquiry）」という。

4. 貿易関係機関の中には、個別の取引希望（引合案件）を掲載・公開しているニュースレターを発行しているところがある。

5. 通常の見本市では、買いたい商品がある企業がサンプルを出展し、売りたい商品がある企業が来場する。

6. 雑誌や業界専門誌に取引相手募集の広告を出稿・掲載することも、取引相手探しの1つの手段である。

7. 特定の業種、業界に特化した見本市を「専門見本市」といい、業種の限定のない比較的大規模な見本市を「逆見本市」という。

8. 海外の商工会議所は自国市場を守るために、輸入案件の企業紹介はしないことになっている。

9. 最近は、インターネット上で引合案件を探すことができる。

10. Yellow Pages は職業別電話帳でしかないため、取引相手探しではあまり使えない。

11. 見本市への出展は、自社製品の宣伝・広報を目的としているので、ブースにはそういった手法に長けた広報・宣伝部門の人員を配置すべきであり、営業部門の人員を配置すべきではない。

12. 海外の貿易関係機関や商工会議所などへの取引先紹介依頼は、通常英文レターで出す。

正答 & 解説

問題1

正答 1.（H） 2.（D） 3.（G） 4.（A） 5.（B）

解説

取引相手探しの方法には、設問のもの以外にも以下のものがある。
・売込みや買付けのレターを受ける / 送ることから取引につなげる。
・バイヤーが外国市場を巡って有望商品の発掘を行う（輸入）。
・営業マンが飛込み営業を行う（輸出）。
・海外の新聞や雑誌、ウェブサイトに広告を掲載したり、それらを取り寄せて有望な候補を見つける。

なお、（E）の海外商社名簿は、企業の信用格付を掲載したものであり、通常、取引相手探しには用いられない。

> **「取引相手探しの方法」の英語表現**
> ・見本市：Exhibition、商談会：Trade Show、Business Show
> ・イエローページ（職業別電話帳）：Yellow Pages
> ・引合案件情報：Trade Inquiry
> ・トレード・ダイレクトリー（貿易企業録）：Trade Directory

問題2

正答 1.× 2.○ 3.○ 4.○ 5.× 6.○ 7.×
8.× 9.○ 10.× 11.× 12.○

解説

1. 売込みや買付け希望のレター（Eメールを含む）を受ける / 送ることから、取引に発展することもある。ただし、レターの内容が信用できるものであるかどうかをよく検討しなければならない。
4. **記述のとおり**。最近は、紙のニュースレターから、貿易関係機関のウェブサイト上に掲載先を切り替えるなどをしているところもある。

5. 通常の**見本市**では、売りたい商品がある企業がサンプルを出展し、買いたい商品がある企業が来場する。設問はその逆であり、こういった形態の見本市を**逆見本市**という。

6. **記述のとおり**。海外の新聞、雑誌に広告を掲載しようとする場合には、海外の広告代理店と提携している日本の広告代理店に依頼するのが一般的である。

7. 特定の業種、業界に特化した見本市を**専門見本市**という。これに対して、業種の限定のない比較的大規模な見本市を**総合見本市**という。

8. 商工会議所が輸入案件を紹介しないという決まりはない。

10. **イエローページ**（**Yellow Pages**）は、特定業種の取引相手を探すことについて一定の有用性がある。とくに、最近ではインターネット上でより詳細な企業情報を掲載しているものもあり、**トレード・ダイレクトリー**（**Trade Directory**）との境目がなくなりつつあり、それとともに有用性が高まっている。

11. 本来、見本市は商談の場であり、その場で取引の交渉を進めることを目的としている。そのため、ブースには交渉の権限を持った営業部門の人員を配置することが望ましい。また、来場側も同様に、交渉の権限を持った人員であることが望ましい。

※ただし、日本の見本市は宣伝・広報の場という傾向が強い。

海外からの詐欺レターに注意！

　レターを受けることから、貿易取引に発展するケースは珍しくありませんが、その中には詐欺目的のものもあります。以前は、多くがレターやFAXで送られてきましたが、近年はEメールで送られてくるものが急増しています。

　自らを政府や軍の有力者と名乗りマネーロンダリングを持ちかけ、手数料を支払うかわりに口座開設料を支払うように要求してくるパターンや、貿易取引に見せかけて見せ金や前金を要求してくるパターンなど、様々な形態が報告されています。発信元も、以前はアフリカからのレターが多かったものが、最近は欧米やアジアからのものも見受けられるようです。

　いずれにも共通していることは、条件が異常なほどいい話であり、そして先にこちらから金を出すことを要求してくるという点です。とはいえ、手口はどんどん巧妙化しており、新たな手口も出てきています。

　不自然に条件の良い儲け話にはすぐに飛びつかず、信用調査をするなど、よく注意をしてください。

参考情報：「国際的詐欺事件について（注意喚起）」（ジェトロ）
　　　　　https://www.jetro.go.jp/contact/faq/419/

信用調査のポイントとは？　　　　　　　　➡ テキスト P.15 〜

❹ 信用調査と与信管理

問題1 信用調査で判断すべき要素を、次からすべて選びなさい。

(1) Conditions　　(2) Connection　　(3) Capacity　　(4) Career
(5) Commodity　　(6) Capital　　　　(7) Competitor　(8) Character

問題2 次の記述について、正しいものには○、誤っているものには×をつけなさい。

1. 「与信」とは、販売先企業に対して支払猶予を認めることであり、債権を持つことである。
2. 「Bank Reference」は銀行に照会するものであるため、取引先候補の信用状態について明確・具体的な回答を得ることができる。
3. 自社の信用状況について照会を受けた場合は、日本企業の信用格付が掲載されている(株)日本貿易保険の「海外商社名簿」を紹介するのも一手である。
4. 信用調査をすべき内容としては、通常、経営者や役員の経歴も含まれる。
5. 情報の混乱や重複を防ぐために、信用調査の方法は１つに絞り込むことが望ましい。
6. 銀行照会（Bank Reference）先は、企業録（Trade Directory）に掲載されていることがある。
7. 「海外商社名簿」には、世界の貿易関係企業の最新の格付が掲載されており、取引先候補の信用状況を即時調査することが可能である。
8. 信用調査の内容として、その企業の売上高、収益力、成長率は重要な項目である。
9. 与信をすると決めた相手であれば、取引額や決済方法などについて心配することなく、取引することができる。

14

10. 与信取引申請書の提出を求める際には、取引担当者だけでなく、その上司の名前や連絡先もあわせて問うことが望ましい。

11. 取引相手の状況によって与信枠は変わるものであり、与信枠の管理ポリシーの変更は、取引相手とコンタクトする営業部門が行うことが望ましい。

12. Bank Reference や Trade Reference の依頼をするレターでは、提供された情報は極秘にし、その情報について一切の責任を問わないことを保証する一文を入れるのが一般的である。

問題3 次の各文は、信用調査の方法に関係する用語についての記述であるが、それぞれが意味しているものを下の枠内の（A）～（H）から選びなさい。

1. 料金を取って企業の信用状況を調べる機関や会社。
2. 調査対象となる企業の取引銀行に信用状況を照会するもの。
3. (株)日本貿易保険が企業の格付を公開しているもの。
4. Dun & Bradstreet 社が提供している信用調査レポート。
5. 調査対象企業の取引先や同業者、業界団体などに信用状況を照会するもの。

（A）同業者照会	（B）企業紹介依頼
（C）ダン・レポート	（D）貿易企業録の利用
（E）保険会社照会	（F）海外商社名簿
（G）銀行照会	（H）信用調査機関

15

▲ 正答 & 解説

問題1

▲ 正答 (1)　(3)　(6)　(8)

> **Point**
>
> **信用調査で判断すべき要素**
> ① Capital：資産、財務状況
> ② Capacity：営業能力、取引量、取引実績
> ③ Character：誠実さ、責任感、品格
> ④ Conditions：政治的状況、経済的事情
> ①〜③を 3C's（of Credit）、④を加えて 4C's と呼ぶ。

問題2

▲ 正答　1.○　2.×　3.×　4.○　5.×　6.○　7.×
　　　　　8.○　9.×　10.○　11.×　12.○

解説

1. **記述のとおり**。**与信**とは「信用供与」を略したものである。この場合の「信用」とは、信頼できる、安心できるといった感情や心情的なものではなく、「支払能力」や「取引能力」があることを意味する。

2. Bank Reference（**銀行照会**）の照会先は、取引先候補の取引銀行であるため遠慮などもあり、明確・具体的な回答を得ることは難しく、曖昧・抽象的な回答がほとんどである。これは Trade Reference（**同業者照会**）の場合も同じである。

3. 「海外商社名簿」に掲載されているのは、海外の貿易関係企業であり、日本企業の**信用格付**を掲載するものではない。

4. **記述のとおり**。**信用調査**では、取引先候補の「Character（誠実さ、責任感、品格）」を調べる必要があり、それに深くかかわる経営者や役員の経歴は調査項目の1つとなる。

5. 信用調査は複数の方法を用いて、多面的に調べることが望ましい。

7. **海外商社名簿**には、全世界のすべての企業が掲載されているわけでは

なく、未掲載の企業については新規調査依頼を出す必要がある。その場合には、数週間かかる場合もある。また、既掲載企業であっても、最新の状況でない可能性がある。
9. 与信をすると決めた相手であっても、相手先の売上高や販売能力等を勘案して、容認できる取引額の上限（**与信枠**）や決済方法を定め、随時管理しておくべきである。また、適宜、与信調査を行い、与信枠などが適切な水準かを確認する**与信管理**を行うことが望ましい。
10. **記述のとおり**。担当者が変わってしまうことで連絡が滞ることがないように、その上司についても聞くことが望ましい。
11. 売上を上げたい営業部門は、与信管理を甘く設定してしまいかねないため、与信枠の変更等のルールである与信管理ポリシーは厳密に設ける必要があり、その変更は役員レベルの決定事項とするのが望ましい。

 1. (H)　2. (G)　3. (F)　4. (C)　5. (A)

信用調査に関する重要な用語と英語表現

[用語]
- 信用　　… 支払能力や取引能力があること。
- 信用調査 … 相手が信用のある企業なのかを調べること。
- 与信枠　 … その企業との取引限度を設定したもの。
- 与信管理 … 状況に応じて与信枠を加減していくこと。

[英語表現]
- 銀行照会：Bank Reference
- 取引相手の同業者への照会（同業者照会）：Trade Reference
- 信用調査機関、商業興信所：Credit Agency

「与信取引申請書（Application for Credit）」とは？

「与信取引申請書」は、与信管理のための基礎情報とするために取引相手候補に提出してもらうものです（サンプルは次ページ）。

申請書フォームを送って、相手先に名称や所在地や業態、社長名といった一般的情報、銀行照会先や同業者照会先となる取引先の情報を記載してもらいます。取引（支払）担当者も重要な項目ですが、その担当者が変わっても大丈夫なように、その上司や財務や支払部門の責任者の情報も書いてもらうのが一般的です。

これで受け取った情報や、その他の情報源をもとに信用調査を行って与信枠を決定し、また与信管理をします。

海外では、銀行や取引先に信用状況を尋ねるのは普通で、お互いにそうしています。最近は貿易取引だけでなく、日本企業でも国内の取引先に提出を求めることもあります。そのため、この申請書の提出依頼をすることが失礼にあたることはありません。

むしろ、この申請書を出し渋るようならば「ちょっと怪しいぞ？」くらいに思ったほうがいいかもしれません。

もちろん、逆に自社が提出を求められる場合もあるので、対外的に出してもよい情報をあらかじめ整理しておきたいものです。

【与信取引申請書の一例】

APPLICATION FOR CREDIT

Date of Issue:

We hereby apply to open a Credit Account with(あなたの会社名).
This application is made for the extension of credit:

◇ Name of Business				
Company Name				
Trade Name				
□Corporation　□Partnership　□Sole Proprietor　□Limited Liability　□Other(　　)				
Mailing Address			Country	
Resistered Address				
Phone		FAX	URL	
Company Resisteration number			TAX ID/VAT Number	
Owner's Name			Shareholders Name	
CEO Name			CEO Address	
◇ Form of Business(Briefly describe the nature of your business)				
Length of time in Business				
Employees				
◇ Payable Information				
Financial Director			Phone	
Office Address			Email	
Accounts Unit Manager			Phone	
Office Address			Email	
◇ Billing Details				
Person to Contact				
Name		Title		Dept/Div
Phone		FAX	Email	
Invoice Address				
◇ Purchaseing				
The following individuals will be placing orders:				
Name		Title		Dept/Div
Phone		FAX	Email	
Signature				
Requested Initial Credit Limit				
Currency to Invoice				

Day 2

契約交渉【前編】
(商品、運送、保険条件)

項 目 名	重要度
❺ 契約交渉の流れ	★★★
❻ 契約内容 (1) －商品条件－	★★
❼ 契約内容 (2) －運送条件－	★★★
❽ 契約内容 (3) －保険条件－	★★★★

合意形成までの流れはどうなっている？　　　→ テキスト P.22 ～

❺ 契約交渉の流れ

問題1　次の各文は、契約交渉の流れに関係する用語についての記述であるが、それぞれが意味しているものを下の枠内の（A）～（H）から選びなさい。

1. 相手側から申込みを受けた内容を承諾すること。
2. 取引相手候補に対して自社を売り込み、取引を考えてもらえるように仕向ける積極的な売込み活動。
3. 取引の成約をめざし、具体的かつ詳細な取引条件の提示や要求をすること。
4. 取引条件に双方が合意し、その履行・実行を約すこと。通常は、合意内容を証するために書面を交わす。
5. 関心を持った案件について、商品の価格表や見積り、カタログの送付依頼、可能な納期や数量など、詳細な情報の問合せをすること。

（A）Acceptance　　（B）Inquiry　　（C）Counter Offer

（D）Contract　　　（E）Quotation　　（F）Claim

（G）Offer　　　　　（H）Proposal

問題　22

問題2 次の各図は、申込みの種類に関するものである。それぞれ、どのように呼ばれているかを答えなさい。

1.
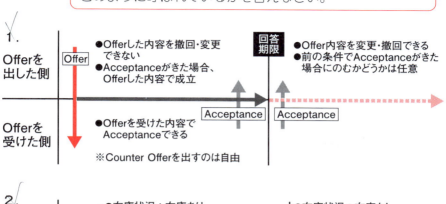

2.
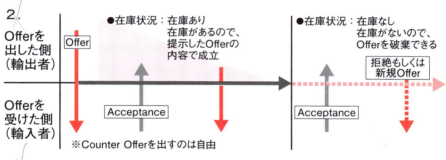

3.
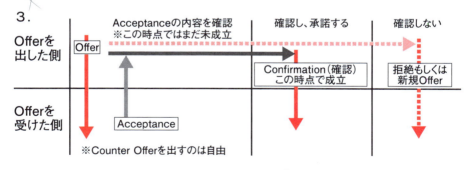

> 問題3　次の記述について、正しいものには○、誤っているものには×をつけなさい。

1. 売手側から買手側に出す Offer を「Selling Offer」、買手側から売手側に出す Offer を「Buying Offer」という。
2. 回答期限をつけた Offer を「Firm Offer」という。
3. 「Offer subject to Prior Sale」は、買手側が提示する Offer である。
4. Offer には、通常、金額や納期、決済方法などの具体的条件が盛り込まれている。
5. 提示された Offer に承諾できない場合には、変更を希望する条件を付して「Acceptance」する。
6. 「Firm Offer」を出した側は、原則として回答期限内は条件の変更・撤回ができない。
7. 「Firm Offer」を受けた側は、原則として回答期限内は「Counter Offer」を出すことができない。
8. 「サブコン・オファー」は、その商品の市場価格が安定している状況で使われることが多い。
9. 「Counter Offer」は、それ以前の Offer に新たな条件を加えた条件追加 Offer と見なされ、変更されていない条件は有効である。
10. 「Proposal」は、売手側の積極売込みであるので、取扱商品に関する強いアピールが記載されていることも多い。
11. 「Firm Offer」で示された回答期限後に Offer を受けた側がその条件を受け入れる場合、それは Acceptance となる。

> 問題4　次の取引交渉で交わされるレターの例文の解釈について、正しいものをすべて選びなさい。

1. We are pleased to make the following firm offer to you, subject to your acceptance reaching us by December 12.

(A) 良い条件を提示しているため、"We are pleased" との記載がある。
(B) Acceptance 後、Offer 提示者の最終確認を必要としている。

（C）この文章に続いて、取引条件が記載されている。

（D）12月12日までに、Offer 提示者が承諾の通知を受け取ることを条件とした確定申込である。

---

2. We are sorry to inform you that the model in question has already been discontinued. We are pleased to inform you our new model MMH-324 which is the successor of MMH-224.

（A）輸入者から引合いがあった機種は、MMH-324 である。

（B）引合いを受けた機種がないため、バックオーダー（入荷待ち注文）を勧めている。

（C）引合いのあった機種よりも高級品のほうがお勧めなので、そちらを推奨している。

（D）MMH-224 は、すでに販売されていない機種である。

（E）MMH-324 は、MMH-224 の後継機種である。

正答 & 解説

問題1

正答 1.(A) 2.(H) 3.(G) 4.(D) 5.(B)

解説

(C) Counter Offer は、Offer で提示された条件や要求の全部、もしくは一部を修正・変更した Offer を送り返すことである。また、(F) Claim は契約違約などのトラブルがあった場合に相手に対して行う、正当な権利要求のことである。

それぞれの用語について、以下の日本語の意味もあわせて覚えておくこと。

(A) 承諾　　(B) 引合い　　(C) 反対申込み　　(D) 契約
(E) 見積書　(F) クレーム　(G) 申込み　　　　(H) 勧誘

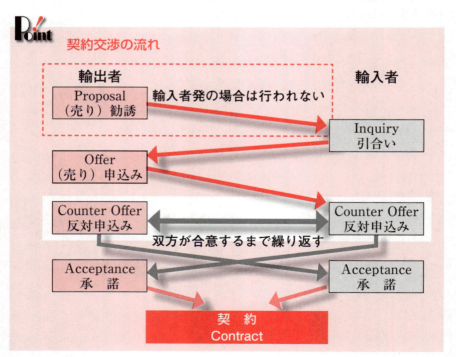

問題2

正答
1. 確定申込（Firm Offer）
2. 先売り御免申込（Offer subject to Prior Sale）
3. 最終確認条件付き申込（オファー）（Offer subject to Final Confirmation）

解説

1. 有効期限があるので、確定申込であることがわかる。
2. 在庫がある限り、Acceptance がきたら Offer の内容で成立、在庫がなくなったら Offer が破棄されるので、先売り御免申込であることがわかる。
3. Acceptance がきても、Offer を提示する側の最終的な確認を条件としているので、最終確認条件付き申込であることがわかる。サブコン・オファーとも呼ばれる。

問題3

正答 1.○ 2.○ 3.× 4.○ 5.× 6.○ 7.×
8.× 9.× 10.○ 11.×

解説

3. 先売り御免申込（Offer subject to Prior Sale）は、売手側が在庫を持っていることを条件としている Offer なので、必然的に売手側から出すものとなる。
4. 記述のとおり。具体的な条件は見積書（Quotation）の形で示される場合もある。
5. 提示された Offer に承諾できない場合に、変更を希望する条件を付して返すものを反対申込み（Counter Offer）という。Counter Offer は新規の Offer と見なされ、条件付き承諾とはならない。
7. Firm Offer を受けた側は、その有効期限内でも条件変更を求める Counter Offer を出すことができる。
8. 最終確認条件付き申込（Offer subject to Final Confirmation）は、Offer 提示側の最終確認を条件とする Offer である。これは、その商

品の価格が大きく変動することが見込まれ、その場合に Offer を撤回することができるようにしたい場合に使われる。市況が安定している状況で使われることはあまりない。

9. Counter Offer は、それ以前の Offer を破棄した新規の Offer と見なされるため、変更されていない条件も無効となる。

11. Firm Offer の回答期限後に条件を受け入れる意思を示しても、Acceptance とはならず、元の Offer を提示した側が Acceptance する必要がある。つまり、期限後の受入れ意思の表明は新たな Offer と見なされる。

- Firm Offer を出した側は、原則として回答期限内の条件変更・撤回ができない。
- Offer された条件を承諾しない場合には、条件変更を提示する Counter Offer として送り返す。
- Counter Offer が出されると、その前の Offer はすべて無効となり、新たな Offer を行ったという扱いになる。

問題4

1. (C)、(D) 2. (D)、(E)

解説

1. 日本語訳は、「12月12日までに承諾をいただくことを条件として、以下のとおり確定申込をいたします。」となる。
「subject to」以下の文によって、12月12日を回答期限とした確定申込（Firm Offer）であることがわかる。
「We are pleased」とあるが、これは儀礼的なものであり、とくに好ましい条件の提示でない場合でも書かれる。ただし、相手からの Offer が法外なものであった場合の Counter Offer では、このように書かない場合もある。

2. 日本語訳は「申し訳ございませんが、ご照会いただいた機種はすでに生産中止になっております。MMH-224 の後継機種である新機種

MMH-324 をご紹介いたします。」となる。
当初引合いを受けた MMH-224 が生産中止（discontinued）になっているため、後継機種（successor）である MMH-324 を紹介している。

「ウィーン売買条約」における Offer、Acceptance の効力の発生時期

「ウィーン売買条約（CISG）」は、国際間の売買取引について取り決めた条約です。ほとんどの先進国が批准しており、日本でも発効しています。

CISG には、Offer の効力の発生時期について定めがあります。これは、国際間の通信には日数を要することがあるためです。CISG では、これを「申込みは被申込者に到達した時にその効力を生ずる。」という「到達主義」と定めています。

これは、日本国内法で「申込みは発信した時に効力が生ずる」とする「発信主義」とは逆となるので注意を要します。

そのため、Firm Offer などの取消不能な Offer の場合であっても、Offer 到達前に当該 Offer の撤回通知が相手に到達する場合には、撤回し得ることになっています。また、Firm Offer でなければ、契約が締結されるまでその Offer は取消可能です。ただし、この場合には、相手が Acceptance の通知を発する前に、取消しの通知が被申込者に到達しなければなりません。

Offer に対する Acceptance は、その意思表示が Offer の提示側に到達した時に効力を生じることになります。ただし、商習慣などに鑑みて、Acceptance の通知をすることなく、商品発送や代金支払いなどを行ったことが Acceptance と考えられる場合には、それらの行為が行われた時に承諾としての効力が生じることになります。Acceptance をするかどうかを検討中に、相手にせっつかれて拙速に行動を起こすことで Acceptance したと見なされないように注意してください。

とても多い、数量・品質のトラブルを避けるためには　→ テキスト P.28 ～

❻ 契約内容（1）─ 商品条件 ─

問題 1 次は、契約書で取り決めるべき商品に関する事項についての記述である。正しいものには○、誤っているものには×をつけなさい。

1. 契約書上に商品の種類や型番を細かく記載すると、のちに揚げ足を取られて契約違反といわれかねないので、その概要がわかる名称で記載するべきである。

2. 見本売買で、輸入者側が自ら求める品を試作して輸出者側に送るものを「反対見本（Counter Sample）」という。

3. 商品の品質については、輸出者・輸入者双方が理解できる基準を使わなければならない。

4. 既製品のない機械、工業製品などでは見本が提示できないので、Sale by Standard Quality という品質条件にすることが多い。

5. ISO 規格など国際的に認知されている規格、輸出入国の規格などで品質や安全性が定められている商品について、それらを品質基準とするものを「Sale by Trademark/Brand」という。

6. バラ荷貨物は、一般に数量が個数として明確に記載できる。

7. 台湾からマンゴーを輸入する際の品質条件には、仕様書売買とするのが一般的である。

8. 数量条件では、数量単位が曖昧にならないようにする。

9. 輸入者は、船積時の品質の証明書として「Certificate and List of Measurement and/or Weight」を輸出者に求めることがある。

10. 商品名称については、書類間で一致が求められるものがあるため、契約書の段階で明確にしておくことが望ましい。

11. 数量や品質の決定時点を陸揚時とするものを、「Landed Terms」という。

12. ブランド名は単なる商標であるため、品質条件で用いられない。

13. 数量欄に「5% more or less at Seller's option」と記載されたときは、5％以内の過不足は容認される。

問題2 次の各文は、貿易で用いられる主な品質条件についての記述である。これらが意味しているものを下の枠内の①（日本語）、②（英語）からそれぞれ選びなさい。

1. 材料、性質、性能、構造などについて詳細な仕様書（図面や写真も含む）を作成し、それを取引する商品の品質とするもの。
2. 国際的に認知されている商標やブランドのある商品の場合に、その商標やブランドのついた商品であることを条件として取引するもの。
3. 収穫前の農産物の場合に、中等品質を規定してそれによって標準とするもの。
4. 契約に先立って提示された商品見本の品質、形状・色、性能などを、本取引時の商品の品質とするもの。
5. 林産品や水産品等の場合に、売買するに足る品質を基準とするもの。
6. 国際的に認知されている規格（Regulation）、基準（Standard）のある商品の場合に、その規格を指定して取引する商品の品質とするもの。

①	
(A) 見本売買	(B) 仕様書売買
(C) 規格売買	(D) 銘柄売買
(E) 平均中等品質条件	(F) 適商品質条件

②

(a) Sale by Specification

(b) Good Merchantable Quality Terms（GMQ）

(c) Sale by Grade/Type　　(d) Sale by Trademark/Brand

(e) Fair Average Quality Terms（FAQ）

(f) Sale by Sample

問題3　次のものは、契約書の数量に関する部分の記述である。この部分が意味するものについて、空欄（1）〜（5）に当てはまるものを、下の枠内の（A）〜（H）から選びなさい。

Quantity and Unit	Amount
2,500 kgs	about US$ 90,000
5% more or less at Seller's option	

・数量単位は、（ 1 ）ベースで示されている。
・（ 2 ）条件で、（ 3 ）％以内の（ 4 ）が容認されている。
　そのため、契約時点では数量が最終的に確定できないことから、金額についても「about」とされている。
・（ 2 ）条件は、一般に（ 5 ）の場合に使われる。

(A) 重量	(B) 個数	(C) 過不足容認	(D) 過不足
(E) 不足	(F) バラ荷	(G) 10	(H) 5

正答 & 解説

問題1

正答
1. ×　2. ○　3. ○　4. ×　5. ×　6. ×　7. ×
8. ○　9. ×　10. ○　11. ○　12. ×　13. ○

解説

1. 商品名については、のちに誤解によるトラブルが発生することを避けるために、種類や型番まで明確に取り決める。

2. **記述のとおり**。見本売買では、サンプルを輸出者だけでなく、輸入者から提示する場合があり、これを「反対見本」という。また、輸出者作成のものを Seller's Sample、輸入者作成のものを Buyer's Sample という。なお、反対見本（Counter Sample）には、設問の意味以外にも「輸入者の仕様希望に従って輸出者が制作し、輸入者側に送る試作品」の意味もある。

4. 既製品のない機械、工業製品などでは見本が提示できないので、仕様書（や写真、図面）によって品質・性能・性質などを決定する。これを仕様書売買（Sale by Specification）という。

5. 設問のような品質決定方法は、Sale by Grade/Type という。Sale by Trademark/Brand とは、国際的に認知されている商標やブランドのある商品の場合に、その商標やブランドのついた商品であることを条件として取引するものをいう。

6. バラ荷貨物（Bulk Cargo）とは、鉱物、液体、穀物のように明確に個数でカウントすることが難しく、ちょうどの数量を積むことが難しいものである。

7. 農産品の場合、見本と一致した商品を揃えるのは難しいので、一定の標準品を示し、それと本取引時の商品の品質の差を価格で調整する標準品売買（Sale by Standard Quality）とするのが、一般的である。

8. **記述のとおり**。数量単位は、国によって主に使われるものが違っていたりするので、取引で用いる単位は明確にしなければならない。とくに重量については、1トンを1,000kgとする「メトリックトン」以外にも、1,016kgとする「英トン（重トン）」、907kgとする「米トン（軽

トン）」があるので注意。また、特定の物品には特有の単位があることもある。

9. Certificate and List of Measurement and/or Weight は、**容積重量証明書**のことであり、数量や重量に関する証明書である。品質については、**品質検査証明書**（Certificate of Quality Inspection）で証明するのが一般的である。
10. **記述のとおり**。輸出者、輸入者以外にも様々な企業・機関が関わってくる貿易取引では、商品名について書類間で一致が求められるものがあるので、今後用いる商品名について契約書の段階で明確化することが望ましい。
12. 著名な商標やブランドによる商品は、品質が優れ、安定していると、一般的に認知されているので、特定のブランド名を指定して品質条件とすることがある。
13. **記述のとおり**。このような一定範囲の数量過不足を容認する条件を、**数量過不足容認条件**（More or less terms）といい、バラ荷の場合に使われることが多い。

数量条件、品質条件に関する重要用語
● 数量条件に関する用語
- 船積数量／重量条件：Shipped Quantity/Weight Terms
- 陸揚数量／重量条件：Landed Quantity/Weight Terms
- 数量過不足容認条件：More or less terms
- 容積重量証明書：Certificate and List of Measurement and/or Weight

● 品質条件に関する用語
- 船積品質条件：Shipped Quality Terms
- 陸揚品質条件：Landed Quality Terms
- 品質検査証明書：Certificate of Quality Inspection

問題2

  1. (B) － (a)   2. (D) － (d)   3. (E) － (e)
4. (A) － (f)   5. (F) － (b)   6. (C) － (c)

貿易で用いられる主な品質条件
- 見本売買（Sale by Sample）
- 仕様書売買（Sale by Specification）
- 規格売買（Sale by Grade/Type）
- 銘柄売買（Sale by Trademark/Brand）
- 標準品売買（Sale by Standard Quality）
    └平均中等品質条件（FAQ：Fair Average Quality Terms）
    └適商品質条件（GMQ：Good Merchantable Quality Terms）

「標準品売買」の2種は、見本と本取引時で商品の一致が難しい商品（農水産品、林産品、畜産物など）の場合に、見本として一定の標準品を示し、それと本取引時の商品の品質の差を価格で調整するもの。

どのような商品に、どのような品質条件が適しているのかを理解すること。

問題3

  1. (A)   2. (C)   3. (H)   4. (D)   5. (F)

船積数量／品質条件、陸揚数量／品質条件、いずれにすべきか？

　数量、品質の決定時点で商品に瑕疵が見つかれば、輸出者の責任となります。その場合、輸出者は埋め合わせ（交換や返金など）をしなければなりません。決定時点がいつになるかは、運送期間が長く、事故や劣化の可能性のある貿易では非常に重要なポイントです。

※商品によっては業界の商習慣として決まっているものもあります。

　決定時点を船積時にすることができれば、運送途上のリスクを避けることができる輸出者に有利です。その逆に、陸揚時点にすることができれば、運送途上のリスクを輸出者に押し付けることができる輸入者に有利です。注文書／注文請書型契約書（❸契約成立／参照）では、裏面約款に書式を出したほうに有利となる決定時点が定められていることもあります。

　明らかに利害が対立する項目ですが、一般的には契約で定めた貿易条件（インコタームズ＜❾契約内容(4)―価格条件、インコタームズ―／参照＞）で示される危険負担の移転時期、つまりＥ、Ｆ、Ｃ類型のように輸出地で移転するならば船積時、Ｄ類型のように輸入地で移転するならば陸揚時を、数量や品質の決定時点とすることが多いようです。

　しかし、これも表面約款として記載していないと、裏面約款のとおりとなって思わぬ不利を被る可能性もあります。数量／品質の決定時点は、国内取引の感覚でいると忘れやすいので気をつけましょう。

運送手段ごとの特徴と、契約への盛り込み方は？　　**➡ テキスト P.35 〜**

❼ 契約内容（2）― 運送条件 ―

問題 1　次は、貿易に用いられる運送手段についての記述である。正しいものには○、誤っているものには×をつけなさい。

1. 海上運送は、運送に時間がかかるという欠点があるものの、運賃の安さから、貿易運送手段として広く利用されている。

2. 海上運送は、天候や貨物の積込み状況などのために運送日数が一定しないので、鉄道や航空運送のような一定の運航スケジュールはない。

3. 在来船では、ガントリークレーン等の大型設備が必要なため、それを持たない港湾では利用できない。

4. 船舶の船腹の一部を借りて運送する運送契約の形態を、「個品運送契約」という。

5. 幹線となる外航航路の寄港地から、規模の小さな港まで運送する支線航路を「フィーダー・サービス」という。

6. 不定期船の運送契約は、運送のつどの契約であるため、必ず船を一隻まるごと借り切る「全部用船契約」となる。

7. 小口貨物の運送契約を、「用船契約（Charter Party）」という。

8. 用船契約において、船舶を航海単位で借り受けるものを「航海用船契約（Voyage Charter）」、一定期間借り受けるものを「期間用船契約（Time Charter）」といい、通常は用船契約書を作成する。

9. 高額貨物や価格に運賃の占める割合が低い商品には、運送期間を短くしてリスク期間を短くすることができる航空運送が向いている。

10. 生鮮食品・生花等の腐る可能性がある商品、補修用部品等の緊急性のある商品は、航空運送が向いている。

11. 航空用コンテナなどの航空運送用機材は、「Air Cargo」と呼ばれる。

12. 複合運送に係る輸出者 / 輸入者と運送人との契約は、全区間分の一貫運送契約なので、国際運送の手続きに慣れていない輸出者 / 輸入者には便利である。

37

13. 複合一貫運送では、運送手段の手配について個々に手数料がかかるので、トータル運賃が高くなる場合がある。

14. 複合運送人は、あらゆる運送手段を組み合わせて運送するため、自らそれらすべてを保有するスーパー・キャリアである。

15. 日本の郵便サービスでは最近、集荷までしてくれる「国際スピード郵便（EMS）」というサービスを始めている。

問題2 次は、国際運送手段に係る運賃についての記述である。正しいものには○、誤っているものには×をつけなさい。

1. 海上運送において、貨物の容積1㎥を単位とする容積重量に応じた運賃率で算出される運賃を「重量建運賃」という。

2. 重量と容積重量のどちらか大きいほうを運賃トン（Freight Ton）とし、それに応じた運賃率で算出された運賃を「重量／容積建運賃」という。

3. 定期船の航路ごとに複数の船会社で結ばれている運賃カルテルを「海運同盟」といい、海運同盟に加盟している船会社の同一航路の運賃は、いかなるときでも同一である。

4. 通常、盟外船では同盟船よりも安い運賃が設定されている。

5. 20ftもしくは40ftコンテナ1本当たりで設定されている運賃率を「Box Rate」という。

6. 海上運賃で、運賃の中に輸出港での船積費用、輸入港での荷降費用が含まれているものを「Free In & Out」という。

7. 航空運賃は、国際航空運送協会（IATA）が示す「運賃率（Tariff Rate）」という一種の国際カルテルで設定されており、利用航空運送事業者もその運賃率で顧客に運賃を提示する。

8. 利用航空運送事業者は、航空貨物運賃の重量逓減制の仕組みを利用して差額を収入としている。

9. IATAが設定している国際航空運送の運賃率は、US＄建である。

問題3 次の各文は、貿易運送の運賃や手数料に関する用語についての記述である。これらが意味しているものを、それぞれ次の枠内の（A）〜（J）から選びなさい。

1. コンテナターミナル内で発生する、コンテナの取扱費用の一部を荷主に負担させるもの。
2. 通貨為替変動による為替差益・差損を調整するための割増・割引料金。Currency Surcharge ともいう。
3. 混載貨物の取扱費用のことで、CFS 内での LCL 貨物の Vanning、Devanning 作業や CFS と CY 間の運送に対して課されるもの。
4. 船舶用燃料費の価格変動を調整するための割増・割引料金（燃料割増料率）。
5. 航空運送において、特定の区間（都市間）の特定の品目に対して適用される、原則的に割引料金となる運賃率。
6. 航空運賃が着払いとなっている場合、運賃を到着地で回収することに対して徴収される特別料金。
7. IATA 危険物規則書（IATA Dangerous Goods Regulation）で指定されている危険物を運送する場合に課される割増料金。
8. 航空運送業者への申告価格が1kg 当たり SDR22 を超える高価な貨物を運送する場合に課される特別料金。

(A) Currency Adjustment Factor (CAF)
(B) General Cargo Rates
(C) Dangerous Goods Handling Fee   (D) CFS Charge
(E) Bunker Adjustment Factor (BAF)   (F) Class Rates
(G) Terminal Handling Charge (THC)   (H) Valuation Charge
(I) Specific Commodity Rates   (J) Charge Collect Fee

 問題4　次の各文は、国際複合運送の代表的な経路についての記述である。それぞれどのように呼ばれるかを、次の枠内の（A）〜（E）から選びなさい。

1. 日本－ロシア東海岸間を船舶で、ロシア国内を鉄道で経由し、欧州、中近東に運送するもの。
2. 日本－シンガポールやドバイまでの間を船舶で、そこから欧州までを

航空運送するもの。

3. 日本－米国西海岸間を船舶で、米国内を鉄道で経由し、米国東海岸－欧州間を船舶運送するもの。

4. 日本－中国の青島・天津間を船舶で、中国・ロシア国内を鉄道で経由し、欧州、中近東に運送するもの。

5. 日本－米国西海岸間を船舶で、米国東海岸、メキシコまでを鉄道で運送するもの。

(A) アメリカン・ランド・ブリッジ

(B) アメリカン・ミニ・ランド・ブリッジ

(C) シベリア・ランド・ブリッジ

(D) チャイナ・ランド・ブリッジ

(E) シー・アンド・エア

問題5 次は、契約書で取り決めるべき運送・船積条件についての記述である。正しいものには○、誤っているものには×をつけなさい。

1. 契約書では、船積時期は特定日にせず、一定の期間内もしくは期限内として幅を持たせるのが普通である。

2. 船積港については、契約書の「Port of Shipment」の欄に記載する。

3. 船積時期とは、輸出者の工場などの拠点からの積出日のことである。

4. 船積時期が「July, 20XX Shipment」となっている場合、6月に船積準備ができていれば、早く船積みするに越したことはない。

5. 船積港－荷揚港が明確になっていれば、経路の融通が効く分、積替え可としたほうが輸入者にとって都合がよい。

6. 一括運送でも分割運送でも、送る数量は結局同じなので、分割積み可としても何の問題もない。

7. 「Final Destination」に記載されている地名は、輸入港である。

8. 船積時期に「Within one month from 15 March」と記載されている場合、3月15日の前後1ヵ月以内に船積みしなくてはならない。

40

問題6 次の図は、契約書の運送・船積みに関する部分である。この部分が意味するところについて、空欄（1）～（6）に当てはまるものを、下の枠内の（A）～（H）から選びなさい。

Port of Shipment	Terms of Delivery
Santiago, Chile	Transhipment ：Permitted Partial Shipment ：Not Permitted
Port of Destination	Time of Shipment
Tokyo, Japan	By September, 20XX
Final Destination	Inspection
Kofu, Japan	

・船積港は（ 1 ）、荷揚港は（ 2 ）、最終仕向地は（ 3 ）である。
・船積みは、20XX年9月（ 4 ）に行わなければならない。
・積替えは、（ 5 ）されており、分割積みは（ 6 ）されている。

（A）Santiago	（B）Kofu	（C）Tokyo	（D）以内
（E）以前	（F）以降	（G）容認	（H）禁止

41

▲ 正答 & 解説

問題 1

▲ 正答

1. ○ 2. × 3. × 4. ○ 5. ○ 6. × 7. ×
8. ○ 9. ○ 10. ○ 11. × 12. ○ 13. ○ 14. ×
15. ○

解説

2. 海上運送の場合にも、**定期船**の運航スケジュールが設定されており、それが掲載された専門誌も発行されている。

3. ガントリークレーン等の大型設備が必要なのは、**コンテナ船**である。そのため、それを持たない港湾ではコンテナ船は利用できない。一方、**在来船**では規模の小さな設備で荷役作業ができる。

6. **不定期船**の運送契約が、必ずしも荷主がすべて借り切る**全部用船契約**になるとは限らない。船会社が、他の船会社と航海契約を結んだ不定期船に積む場合には、荷主は**一部用船契約**を結ぶ。

7. 用船契約は通常、大口貨物のときに結ばれる。船腹の一部で足りる小口貨物の場合、通常は**個品運送契約**が結ばれる。

9、10. **記述のとおり**。設問に挙げられている物品の他、プレタポルテなどの世界同時公開など、適時性が求められる物品も航空運送が向いている。

11. 航空運送用機材は、**Unit Load Device（ULD）と呼ばれる。**

14. **複合運送人**は、必ずしも引き受けた運送区間に必要な運送手段を自ら保有しているわけではなく、保有していない区間については必要な運送手配を行う。なかには、自社で国際運送手段を持たない**利用運送事業者（NVOCC）**というものもある。逆に、すべての運送手段を持つ複合運送人を**インテグレーター**という。

運送手段に関する用語について、それぞれの違いを理解しよう！

●海上運送
- コンテナ船（Container Vessel）、在来船（Conventional Vessel）
- 定期船（Liner）、不定期船（Tramper）
- 個品運送契約、用船契約（Charter Party）

●複合一貫運送
- 複合運送人、利用運送事業者（NVOCC）、インテグレーター

問題2

正答 1.× 2.○ 3.× 4.○ 5.○ 6.× 7.× 8.○ 9.×

解説

1. 主として定期船において、容積1㎥（**エムスリー**と呼ばれる）を単位とする運賃率で算出される運賃を**容積建運賃**という。**重量建運賃**とは、貨物の重量に応じた運賃率（1トン当たりの運賃）で算出するものである。

3. **海運同盟**に加盟している船会社の同一航路での運賃は、原則として同一である。しかし、実際には各社が様々な優遇運賃を設定して二重運賃制となっている（P.46 コラム参照）。

4. 記述のとおり。同盟非加盟の会社の船（**盟外船**）では、海運同盟の船（**同盟船**）の価格カルテルに対抗するために、安い運賃が設定されていることが多い。

5. 記述のとおり。Box Rate は通常、品目別に設定されており、これを Commodity Box Rate（CBR）という。

6. 運賃の中に船積費用（Loading Charge）、荷降費用（Unloading Charge）が含まれているものを Berth Term、または Liner Term と呼ぶ。定期船、個品運送契約の運賃はほとんどがこれである。Free In & Out とは船積費用、荷降費用のいずれも含まれていないものをいう。この他、船積費用は含むが荷降費用は含まない Free Out、船積費用

は含まないが荷降費用は含む Free In がある。これらは、用船契約で用いられる。

7、8．IATA 加盟の航空会社は IATA が示し、関係国が認可した運賃率を用いている。しかし、利用航空運送事業者はそれに縛られていない。利用航空運送事業者は、個々の小口荷主からの貨物を集めて大口荷主となり、IATA 運賃率の重量逓減制の仕組みを利用して差額から利益を得ている。

9．US＄建ではなく、原則として出発地国通貨で示される。

代表的な運賃の算出方法

- 容積建運賃：容積1㎥を単位とした運賃率で算出。
- 重量建運賃：重量1tを単位とした運賃率で算出。
- 重量／容積建運賃：重量と容積重量（※）のどちらか大きいほうを運賃トン（Freight Ton）とし、それに応じた運賃率で算出。
- Box Rate：20ft コンテナ、40ft コンテナ1本当たりで設定。通常、品目別に設定（Commodity Box Rate〈CBR〉）。

※海上貨物は 1.133㎥＝1t、航空貨物は 5,000c㎥ または 6,000c㎥ ＝1kg とすることが多い。

問題3

 1．(G)　2．(A)　3．(D)　4．(E)　5．(I)　6．(J)　7．(C)　8．(H)

解説

2．CAF は、主に欧州航路で使われている。一方、アジア航路で使われているものは「Yen Appreciation Surcharge（YAS）」と呼ばれる。

4．BAF は、主に欧州、紅海、北米航路などで導入されている。一方、極東航路、東南アジア航路、中近東航路、南米航路で導入されているものは「Fuel Adjustment Factor（FAF）」と呼ばれる。

5．航空貨物の重量運賃率には、以下のものがある。

44

・General Cargo Rates（GCR）

貨物の種類（品目）に関係なく適用される、最も基本的な運賃率

・Specific Commodity Rates（SCR）

特定の区間（都市間）の特定の品目に対して適用される、原則的に割引料金となる運賃率

・Class Rates

一定地域（IATA が定める Area）間や一定地域内を運送される、特定の品目に対して適用される運賃率

適用優先順位は、SCR、Class Rates、GCR の順番となっている。

問題4

▲正答 1.（C）　2.（E）　3.（A）　4.（D）　5.（B）

問題5

▲正答 1.○　2.○　3.×　4.×　5.×　6.×　7.×　8.×

解説

3. 契約書での**船積時期**とは、一般には主要な国際運送手段への積込時期を示すものであり、出荷日を意味するものではない。ただし、輸出者の拠点で輸入者に商品の引渡しがなされる場合には、出荷日のこともある。

4. 設問のような記載の場合、記載された月内に船積みするという意味になる。前月以前に準備ができていたとしても、輸入者側にも準備があるので、船積みしてはいけない。

5. **積替え**があると、積替港での荷降しや再積込みの際に落下や盗難の可能性があるため、好ましいものではない。

6. **分割積み**にすると、通関などの手続きを何度もしなくてはならない、余計に運賃がかかる、といったマイナス面がある。また、輸入者が納品先に一括納品をすることになっている場合には、先に到着した商品の保管にコストがかかってしまう。

7. 「Final Destination」とは、仕向港（輸入港）より先の最終的な運送

45

先のことである。
8. 設問の記述は、3月15日を基点にその先1ヵ月以内という意味。

運送経路に関する主要な用語
・Port of Shipment：積地港、仕出港（いわゆる輸出港）
　　　　　　　　　「Port of Dispatch」ともいう。
・Port of Destination：荷揚港、仕向港（いわゆる輸入港）
・Final Destination：仕向港より先の最終的な運送先（最終仕向地）

問題6

 1.（A） 2.（C） 3.（B） 4.（D） 5.（G） 6.（H）

同盟船の二重運賃制とは
　複数の船会社が運航している定期船の航路では、運賃カルテルを結んでいる「海運同盟（Shipping Conference）」があります。海運同盟に加盟している船会社が荷主に提示する運賃率は、原則同じです。
　一方、「盟外船（Outsider）」と呼ばれる、海運同盟に所属しない船会社もあります。盟外船の運賃は海運同盟の運賃率に縛られず、各社が独自に設定していますが、海運同盟の価格カルテルに対抗するために、安い運賃が設定されていることが多くなっています。
　そこで、海運同盟は、盟外船の運賃に対抗し、顧客（荷主）をつなぎ止めるために、同盟船にのみ船積みする荷主を優遇する割引運賃制度を設けています。そのため、同盟船の運賃率は、結果的に二重運賃制となっています。
　主要な優遇制度は、以下のとおりです。
・契約運賃制（Contract Rate System）
　同盟船にのみ船積みすることを条件に、通常よりも安い運賃率を適用する契約を結ぶ制度。契約に反し、盟外船

に船積みした場合は、違約金などの制裁が科される。
・運賃割戻し制（Fidelity Rebate System）
　一定期間（通常は4ヵ月）、同盟船にのみ船積みした場合、運賃の一部を割り戻す制度。
・運賃延戻し制（Deferred Rebate System）
　一定期間（通常は4ヵ月）、同盟船にのみ船積みした荷主に対し、さらにその後の一定期間の船積みについても同盟船のみを使うことを条件として、先の期間の運賃の一部を割り戻す制度。

　国際運送費用は、貿易のコストの中で大きな比率を占めます。こういった割引制度を利用することで、コスト削減を図るのも大切です。

旧約款と新約款、それぞれの担保範囲を理解しよう！　　→ テキスト P.44～

❽ 契約内容（３）― 保険条件 ―

問題1 次は、貨物保険の仕組みについての記述である。(1)～(7)は、保険用語ではどのように呼ばれるかを、それぞれ下の枠内（A）～（J）から選びなさい。

　貨物保険とは、「（１）輸出入者」の「（２）運送途上」の「（３）貨物」に起こった「（４）事故による損害」に対して、「（５）保険会社」が、「（６）指定された相手」に「（７）損害額をてん補」して支払うものである。

（A）保険期間	（B）保険者	（C）保険契約者	（D）保険金額
（E）付保対象	（F）保険金	（G）担保条件	（H）保険料
（I）保険価額	（J）被保険者		

問題2 次は、貨物保険の用語についての記述である。これらが意味しているものを、次の枠内の（A）～（L）からそれぞれ選びなさい。

1. 船の座礁（Stranding）、沈没（Sinking）、大火災（Burning）、衝突（Collision）、貨物積降し中の「梱包一個ごと」の全損。

2. 個々の貨物や特定の被保険者の貨物に発生した損害。

3. 免責歩合条項にかかる条件の１つで、現実の損害が免責歩合を超過した場合、その損害全部がてん補されるもの。

4. 免責歩合条項にかかる条件の１つで、免責歩合を超過した貨物の損傷について、超過部分についてだけがてん補されるもの。

5. 荒天などによる船主と荷主の「共同の危険」に際し、船長の判断により、一部の貨物の犠牲でその船舶と貨物全体の保全を行った場合に、

犠牲となった貨物の荷主の損害を、荷主全員で負担するもの。

6. 戦争・動乱、テロ、水雷・機雷・爆弾の爆発（核爆発を除く）、拿捕・抑留、海賊行為による危険。

7. 貨物の一部が、滅失、破損などで価値を失った状態。

8. 貨物の全部が、滅失、破損などで価値を失った状態。

9. ロンドン保険業者協会が、類型化して定めた基本的な貨物保険約款。

10. 沈没や火災などで、実際にその貨物が著しい損傷で価値を失い、販売などができない状態。

11. ストライキ、暴動、騒擾に参加した者の破壊・略奪などの行為により、損害が生じる危険。

12. 貨物が消息不明の状態になった場合や、引揚げ・復旧のための費用が貨物の価値を超えると見なされる状態。

```
(A) 全損        (B) 分損        (C) 単独海損     (D) 共同海損
(E) 特定分損     (F) 推定全損     (G) 現実全損     (H) 協会貨物約款
(I) 戦争危険     (J) フランチャイズ方式          (K) エクセス方式
(L) ストライキ危険
```

問題3 次は、貨物保険の担保条件についての記述である。正しいものには○、誤っているものには×をつけなさい。

1. F.P.A 条件は分損不担保といい、共同海損は担保するが、それ以外の個々の荷主の損害は担保しない条件である。

2. W.A. 条件では、海水濡れ損は担保されるが、淡水濡れ損は担保されない。

3. W.A. 条件では、基本は免責歩合条項としてフランチャイズ方式が適用されるが、特約でエクセス方式とするのが一般的である。

4. I.C.C. 旧約款において、雨による濡れ損を担保範囲にしようとする場合には、W.A. 条件、または、A/R 条件にする必要がある。

5. I.C.C. 新約款において、(B) 条件で付保すれば、雨による濡れ損を担保範囲とすることができる。

49

6. 積込み・荷降しの際の梱包1個ごとの全損については、旧約款の F.P.A. 条件では担保されるが、新約款の（C）条件では担保されない。

7. 貨物運送中に通常の起こり得る漏れ損や自然の消耗は、A/R 条件でも担保されないが、付加保険でカバーすることができる。

8. A/R 条件は、人為的な原因で生じた損害であっても担保するが、ストライキの参加者による破壊・盗難の損害は担保しない。

9. A/R 条件で保険を付保している場合で、運送経路中に戦争、紛争、内乱の恐れのない場合は、戦争保険を付保する必要はない。

10. （A）条件では、海賊による損害が担保されている。

11. 協会貨物約款の新約款の（A）条件と、旧約款の A/R 条件では、担保内容は完全に一致している。

12. 貨物保険では、取引相手の支払拒否、支払不能を含めた契約不履行といったものは対象にならない。

13. 遅延損害にかかる危険をカバーしたい場合は、旧約款では A/R 条件、新約款では（A）条件で付保する必要がある。

14. 協会航空貨物約款では、A/R 条件、（A）条件のいずれかとなる。

15. 保険期間中で航空運送の墜落、陸上運送の脱線・転覆といった事故は、海上輸送の沈没、座礁などに読み替えて保険適用される。

16. 旧約款、新約款のいずれの条件であっても、損害防止費用や救助費用、サーベイ費用などの費用損害を担保するには、特約をつけなければならない。

問題4 次は、貨物保険の対象となる付加危険の内容である。英語／略語では、それぞれどのように表されるかを次の枠内の（A）～（L）から選びなさい。

1. 雨・雪・淡水濡れ損　　2. 漏れ損　　　　　3. 不足損害
4. 盗難・抜荷・不着損害　5. 破損　　　　　　6. 他貨物との接触損害
7. 曲がり・へこみ損　　　8. 汚染損害　　　　9. 発熱および自然発火

50

（A）RFWD　（B）Breakage

（C）Heating and Spontaneous Combustion

（D）Contact with Other Cargo　（E）Shortage　（F）TPND

（G）Decay and/or Deterioration　（H）Bending and Denting

（I）Contamination　（J）Jettison and/or Washing Over Board

（K）Contact with Oil and Other Cargo　（L）Leakage

問題5 次は、取引契約条件と貨物保険の関係についての記述である。正しいものには○、誤っているものには×をつけなさい

1. 多少の潮濡れがあっても問題のない貨物は、旧約款では F.P.A. 条件の担保範囲で十分である。

2. 穀物類、豆類、飼料、魚粉、乾草などは、旧約款では W.A. 条件の担保範囲で事足りることが多い。

3. 機械類などの工業製品は、新約款では（C）条件の担保範囲とすることが望ましい。

4. 貨物保険の保険料は、保険料＝保険金額×保険料率で算出される。

5. 貨物保険の保険料は、新約款では（A）条件、旧約款では A/R 条件が一番安く、新約款では（C）条件、旧約款では F.P.A. 条件が一番高い。

6. インコタームズ 2020 では、輸出者に保険付保義務がある貿易条件とした場合、とくに定めがなければ、A/R 条件または（A）条件で付保する義務を課している。

7. 輸出者か輸入者のいずれかが保険付保した状態でなければ、運送人は運送を引き受けない。

8. 貨物保険は、I.C.C. の新旧いずれかの 3 条件のうち 1 つと、戦争保険、ストライキ保険を付保するのが一般的である。

9. 保険金額は、とくに契約で定めがない場合、FOB/FCA 価格の 110％とするのが一般的である。

10. 取引契約で「国際運送中の貨物の事故のリスクを負担する」こととなっている側が貨物保険の保険契約者となるのが一般的である。

11. 貨物保険では、被保険者は結果的に輸出者となるようにするのが一般
    的であり、輸出者は保険会社から受領した保険金を輸入者に送金する
    ことで事故の損害を弁済する。
12. 輸入者が保険付保する貿易条件の場合、売買契約書の保険条件欄には
    「To be covered by buyer」と記載されるのが一般的である。
13. 貨物保険の保険料率は、ロンドン保険業者協会が定める公定料率であ
    り、どの保険会社であっても同じ料率が適用される。

正答 & 解説

問題1

正答 1.（C） 2.（A） 3.（E） 4.（G） 5.（B） 6.（J） 7.（F）

解説

その他の用語の意味は、以下のとおり。　保険金額．．

（D）保険会社が損害のてん補として支払う最高限度額。貨物保険の場合、通常は商品の CIF/CIP 価額の110％。
（H）保険会社が保険を引き受ける対価として徴収するもの。
（I）保険を付ける（付保する）物品の評価額。　保険価額

貨物保険とは

①輸出入者（保険契約者）の②運送途上（保険期間）の③貨物（付保対象）に起こった④事故による損害（担保条件）に対して、⑤保険会社（保険者）が⑥指定された相手（被保険者）に⑦損害額をてん補（保険金）して支払うもの。

問題2

正答 1.（E） 2.（C） 3.（J） 4.（K） 5.（D） 6.（I）
7.（B） 8.（A） 9.（H） 10.（G） 11.（L） 12.（F）

解説

これらの用語のうち、以下のものについては英語表現も覚えておくこと。

（A）Total Loss　　（B）Partial Loss　　（C）Particular Average
（D）General Average　　（H）Institute Cargo Clauses / I.C.C.
（I）War Risks　　（J）Franchise　　（K）Excess
（L）Strikes, Riots and Civil Commotions Risks / S.R.C.C. Risks

問題3

正答　1. ×　2. ○　3. ○　4. ×　5. ×　6. ○　7. ×
　　　　　8. ○　9. ×　10. ○　11. ×　12. ○　13. ×　14. ○
　　　　　15. ○　16. ×

解説

1. F.P.A. 条件であっても、S.S.B.C. に関する事故が生じた場合は、その事故と貨物損害との因果関係にかかわらずてん補される。また、船積時、荷降時の落下による梱包一個ごとの損害もてん補される。

2、4、5. 雨や雪といった淡水による濡れ損は、A/R 条件または（A）条件でしか担保されない。（B）条件では「海・湖・河川の水の輸送用具・保管場所等への浸入」が担保範囲にはいるものの、これは淡水濡れ損とは別のものである。

7、12、13. 設問の損害はいずれも、I.C.C. 約款では不担保損害となっている。この他にも不完全梱包や被保険者の故意も不担保である。

8. 記述のとおり。A/R 条件、（A）条件であっても、ストライキ危険は担保されないため、ストライキ保険を付保する必要がある。なお、ストライキ保険で担保する損害は、そのストライキや暴動などの参加者による物理的な破壊、略奪などによるものである。港湾ストライキで到着が遅延したなどの損害は担保されないので注意。

9. 戦争保険は、海賊や、残留機雷による損害も担保する。マラッカ海峡やソマリア沖など海賊が横行する地域もあり、また、最近でも瀬戸内海で第二次大戦中の機雷が発見されている。よって、戦争等の危険がない経路であっても、戦争保険を付保することが好ましい。

10. 記述のとおり。A/R 条件と同じく、（A）条件でも戦争危険は担保範囲から除外されている。しかし、新約款用の戦争危険の内容には海賊によるものは挙げられていない。その分、（A）条件に「一切の人または人々の不法な行為」が挙げられており、これに海賊による損害が含まれる。

11. 設問 10 で見たように、A/R 条件と（A）条件の担保内容はほぼ一致するものの、完全一致ではない。これは、W.A. 条件と（B）条件、F.P.A. 条件と（C）条件も同じである。

15. **記述のとおり**。各運送モードの状況によって、海上運送時の事故状況に読み替えられる。なお、どこの国の法律が適用されるかという問題については、原則として事故発生地点の国の法律が適用されることとなる。
16. 費用損害については、F.P.A.条件、(C)条件でも担保されている。

貨物保険に関する用語とそれぞれの違いを理解しよう！

・単独海損（Particular Average）、共同海損（General Average）
・全損（Total Loss） … 現実全損と推定全損がある。
　分損（Partial Loss）… 共同海損分担金、特定分損、その他の分損がある。
　付加危険 … 上記以外による損害（淡水濡れ損、盗難など）
　※さらに費用損害も貨物保険では担保対象となっている。
・旧約款 … A/R条件、W.A.条件、F.P.A.条件
　新約款 … (A)条件、(B)条件、(C)条件
・戦争保険、ストライキ保険
　※担保範囲、とくに新約款と旧約款の微妙な違いについてはよく理解しておくこと。

問題4

正答 1.(A) 2.(L) 3.(E) 4.(F) 5.(B) 6.(D) 7.(H)
　　　　8.(I) 9.(C)

　設問の各危険は、A/R条件、(A)条件では担保されるが、それ以外の条件で付保していて、これらの危険についても担保したい場合には、個別に追加して付保することになる。
　なお、(A) は Rain and/or Fresh Water Damage、(F) は Theft, Pilferage and Non-Delivery の略、また、解答のもの以外は下の意味となる。
(G) 腐敗、品質低下損害　　(J) 投荷・波ざらい損害
(K) 油および他貨物との接触損害

問題5

 正答　1.○　2.○　3.×　4.○　5.×　6.×　7.×　8.○
9.×　10.○　11.×　12.○　13.×

解説

1、2、3. 商品の特性・性質をよく考え、担保範囲を決めなければならない。大きな判断要素は、濡れても大丈夫か、人為的な原因による損害（盗難など）の可能性があるかである。機械類などの工業製品は濡れに弱く、また、盗難などの可能性が高いため、A/R条件、または（A）条件で保険付保するのが望ましい。

5. 保険料は担保範囲が広いほど高くなる。よって担保範囲の広い（A）条件やA/R条件の保険料は高く、担保範囲が狭い（C）条件やF.P.A.条件の保険料は安い。

6. インコタームズ（※）のCIF、CIP条件では、輸出者が「保険付保の義務」がある。通常、担保範囲は契約書の表面約款で明確に取り決めるが、**担保範囲が明示されていない場合**には、輸出者はどのような条件で保険を付保する「義務」があるのかが定められている。インコタームズ2020においては、CIF条件では「最低限の保険条件（=（C）条件、F.P.A.）」、CIP条件では「最大限の保険条件（=（A）条件、A/R）」とされている。一方、インコタームズ2010では、両条件とも最低限の保険条件（=（C）条件、F.P.A.条件）でよいとされている。

7. 貨物保険の付保は義務ではなく、任意である。保険付保していなくとも運送人は運送を引き受けるが、そのリスクは輸出者／輸入者が負うことになる。

9. 保険金額は、とくに契約で別の定めが無い限り、**CIF/CIP価額の110%**である。パーセンテージは輸出者と輸入者の間で取り決めることが出来るが、保険会社は110%以上とする保険契約をほとんど認めない。

10. 記述のとおり。輸出者と輸入者のどちらが「国際運送中の貨物の事故のリスクを負担する」ことになるかは、契約条件の1つ、貿易条件のインコタームズによって決まる。（※）

11. 貨物保険では、被保険者は結果的に輸入者となるようにするのが一般

的である。輸出者が保険付保する場合であっても、商品出荷後に被保険者を輸入者に切り替え、輸入者が保険金を受領できるようにすることで、事故の損害をてん補する。

12. **記述のとおり**。貿易条件で輸入者が保険付保することとなっている場合には、売買契約で保険条件を定める必要がない。輸入者（買手、Buyer）が任意で付保すればよいため、契約書にはこのように記載すればよい。

13. **保険料率**は、貨物、航路など様々な条件によって変わり、それは各保険会社が設定する。全ての保険会社に適用される公定料率はない。ただし、各保険会社はロンドン保険市場の料率を参考にしている。
（※）インコタームズについては❾契約内容(4)—価格条件、インコタームズ—を参照

貨物保険
・インコタームズでは、輸出者の保険付保義務の範囲は最低限
　(C) 条件、(F.P.A. 条件) でよいことになっている。
・保険料＝保険金額 × 保険料率
　　　　通常は、商品の CIF/CIP 価額の 110%
　　　　　　　　商品価格＋仕向港までの運賃＋保険料
　※10%分は「得べかりし利潤」と呼ばれる。インコタームズでは
　　最低割合として定めている。（契約書などで、他に定めが無い場合）
・保険付保をするのは輸出者、輸入者のいずれかを理解すること。

I.C.C. 新約款

　日本では、貨物保険の保険条件はI.C.C.旧約款によるものが主流です。しかし、I.C.C.新約款が2009年に改訂されたことにより、この流れが変わりつつあります。これは、改訂後の新約款が以下のとおり、全般的に荷主側（輸出者/輸入者）に有利になったためです。

・「不完全梱包」であっても、保険期間開始後の独立した請負業者等第三者による梱包または準備によるものは、補償対象になる。
・新約款（A）では「海賊による損害」が担保される。
　※ただし、拿捕・抑留による損害は免責とされているため、担保されない。また、同じく改訂された新約款用の戦争保険約款では、拿捕・抑留による損害が、「戦争、内乱、革命、謀反、反乱などに起因するもの」と限定された。これは、平時の拿捕・抑留は戦争保険の対象外であるという意味。

　大手の保険会社では、ウェブサイト上の貨物保険の紹介ページで新約款のみを掲載しているところもあります。新約款と旧約款での担保内容の違いをよく理解して、適切な保険を選択するように心がけたいものです。

Day 3

契約交渉【後編】
（価格、決済、書類条件）

項 目 名	重要度
❾ 契約内容（4）―価格条件、インコタームズ―	★★★★★
❿ 契約内容（5）―決済条件（送金、荷為替手形決済）―	★★★★★
⓫ 契約内容（6）―決済条件（信用状決済）―	★★★★
⓬ 契約内容（7）―船積書類―	★★★★★

インコタームズの各類型、条件の区別をしっかりとつけよう！　➡ テキスト P.56 〜

❾ 契約内容（4）
― 価格条件、インコタームズ ―

問題1　次の各文は、インコタームズ2020、または、2010の各条件で示されている費用・危険負担の範囲についての記述である。これらが意味しているのはどの条件についてのものか、下の枠内の（A）〜（K）から選びなさい。

1. 指定輸出港で、国際運送をする船（本船という）の船上に貨物が置かれた時点で、費用、危険の負担が移転する。

2. 費用の負担は、輸入地の合意された地点に到着した時点で移転する。ただし、貨物保険料は輸入者負担。一方、危険の負担は、輸出地の特定地点（輸出地のコンテナターミナルなど）で主要運送手段の運送人に貨物が引き渡された時点で移転する。

3. 輸入港、または、輸入国における指定ターミナル（埠頭、倉庫、コンテナヤード、鉄道の駅等）において、一旦到着した運送手段から荷降ろしされた時点で、費用、危険の負担が移転する。

4. 輸出地の特定地点（輸出港のコンテナターミナルなど）で、輸入者が指定した運送人に貨物が引き渡された時点で、費用、危険の負担が移転する。ただし、輸出通関費用は輸出者負担。

5. 費用の負担は、本船が輸入港に到着した時点で移転する。費用には貨物保険料を含む。一方、危険負担は、本船の船上に貨物が置かれた時点で移転する。

6. 輸出者の拠点以降で発生する全ての費用、危険を輸入者が負担する。

7. 費用の負担は、輸入地の合意された地点に到着した時点で移転する。費用には貨物保険料を含む。一方、危険の負担は、輸出地の特定地点（輸出地のコンテナターミナルなど）で主要運送手段の運送人に貨物が引き渡された時点で移転する。

8. 輸入地の特定地点（輸入者拠点を含む）で、輸入者が指定した運送人に貨物が引き渡された時点で、費用、危険の負担が移転する。輸入通

60

関費用や関税も輸出者負担。

9. 指定輸出港で、埠頭や艀（はしけ）など本船の横（船側）に貨物が置かれた時点で、費用、危険の負担が移転する。

10. 輸入港、または、輸入国における指定ターミナル（埠頭、倉庫、コンテナヤード、鉄道の駅等）において、到着した運送手段の上で荷降しの準備が出来ている状態で、輸入者に引き渡された時点で、費用、危険の負担が移転する。

11. 費用の負担は、本船が輸入港に到着した時点で移転する。ただし、貨物保険料は輸入者負担。一方、危険負担は、本船の船上に貨物が置かれた時点で移転する。

(A) EXW（工場渡し条件）	(B) FCA（運送人渡し条件）
(C) CPT（輸送費込み条件）	(D) CIP（輸送費保険料込み条件）
(E) DPU(荷卸込持込渡し) ※ 2010 では DAT(ターミナル持込渡し条件)	
(F) DAP（仕向地持込渡し条件）	(G) DDP（関税込み持込渡し条件）
(H) FAS（船側渡し条件）	(I) FOB（本船渡し条件）
(J) CFR（運賃込み条件）	(K) CIF（運賃保険料込み条件）

問題2 下は、インコタームズの各類型・条件についての記述である。正しいものには○、誤っているものには×をつけなさい。

1. EXW 条件では、輸出用梱包の費用は輸出者が負担する。

2. EXW 条件は、売主（輸出者）は自らの施設（工場や倉庫等）で、物品を買主（輸入者）の処分に委ねるものであるが、その際、輸出者は輸入者が手配した運送手段への積込みをする必要はない。

3. EXW 条件では、輸出者は輸入者のために、輸出許可その他の公式の認可を取得しなければならない。

4. FCA 条件で、引渡し地点が輸出者の拠点である場合、輸入者が手配した運送人の運送手段への積込みをもって引渡しとされる。

5. FCA 条件で、引渡し地点が輸出者の拠点以外である場合、輸出者の

61

運送手段から荷降しされた時点をもって引渡しとされる。

6. FCA条件では、輸出国のコンテナターミナルなどで費用負担の義務が移転するため、輸出許可、輸入許可いずれも、輸入者が取得しなければならない。

7. 米国・ロサンゼルスから日本・名古屋への輸入でFCA条件の場合、契約書での記載は「FCA Los Angeles」となる。

8. C類型の各条件では、費用の負担は輸入地の海港、空港に着船・到着した時点で移転し、危険の負担は、輸出地の特定地点（輸出地のコンテナターミナルなど）で主要運送手段の運送人に貨物が引き渡された時点で移転する。

9. CPT条件、CIP条件において、輸出者の支払う運賃に荷降し費用が含まれていない場合、当該荷降し費用は輸入者が負担しなければならない。

10. CPT条件、CIP条件において、輸出者の支払う運賃に荷降し費用が含まれている場合、輸出者は当該荷降し費用分を輸入者に請求する権利を持つ。

11. DPU条件（インコタームズ2010ではDAT条件）では、輸入地のターミナルでの運送手段からの荷降し費用は輸出者負担であり、また、荷降し時の危険も輸出者が負担する。

12. DPU条件（インコタームズ2010ではDAT条件）では、輸出通関、および、輸入通関の費用と関税の負担者は輸出者となっている。

13. DAP条件は、輸入地の指定された地点において、輸出者手配の運送手段上で荷降しの準備ができるまでの費用と危険を輸出者が負担するものであり、輸入国までの通過国で必要とされる輸出許可その他の公式な認可も輸出者が取得の義務を負う。

14. DPU条件（インコタームズ2010ではDAT条件）、DAP条件、DDP条件では、輸出者に貨物保険付保の義務がある。

15. DDP条件では、指定仕向地での荷降し費用は輸出者負担であり、荷降しが完了するまでの一切の危険を輸出者が負担する。

16. DDP条件では、関税は輸出者負担であるが、輸入通関費用は輸入者負担である。

17. DDP条件では、関税を含めた全ての費用が建値に含まれているため、

貿易保険の保険料も輸出者が支払うことになる。
18. FOB条件において、国際運送手段や貨物保険付保の手配は輸入者が行わなければならない。
19. 通常、C類型の貿易条件では輸出者が保険契約者となる。
20. CFR条件、CIF条件では、費用の負担は輸入港に到着した時点で移転するが、危険負担は本船に貨物が積み込まれた時点で移転する。
21. 日本・福岡からオーストラリア・シドニーへの輸出でCIF条件の場合、契約書での記載は「CIF Sydney」となる。
22. CFR条件の場合、とくに契約書で定めなれば、品質の決定条件は陸揚品質条件となる。
23. 輸出者が保険付保をする義務を負わない条件でも、輸出者は輸入者が保険付保するために必要とする情報を輸入者に提供する義務がある。
24. FOB条件、CFR条件、CIF条件は「海上および内陸水路輸送のための規則」、それ以外の条件は「いかなる単数または複数の輸送手段にも適した規則」とされている。

問題3 下は、契約書で取り決めるべき価格条件についての記述である。正しいものには○、誤っているものには×をつけなさい。

1. 貿易で用いられる通貨は、国際的に信用のある通貨に限られ、日本円もそれに含まれる。
2. 米国ドル建で取引する場合、契約書上で通貨単位を「＄」とだけ記載することは好ましくない。
3. インコタームズは、費用・危険負担についての国際的商慣習を類型化した国際条約である。
4. インコタームズでは、リスク負担の移転時期と所有権の移転時期とを定めている。
5. コンテナ輸送の場合に、FOB、CFR、CIF条件とすると、トラブル発生時に問題となる可能性がある。
6. 貿易条件にインコタームズの2020年版を使う旨は、裏面約款に記載

されていることが多い。

7. 自社のもつ貿易実務のノウハウが乏しい輸出者は、D類型での取引を輸入者に要求すると、実務スキルに関する負担が軽減される。

8. インコタームズの建値で示された価格に含まれる諸費用は、契約時の見込額であるため、実額との差で損得が発生する可能性が、常にある。

9. D類型での建値は、商品の輸出国価格が悟られやすい為、輸出者にとって価格交渉の幅が小さいといえる。

10. 貿易条件を改正米国貿易定義に準拠したものにする場合は、FOB条件に様々な類型があるために注意が必要である。

問題4 次の図は、契約書の価格条件に関する部分である。この部分が意味するところについて、空欄1〜5に当てはまるものを、下の枠内（A）〜（H）から選びなさい。

Commodity Maruda Tech Digital Camera DC-155SP ※Meet"JIS X-XXX" Standards		Quantity and Unit 1,000 Sets	Unit Price US$125.00
		Amount	US$125,000.00
Trade Terms CIF Singapore		Terms of Delivery Transhipment : Not allowed Partial Shipment : Not allowed	

・この取引で用いられる通貨単位は（ 1 ）である。

・商品単価は（ 2 ）、取引総額は（ 3 ）である。

・シンガポールは、（ 4 ）である。

・この取引では、運賃は（ 5 ）、保険料は（ 6 ）が負担することになる。

（A）US$125.00 　　（B）輸出者 　　（C）輸出地 　　（D）米国ドル

（E）1,000Sets 　　（F）輸入者 　　（G）輸入地 　　（H）日本円

（I）US$125,000.00 　　（J）両者（折半して）

正答 & 解説

問題 1

正答 1. (I)　2. (C)　3. (E)　4. (B)　5. (K)　6. (A)　7. (D)
8. (G)　9. (H)　10. (F)　11. (J)

解説

　インコタームズ 2020 は、2020 年 1 月より発効となった。インコタームズ 2010 では DAT とされていたものが、DPU に名称変更がされた以外は、インコタームズ 2010 と各条件の定義はほとんど変わらない。

　その定義は設問のとおりであるが、EXW、FCA、CPT、CIP、DPU、DAP、DDP は「いかなる単数または複数の輸送手段（以下、あらゆる輸送手段）にも適した規則」、FOB、FAS、CFR、CIF は「海上および内陸水路輸送（以下、海上運送）のための規則」とされている。

インコタームズの特徴

- インコタームズで決まるもの
  - 費用の負担範囲（費用負担の移転の時期）
    ※原則として、費用の負担者がその手配を負担する。
  - 危険の負担範囲（危険負担の移転の時期）
    ※移転の時期に貨物が置かれている場所を「引渡地」という。
    　ただし、この「引渡し」は所有権の移転を意味せず、所有権の移転の時期はインコタームズでは決まらない。
  - 輸出者手配の運送人から、輸入者手配の運送人に切替わる場所
- インコタームズの各条件の後ろには、輸出者手配の運送人から、輸入者手配の運送人に切り替わる場所が記載される。
  類型ごとに、原則として下の場所になる。

E 類型	輸出商品を置いている輸出者拠点（倉庫など）の地名
F 類型	船積みしようとする輸出国の港・空港などの地名
C 類型	荷降ししようとする輸入国の港・空港などの地名
D 類型	荷降し後に届ける輸入国内の特定地の地名

・インコタームズは国際習慣を類型化したもの。国際条約ではない。
・インコタームズの何年版を使うのかは輸出者／輸入者の任意。
・貿易条件を定めたものには、インコタームズ以外にも改正米国貿易定義などがある。

問題2

▲正答

1.○　　2.○　　3.×　　4.○　　5.×　　6.×　　7.○
8.×　　9.○　　10.×　11.○　12.×　13.○　14.×
15.×　16.×　17.×　18.○　19.×　20.○　21.○
22.×　23.○　24.×

解説

1、2、3．EXW 条件における費用、危険負担は、輸出者拠点で、輸入者手配の運送手段に積込まれずに置かれた状態で移転する。輸出者拠点以降の費用は全て輸入者負担なので、輸出通関も輸入者が行わなければならない。一方、輸出者は自己の費用で、輸送に適した梱包をしなければならない。

4、5．FCA 条件で、引渡し地点が輸出者の拠点である場合、輸入者手配の運送人の運送手段への積込みをもって引渡しとされるが、引渡し地点が輸出者の拠点以外である場合、指定地に到着して、荷降ししない状態（輸出者の運送手段の上で、輸入者手配の運送人の処分に委ねられた時）で引渡しとされ、その時点で費用、危険の負担が移転する。

6．FCA 条件は FOB 条件をコンテナ輸送に合わせたバリエーションであるので、輸出通関に関する費用、さらに、船積みが行われるまでの費用は輸出者の負担とされている。

7．**記述のとおり。** FCA 条件で記載する地名は、輸出地のコンテナターミナルなどの地点である。よって「FCA Los Angeles」で正しい。

8．CPT 条件、CIP 条件は、あらゆる輸送手段で用いることができる。そのため、費用の負担が移転する地点は輸入地の海港、空港に限定されない。指定された輸入国内のポイント（鉄道の駅やトラックのターミナルなど）まで輸出者の費用負担とすることも可能である。

66

9、10.「輸出者の支払う運賃に荷降し費用が含まれている場合」とは、コンテナ定期船の Liner Term（Berth Term）などである（❼契約内容（2）－運送条件－／参照）。CPT、CIP 条件では本来、荷降し費用は輸入者負担である。しかし、運賃に荷降し費用が含まれている場合は、輸出者がそのまま負担しなければならず、当該荷降し費用分を輸入者に請求する権利を持たない。

11. **記述のとおり**。DPU 条件（インコタームズ 2010 では DAT 条件）は、輸入国のターミナルで運送手段からの荷降しをして置いた時点で、費用と危険の負担が移転するものである。よって、荷降し時の危険も輸出者が負担することになる。

12. DPU 条件（インコタームズ 2010 では DAT 条件）では、輸出通関費用の負担者は輸出者であるが、輸入通関費用と関税の負担者は輸入者となっている。なお、輸入国の仕向地に到着するまでの費用は輸出者負担であるので、輸入国までの通過国で必要とされる輸出許可その他の公式な認可取得にかかる費用は輸出者負担である。

13. **記述のとおり**。DAP 条件は、輸入国のターミナルでの運送手段上で、荷降しの準備ができた（つまり、荷降しをしていない）時点で、費用と危険の負担が移転するものである。よって、輸入国までの通過国で必要とされる輸出許可その他の公式な認可取得は輸出者の義務となっている。

14. インコタームズにおいて貨物保険付保の義務は、CIF、CIP 条件の際に輸出者にあるのみである。よって、D 類型では輸出者に保険付保の義務はない。しかし、D 類型では輸入国の仕向地で引き渡した時点で費用と危険が移転する。つまり、そこまでは輸出者が危険負担しなければいけないということになるので、通常、輸出者は、輸入者のためではなく、輸出者自らのために保険付保する。

15、16. DDP 条件において、指定仕向地での荷降し費用の負担者は原則として輸入者である。指定仕向地到着までの一切の費用を輸出者が負担する条件となっているので、輸入国での関税だけでなく、輸入通関費用も輸出者負担である。

17. 貿易保険は、輸出者－輸入者の売買契約の範囲外のリスク回避方策であるため、保険料の支払いはインコタームズの管轄するところではな

く、輸出者、輸入者それぞれが自らのために付保し、保険料を支払うことになる。
18. **記述のとおり**。インコタームズの費用負担範囲は、そのまま手配の義務範囲となる。FOB 条件では運賃や貨物保険料は輸入者負担であるため、運送や保険付保の手配も輸入者が行わなわなければならない。
※ただし、実務上は輸入者が輸出者に手配を依頼することも多い。
19. CIF、CIP 条件では輸出者が保険契約者となるが、CFR、CPT 条件では輸出者に保険付保の義務はなく、輸入者が保険契約者となる。
20. **記述のとおり**。CFR、CIF 条件において、危険負担の移転地点は「本船に積み込まれた時点」である。一方、費用負担の移転地点は「輸入港に到着した時点」である。
21. **記述のとおり**。CIF 条件で記載する地名は、輸入港のある都市名である。よって「CIF Sydney」が正しい。これは、インコタームズ 2010 でも 2000 でも同じである。
22. C 類型では、危険負担は輸出地で移転する。そのため、とくに契約で定められていない場合、輸出者の品質に対する責任を輸出地までとするため、品質の決定条件は船積品質条件とするのが一般的である。
23. **記述のとおり**。輸出者には、輸入者が保険付保するために必要とする情報を輸入者に提供する義務がある。
24. 「海上および内陸水路輸送のための規則」には、設問の FOB、CFR、CIF 条件だけでなく、FAS 条件も挙げられている。

問題3

 1. × 2. ○ 3. × 4. × 5. ○ 6. ○ 7. × 8. ○
9. × 10. ○

解説

1. 貿易で用いられる通貨単位には、とくに制限があるわけではない。しかし、各国の為替管理制度や、自国銀行でマイナー通貨を取り扱っていないために使えないことがあるため、国際的に信用のある通貨が使われるのが一般的である。

2. **記述のとおり**。世界には、US$（米国ドル）以外にも、HK$（香港ドル）、SG$（シンガポールドル）など様々な「$」があるため、誤解がないように明確化しなくてはいけない。

3. インコタームズは、国際商業会議所（I.C.C.）が国際的慣習を類型化したものであり国際条約ではない。こういったことを定めた国際条約そのものがない。

4. インコタームズでは、所有権の移転の時期は定めていない。「引渡地」は定めているが、これは危険負担の移転時期に貨物が置かれている場所を意味するに過ぎない。また、インコタームズの三文字の後ろに記載される地名も、輸出者手配の運送人から輸入者手配の運送人（後続の運送人）に運送者が切り替わる時期を意味するに過ぎない。

5. **記述のとおり**。FOB、CFR、CIF 条件の危険負担の移転地点はコンテナ運送の実情と合わないため、トラブルが発生した場合にそこが争点となってしまう可能性がある。FCA、CPT、CIP 条件といったコンテナ運送にあった条件を利用するべきである。

6. **記述のとおり**。貿易条件を定めたものには、インコタームズだけでなく、改正米国貿易定義などがある。また、インコタームズも 2020 年版以前の旧版を使ってはいけないという決まりはない。そのため、インコタームズの何年版を使うかを裏面約款に記載することが望ましい。

7. D 類型は、輸入国までの費用・危険を輸出者が負担するものである。費用負担者は、それに伴う手続きを行う者であるため、D 類型では貿易実務上の様々な手続きを輸出者がすることになる。そのため、輸出者にとっては貿易実務上の負担が大きい条件といえる。

8. **記述のとおり**。インコタームズでの建値に含まれている輸出地の商品価格以外の費用は見込額である。そのため、実額との間に差が出る可能性がある。実額の方が大きくなると、輸出者が損／輸入者が得をし、実額の方が小さいと、輸出者が得／輸入者が損をすることになる。

9. D 類型の建値には、商品の輸出国価格に加えて、運送費や保険料などの諸費用が含まれており、かつ、それは輸出者による見込み額である。さらに輸出者が利益を乗せている幅であるため、価格交渉の幅になる。

10. **記述のとおり**。改正米国貿易定義では、FOB 条件に 6 つの類型があり、

注意が必要である。

問題4

 正答 1.（D） 2.（A） 3.（I） 4.（G） 5.（B） 6.（B）

解説

インコタームズ2010から2020への変更

　インコタームズはだいたい10年ごとに改正されています。最新版「インコタームズ2020」は、2020年1月に適用が開始されたものです。インコタームズ2010から2020への主な変更点は下のとおりです。

◆DATからDPUへの名称変更

　インコタームズ2010ではDAT（Delivered at Terminal）とされていたものが、2020ではDPU（Delivered at Place Unloaded）と名称が変更されました。条件の内容は変わりません。

◆CIF、CIP条件での保険付保

　CIF、CIP条件では輸出者が「保険付保の義務」があります。通常は、どのような保険条件で付保するのかを契約で定めますが、契約書で「定められていない場合」にはどのような条件で保険を付保する「義務」があるのかについて定められています。

　インコタームズ2010では両条件とも「最低限の保険条件（＝（C）条件、F.P.A.）」でよいことになっていました。しかし、インコタームズ2020ではCIP条件が使われるべきコンテナ運送される貨物として想定される内容を勘案して下のとおりとなりました。

　－CIF条件：最低限の保険条件（＝（C）条件、F.P.A.）
　－CIP条件：最大限の保険条件（＝(A)条件、A/R.）

　この他にも細かい変更はありますが、日本での貿易にお

いて実務上の変更を迫るものではありませんので、それほど気にする必要はありません。

　では、インコタームズ2020の発効により、インコタームズ2010は無効なのかというと、そうではありません。インコタームズは条約でも法律でもありませんから、その利用（インコタームズに則って解釈すること）は、取引当事者間の任意です。そのため、取引当事者間で合意があれば、2010年版どころかそれ以前のものを使うことも自由です。実際、いまだに2000年版や1990年版を使う会社もありますので、しばらくは2010年版も並行して使われることになると思います。
　インコタームズに準拠すること、そして、何年版を使うかについては、通常は契約書の裏面約款に盛り込みます。下の例の条項を入れることで、理解の齟齬を防ぐことはトラブル防止のために重要です。

○○ .Trade Terms
All trade terms used in this Contract shall be interpreted in accordance with "Incoterms 2020 edition" of the International Chamber of Commerce.

　しかし、継続的に取引している相手の場合、裏面約款であっても条項を1つ変えるように提案すると、翻って他の条項について見直しを求められる可能性があります。今でも古い年版のインコタームズが使われている理由はこのあたりにもあるといえるでしょう。

為替手形の仕組みについての理解が大切！　　→ テキスト P.69〜

❿ 契約内容（5）
― 決済条件（送金、荷為替手形決済）―

問題1 次は、並為替の流れについての図と文章である。(1)〜(5)に当てはまるものを、下の枠内の（A）〜（H）から選びなさい。

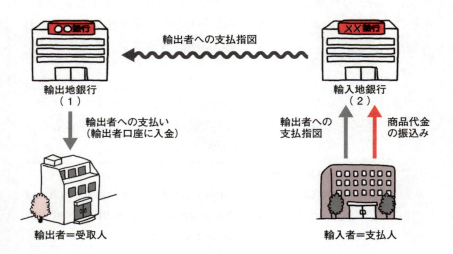

並為替では、支払いの指示と、お金の支払いの流れが（ 3 ）である。これに当てはまる決済方法は（ 4 ）、（ 5 ）である。

（A）支払銀行	（B）仕向銀行	（C）取立銀行
（D）電信送金（T/T）	（E）信用状付為替手形決済	
（F）送金小切手（D/D）	（G）同じ	（H）逆

問題2 次は、逆為替の流れについての図と文章である。(1)～(4)に当てはまるものを、下の枠内の（A）～（H）から選びなさい。

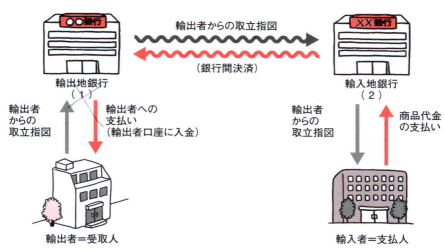

これに当てはまる決済方法は（3）、（4）である。

(A) 支払銀行	(B) 仕向銀行	(C) 取立銀行
(D) 決済銀行	(E) 電信送金（T/T）	(F) D/A 決済
(G) D/P 決済	(H) 送金小切手（D/D）	

問題3 次は、貿易の決済についての記述である。正しいものには○、誤っているものには×をつけなさい。

1. 貿易取引の契約において、決済方法の取決めのことを「貿易条件（Trade Terms）」という。
2. 日本の法律では、貿易取引で相手先に現金を持っていって決済をすることを禁じている。
3. 企業間の貿易取引において、クレジット・カードでの決済が行われることがある。

4. 為替とは、「現金の輸送なしに、支払指図だけで決済や資金移動を行う仕組み」のことをいい、それを異なった国の間で行うことを「外国為替」という。

5. 荷為替手形による決済は、商品の流れと決済指示の流れが同じ向きなので、「並為替」といわれる。

6. SWIFT とは、国際的な銀行間の資金貸借・決済のためのデータ通信システムである。

7. 異なった国の、銀行間の資金の貸借・決済は、世界銀行（World Bank）を中央銀行として行われている。

8. 銀行が海外の銀行との間で結んでいる為替業務の決済処理に関する契約を、「コルレス契約」という。

> **問題4** 次は、送金決済についての記述である。正しいものには○、誤っているものには×をつけなさい。

1. 前払送金は、輸出者の資金負担期間が短い決済方法である。

2. 後払送金は、輸入者にリスクの大きい支払方法である。

3. 電信送金よりも普通送金のほうが丁寧に扱われるが、その分、送金手数料が高い。

4. 送金決済はリスクが片務的であり、少額の取引や本支社取引のような限定された場合以外の取引では好ましいものではない。

5. 銀行送金決済において、支払銀行が受取人に送金の到着を知らせた上で支払う方法を「通知払い」という。

6. 輸出者が、輸入者から送られてきた小切手を輸出地銀行に提示することで代金回収をする方法を、「Demand Draft（D/D）」と呼ぶ。

7. D/D 決済で支払いをするためには、輸出者はその分の金額を銀行に支払っておく必要がある。

> **問題5** 次は、荷為替手形決済（信用状無し）についての記述である。正しいものには○、誤っているものには×をつけなさい。

74

1. 為替手形の呈示に対して、輸入者が支払いをすることで船積書類の引渡しを受ける決済方法を、「引受書類渡し」という。
2. 為替手形の呈示に対して、輸入者が将来の支払いを約束することで船積書類の引渡しを受ける決済方法を、「D/A 決済」という。
3. 期限付手形決済は、必ず D/A 決済となる。
4. 為替手形の呈示を受けた（輸入者が一覧した）日に支払う条件となっている為替手形を、「一覧払手形（At Sight Bill）」という。
5. 為替手形の呈示を受けた（輸入者が一覧した）日の後、指定された日数後に支払うものを「確定日後定期払い」という。
6. 契約書での決済期日に「at 30 days after shipping date」と記載されていた場合、輸入者の支払期限は「手形一覧後 30 日後」である。
7. 契約書での決済期日の記述において、「at 30 days after sight」と「at 30 days after shipping date」では、「at 30 days after shipping date」のほうが支払期限は後である。
8. D/A、D/P 決済にしても、輸出者の代金回収リスクが完全になくなるわけではない。
9. D/A、D/P 決済では、輸入者の商品入手リスクは完全になくなる。

問題6 次は、契約書の決済条件に関する部分である。この部分が意味するものについて、空欄（1）、（2）に当てはまるものを、次の枠内の（A）〜（G）から選びなさい。

Payment
Payment is to be made by a bill of exchange drawn on us at 30 days after sight without L/C. Deliver documents against Acceptance.

・この契約の支払期限は、（ 1 ）となっている。
・輸入者は、（ 2 ）した時点で船積書類の引渡しを受けることができる。

75

（A）輸入者の手形一覧後 30 日後

（B）輸入者が手形一覧した月の 30 日

（C）L/C 発行日付後 30 日後　　（D）輸入者の手形一覧後 30 日以降

（E）手形を一覧　　（F）手形を引受け　　（G）手形に対して支払い

正答 & 解説

問題1

正答　1.（A）　2.（B）　3.（G）　4.（D）　5.（F）
※4、5は逆でも可。

解説

　並為替では、支払いを行う輸入者が「輸出者宛てに支払いをするように」という指図をする。自らの意思を遂行するように仕向ける側が輸入者側であるため、その意思を受ける輸入地銀行が「仕向銀行」となる。それに対して、輸出者に支払いをする輸出地銀行は「支払銀行」となる。

　銀行為替送金、郵便為替送金が並為替にあたり、銀行為替送金には電信送金（T/T）、普通送金（M/T）、送金小切手（D/D）といった方法がある。

問題2

正答　1.（B）　2.（C）　3.（F）　4.（G）
※3、4は逆でも可。

解説

　逆為替では、代金請求を行う輸出者が「輸出者宛てに支払いをするように」という指図をする。自らの意思を遂行するように仕向ける側が輸出者側であるため、その意思を受ける輸出地銀行が「仕向銀行」となる。

　それに対して、輸入者からその代金を取り立てる輸入地銀行は「取立銀行」となる。

　荷為替手形決済が逆為替にあたり、荷為替手形決済には D/A 決済と D/P 決済といった方法がある。

　※信用状付荷為替決済も同じ逆為替による決済手段であるが、その場合には銀行の呼び名がそれぞれ変わる。

77

Point 並為替と逆為替

- 為　替：現金の輸送なしに、支払指図だけで決済や資金移動を行う仕組み。
- 並為替：資金の流れと決済指示の流れが、同じ向きのもの。
　　　　送金決済（小切手決済を含む）が、これにあたる。
- 逆為替：資金の流れと決済指示の流れが、逆向きのもの。
　　　　荷為替手形決済、L/C 決済が、これにあたる。

問題3

正答　1. ×　2. ×　3. ○　4. ○　5. ×　6. ○　7. ×　8. ○

解説

1. 決済方法の取決めは**決済条件**（Payment Terms）という。「貿易条件（Trade Terms）」とは、インコタームズなどの費用や危険負担の範囲を取り決めるもの。
2. 日本の法律では、貿易取引で相手先に出向いて現金決済することを禁じていない。ただし、国によっては制限されていることもある。なお、現金で商品買付けを行い、そのまま持って帰る取引を**スーツケース貿易**といい、中央アジアで盛んに行われている他、沖縄−台湾間でも行われている。
3. **記述のとおり**。サンプル品購入や、見本市会場にてその場で買い付けるケースのような少額取引に、クレジット・カード決済が用いられる場合がある。
5. 荷為替手形による決済は、資金の流れと決済指示の流れが逆向きなので「逆為替」といわれる。為替で考える向きは、資金の流れとそのための指示の流れに着眼したものであって、商品の流れではない。
7、8. 国際的な銀行間の資金の貸借・決済については、中央銀行のようなものが存在しない。そのため、個々の銀行間で為替決済処理の契約を締結している。これを**コルレス契約**（Correspondent Agreement）といい、コルレス契約を結んだ相手先銀行のことを**コルレス先**、**コルレス銀行**という。

問題4

正答　1.○　2.×　3.×　4.○　5.○　6.○　7.×

解説

2. 後払送金の場合、輸出者が商品を送ったのに、輸入者が代金を支払わない可能性がある。よって、輸出者にリスクの大きな支払方法であるといえる。
3. 電信送金と普通送金の違いは、送金指図の方法が電信か郵便かである。電信送金のほうが早く指図が行われ、その分送金手数料が高い。
4. 記述のとおり。設問1、2にもあるとおり、リスク管理の点から理想としては問題文のとおりである。しかし、現実には決済の早さや手続きの簡易さなどの理由で送金決済は多く利用されている。また、初回取引の際には相手の信用状態がわからないために送金決済を求めることが現実にある。
5. 記述のとおり。銀行送金決済の場合の受取方法には、<u>通知払い、口座払い、請求払い</u>の3種類がある。設問は「通知払い」のもの（P.85コラム参照）。
6. 記述のとおり。<u>D/D</u>は<u>送金小切手</u>の意で、輸入者が振り出した小切手（原則として輸入地銀行に発行を依頼する）を輸出者に送付する。輸出者は、それを輸出地銀行に持ち込むと、代金を受け取ることができる。
7. <u>D/D決済</u>は小切手送金であるが、小切手分の金額を銀行にあらかじめ支払っておかなければならないのは、輸入者側である。

送金決済

- 送金決済の方法には、普通送金（M/T）と電信送金（T/T）がある。
- 送金小切手（D/D）も送金決済の一種。
- 「前払い」と「後払い」があり、前払いは輸出者に有利、後払いは輸入者に有利であり、メリット、デメリットが相反する。

問題5

正答 1.× 2.○ 3.× 4.○ 5.× 6.× 7.× 8.○ 9.×

解説

1、2. 呈示された為替手形に対して、輸入者がその代金を支払うことで船積書類の引渡しを受ける決済方法を、**支払書類渡し**という。支払い（Payment）に対して（against）、船積書類（Documents）を引き渡すので **Documents against Payment（D/P決済）** という。一方、呈示された為替手形に対して、輸入者が将来の支払いを約束することで船積書類の引渡しを受ける決済方法を**引受書類渡し**という。引受け（Acceptance）に対して（against）、船積書類（Document）を引き渡すので **Document against Acceptance（D/A決済）** という。

3. D/A手形は、期限付手形の代表的な例である。しかしながら、支払いを手形一覧後の一定期間後とし、そのときに船積書類の引渡しを行うD/P手形もある。

4. **記述のとおり**。設問のものに対して、特定日以後の指定された日数後に支払う条件となっている為替手形を**期限付手形（Usance Bill）**という。

5. 手形の呈示を受けた（輸入者が一覧した）日の後、指定された日数後に支払うものを**一覧後定期払い**という。**確定日後定期払い**とは、船荷証券の発行日（B/L Date）や船積日（Shipping Date）といった特定日以後の指定された日数後に支払うもののことをいう。

6. 「after shipping date」であるから一覧後ではなく、船積日後である。つまり、「確定日後定期払い」条件である。

7. 「at 30 days after sight」とは「（輸入者の）為替手形一覧後30日」、「at 30 days after shipping date」とは「（輸出地での）船積日から30日」の意である。船積日のほうが先になるため、同じ30日後であるならば、「at 30 days after shipping date」が当然先に到来する。

8. **記述のとおり**。D/A、D/P決済では、後払送金決済に比べて代金回収リスクは小さいといえる。しかし、代金回収は船積後であることから、輸入者の倒産や引取拒否があった場合に、積戻しや転売をしなければならないリスクが残っているため、完全にリスク回避ができてい

るとはいえない。
9. D/A、D/P決済では、前払送金決済に比べて商品入手リスクは小さいといえる。しかし、船積みされた商品が契約どおりかをチェックされる機会がないため、完全にリスクがなくなるわけではない。

荷為替手形決済

輸出者が振り出した為替手形（Bill of Exchange）に対して、輸入者が代金を支払う、もしくは将来の支払いを約束することと引換えに、商品の引渡しを受けることができるもの。

用語とそれぞれの違いを理解しよう！

・支払書類渡し（D/P）、引受書類渡し（D/A）
　※輸出者、輸入者のメリット、デメリットを理解すること。
・一覧払い、期限払い（一覧後定期払いと確定日後定期払い）
・一覧払手形（At Sight Bill）と、期限付手形（Usance Bill）

問題6

 1. (A)　2. (F)

解説

多少形式ばった体裁であり、支払期日と船積書類の引渡し方法を分けて記載している。「bill of exchange」とは為替手形を意味し、一覧後30日払いのものとわかる。また、D/A決済であることは2文目からわかる。

なお、1文目の「drawn on us」というのは、為替手形に係る定型的な英語表現で、「当方宛てに振り出された」という意味である。荷為替手形の振出先は支払者＝輸入者であり、この条項の入っている契約書は、輸入者側のフォームであることも読み取れる。

銀行送金決済の場合の受取方法

銀行送金決済の場合の受取方法には、「通知払い」「口座払い」「請求払い」の３種類があります。

それぞれの違いは、以下のとおりです。

●通知払い

支払銀行が、受取人（輸出者）に送金の到着を知らせて支払う方法。受取人が支払銀行に口座を持っていない場合の方法。

●口座払い

支払銀行が、受取人（輸出者）に送金の到着を知らせるとともに、受取人の口座に支払う方法。受取人が支払銀行に口座を持っている場合の方法。

●請求払い

受取人（輸出者）が、支払銀行に支払請求を行い、それに対して支払銀行が受取人に支払う方法。受取人が出張などで近いうちにその地を訪問するときに、事前に送金をしておく場合などの方法。

通知段階と決済段階を分けて理解しよう！ → テキスト P.77 ～

⓫ 契約内容（6）
― 決済条件（信用状決済）―

問題1 次は、信用状付荷為替決済（以下、L/C 決済）の仕組みについての記述である。（1）～（7）のそれぞれに当てはまるものを、下の枠内（A）～（I）から選びなさい。

1. L/C は（ 1 ）に、（ 2 ）の支払保証をつけるもの。
2. （ 3 ）どおりに船積みすると、（ 4 ）は（ 5 ）から代金を回収できる。
3. （ 6 ）に代金を支払うことで、（ 7 ）は商品（船積書類）の引渡しを受けることができる。

（A）契約書	（B）貿易条件（インコタームズ）	（C）L/C 条件
（D）輸出者	（E）輸入者	（F）荷為替手形決済
（G）送金決済	（H）輸入地銀行	（I）輸出地銀行

問題2 次は、L/C 決済の仕組みについての記述である。正しいものには〇、誤っているものには×をつけなさい。

1. 信用状（L/C）とは、輸出地銀行が輸入者に代って輸出者に対して代金の支払確約をするものである。
2. L/C は輸入者の依頼によって発行（開設）される。
3. 輸出者が代金の支払いを受けるためには、L/C に記載された条件を満たした船積書類を提出することが条件となっている。
4. 輸出者は、契約書どおりに商品を船積みしたことを証明すれば、代金を受領できる。
5. 銀行にとって、L/C の発行は輸出者に対する与信行為といえる。
6. 輸入者が信用状を発行してもらう際には、L/C 発行手数料が徴収される。

83

7. L/C 決済では、為替手形は期限付手形にすることができず、必ず一覧払いとなる。

問題3　次は、契約で決済条件を L/C 決済にすることのメリット、デメリット、および、注意点についての記述である。正しいものには○、誤っているものには×をつけなさい。

---

1. L/C 決済では、輸入者が支払不能になったり、支払拒否をしてきた場合でも、輸出者には代金回収リスクがないといえる。

2. L/C 決済では、輸入者が支払不能になったり、支払拒否をしてきた場合には、輸出者は商品の回収や積戻しを行える。

3. L/C 決済では、輸入者に送られてきた貨物は契約どおりであると考えてよく、商品入手リスクは少ない。

4. 輸出者にとって、L/C 発行には手間や時間、発行手数料がかかるというデメリットがある。

5. L/C 決済では、輸出者の代金回収は、輸入者の代金支払いと同時であるので、資金負担期間が短いというメリットがある。

6. L/C 決済では、D/A（書類引受渡し）にすることができないので、契約書では必ず D/P（書類支払渡し）にしなければならない。

正答 & 解説

問題1

正答 1.（F）　2.（H）　3.（C）　4.（D）　5.（I）　6.（H）　7.（E）

信用状決済の仕組み
① L/C は荷為替手形決済に、輸入地銀行の支払保証をつけるもの。
② L/C 条件どおりに船積みすると、輸出者は輸出地銀行から代金を回収できる。
③ 輸入地銀行に代金を支払うことで、輸入者は商品（船積書類）の引渡しを受けることができる。

問題2

正答 1.×　2.○　3.○　4.×　5.×　6.○　7.×

解説

1. 信用状（L/C）で輸出者に対して支払確約をしているのは輸入地銀行である。
3、4. 輸出者が代金の支払いを受けるには、信用状に記載された条件を満たした書類を提出することが条件となる。この条件を信用状条件（L/C 条件）という。L/C 条件は基本的には契約書どおりとなっている。しかし、契約書に定められた以外の条件が示されていることも多く、契約書どおりに船積みしたことを証明するだけでは不十分。
5. L/C は輸入者の代わりに支払いを確約するものであるので、輸入者に対する与信行為である。なお、信用状を発行する銀行（輸入地銀行）は、輸入者に担保を要求することもある。
6. 記述のとおり。L/C 発行手数料は、3 カ月単位で信用状金額の 0.1％が目安である。
7. L/C で期限払条件にできないという決まりはない。期限払いは、D/A、D/P のいずれの場合もある。

問題3

正答　1. ○　2. ×　3. ○　4. ×　5. ×　6. ×

解説

2. L/C の**発行銀行**（輸入地銀行）は、支払確約をする一方で、支払いをしたら貨物の所有権を持つことになる。そのため、輸入者が支払不能になったり、支払拒否をしてきた場合には、当該銀行が商品の処分方法を探すことになる。よって、輸出者は輸入地にまで行った商品の回収や積戻しをする必要がないので、L/C 決済のメリットの1つといえる。

3. **記述のとおり**。輸入者が商品を入手した時点では、L/C 条件を満たしていると考えてよい。信用状条件は基本的には契約書どおりとなっているので、送られてきた貨物は契約書どおりであると考えてよい。

　　※ただし、これは原則であり、銀行は書類上でしか L/C 条件との一致の確認をしない（**書類取引の原則**）ので、厳密には商品現物が契約どおりか、わからないともいえる。

4. 設問の記述は、輸入者にとってのデメリットである。

5. L/C 決済で輸出者が代金回収をできるのは、船積書類を輸出地銀行に持ち込んだときである。ちなみに、資金負担期間は後払いや L/C 無荷為替手形決済よりも短い。

6. L/C 決済においては、D/P だけでなく、D/A の場合もあり得る。ただし、D/A は輸入地銀行が輸入者からの代金回収リスクを長期間負うことになるため、輸入者に信用がなければ認めてもらえない。

Point

L/C 決済の特徴

・L/C 決済を利用するには決済金額の 0.1％程度のコストがかかる。

・L/C 発行のための銀行の与信審査には時間がかかる。

・L/C 決済の流れ、それによる輸出者、輸入者のメリット、デメリットを理解すること。

日付についての英文表現

　ビジネスでは日付や期日は大事なので、様々な場面で日付を定めますが、意外と正確なところはわかりづらいものです。例えば、日本語で「××から○○日後」という表現をすると、○○日後の起算日は「××」の日を含むのか含まないのかを迷うことがあります。

　貿易に関する英文レターでは信用状統一規則で示されている定義が、他の場面でも準用されることが多く、その定義は下のとおりです。

● 船積みに関するもの
　　to、until、till、from、between：記載した日を含む
　　before、after：記載した日を含まない
● 支払期日に関するもの
　　from、after：記載した日を含まない
● 月中の表現
　　first half　　：　1日 〜 15日
　　second half：16日 〜 月の末日
　　beginning　：　1日 〜 10日
　　middle　　　：11日 〜 20日
　　end　　　　 ：21日 〜 月の末日
● その他
　　on or about：
　　　最初の日と最後の日を含めて、前後5暦日の期間内
　　prompt、immediately、as soon as possible：
　　　具体的な日を束縛しない（無視される）

　近年、貿易ではスピード化が進み、取引の現場でもスケジュールが厳しいことも増えてきました。起算日を1日間違えるだけで大きなトラブルになることもあるので、注意しましょう。

船積書類としておくるべきものの種類と役割の理解が大切！　→ テキスト P.82〜

⓬ 契約内容（7）— 船積書類 —

問題1　次の枠内の船積書類（Shipping Documents）のうち、主要書類と呼ばれるものはどれか、全て選びなさい。

(A) 梱包明細書（包装明細書）　　(B) 送り状　　　　(C) 船荷証券
(D) 運送状　　　　　(E) 重量容積証明書　　(F) 保険証券
(G) 原産地証明書　　(H) 検査証明書

問題2　次は、様々な船積書類の種類についての記述である。これらが意味しているものを、次の枠内の①（日本語）、②（英語）からそれぞれ選びなさい。

1. 輸出商品の生産国や製造国（原産地）を証明する書類。
2. 輸出通関、輸入通関の申告時に税関に提出する送り状。申告をする国の関税についての法令に従った記載要件を満たしていなければならない。
3. 輸出商品の品質や、製品の規格・基準への合致を証明する書類。
4. 貨物保険の契約締結を証して保険会社から発行される書類。
5. 正式なものの前に、予告や見本として送る送り状。
6. 請求書、明細書、出荷案内書など、銀行や輸入者に対する役割をもった送り状。L/C 決済の場合、これと L/C で商品の記述が一致していなければならない。
7. 中南米やアフリカの一部の国に輸出する際に、現地で提出を求められる送り状。輸出国にいる輸入国領事が、商品価格が公正であること（ダンピングされていないことなど）を証明する。
8. 船積書類としては付属書類の位置づけられる書類で、輸出する貨物の梱包状態や梱包ごとの品目などを記載したもの。

9. 輸出商品の重量と容積を証明するため、梱包ごとの重量、容積と総重量を記載する書類。

---

①
(A) 梱包明細書（包装明細書）　(B) 信用状　(C) 原産地証明書
(D) 領事送り状　(E) 保険証券　(F) 商業送り状
(G) 容積重量証明書　(H) 税関送り状　(I) 仮送り状
(J) 検査証明書　(K) 船荷証券

②
(a) Bill of Lading（B/L）　(b) Proforma Invoice
(c) Packing List（P/L）　(d) Certificate of Origin（C/O）
(e) Insurance Policy　(f) Commercial Invoice
(g) Customs Invoice　(h) Certificate of Inspection
(i) Consular Invoice　(j) Letter of Credit（L/C）
(k) Certificate and list of Measurement and/or Weight

問題3 次は、運送書類（Transport Documents）についての記述である。正しいものには○、誤っているものには×をつけなさい。

1. 運送書類は運送人による貨物の預かりを証明するものであると同時に、運送人と荷主との間の運送契約書でもある。
2. B/L は、商品（貨物）の船積みを証して輸出者が発行するもので、輸入者はこれを船会社に提示することで、商品を受け取ることができる。
3. 通常、B/L は3通作成され、盗難に備えてこの3通が揃わないと輸入地で貨物を引取ることができない。
4. 契約書などで、船積書類として B/L が「Full Set」要求されている場合、通常は3通送らなければならない。
5. B/L の性質・役割は、「ヘーグ・ルール」、「ヘーグ・ヴィスビー・ルール」で定められている。
6. NVOCC が荷送人に発行する運送書類を「複合運送証券（Combined

89

Transport B/L）」というが、役割は B/L とほぼ同じである。

7. Waybill は航空貨物に用いられるもので、海上貨物に用いられることはない。

8. Waybill は、商品（貨物）の運送手段への積込みを証して、運送人が発行する。

9. Waybill には「受戻し証券性」という性質があり、貨物の引渡しには運送人への Waybill の提示が必要である。

10. Waybill は運送人と荷送人との間の運送契約書であり、また、運送人による貨物の預かりを証明するものである。

11. Sea Waybill の性質は「海上運送状に関する CMI 統一規則」、Air Waybill の性質は「ワルソー条約」や「モントリオール条約」などで定められている。

問題4 下は、送り状（Invoice、I/V）についての記述である。正しいものには○、誤っているものには×をつけなさい。

1. 輸入者に対する商品代金の請求書としての役割は為替手形にあり、Invoice にはない。

2. Invoice は輸出者が作成するもので、船積書類として通常5通程度送るように要求される。

3. 日本では、商業送り状と税関送り状はそれぞれ別の専用の様式で作成しなければならない。

4. 日本の税関行政では、輸出通関用の Invoice を仕出書、輸入通関用の Invoice を仕入書と呼ぶ。

5. Invoice には、出荷した貨物の内容明細および梱包明細としての役割を持たせることもある。

6. Proforma Invoice は取引に先立って、必ず輸出者から輸入者に送られる。

7. 信用状と Invoice では、商品に関する記述は一致していなくてはならない。

8. 自社が輸出者で、取引相手国の通関用書類の書式がわからない場合、輸入者に Customs Invoice をあらかじめ送付して内容の確認を受けた

ほうが良い。
9. 領事送り状は、輸入者から輸出者に送られ、それが船積書類として再度、輸入国に送られるものである。

 問題5 次は、様々な船積書類について述べたものである。正しいものには○、誤っているものには×をつけなさい。

1. 保険証券は、船積書類として保険会社から輸入者に送付される。
2. 保険証券が船積書類として輸入者に送付されるのは、C類型のCIF・CIP条件、D類型の場合である。
3. 梱包明細書は原則として輸出者が作成するもので、通常、船積書類として3～5通を輸入者に送る。
4. 梱包明細書は、輸入者に輸出貨物の明細を知らせるものであるだけでなく、輸入地で税関への提出が必要な場合もある。
5. 原産地証明書は、輸出商品の生産や製造が行われた国・地域(原産地)を証明する書類で、通常、船積書類として2通を輸入者に送る。
6. 原産地証明書は輸出する商品の輸出者、または、製造者が作成をし、輸出国にある輸入国領事館/領事館に査証をもらう。
7. 船積書類は、輸入地での商品の引取りや、輸入通関のために必要な書類であり、通常、商品(貨物)と一緒に輸入者に送られるものである。
8. 輸出者から輸入者に送る必要のある船積書類の種類と通数は、契約書で明確化することが望ましい。

問題6 次は、契約書の船積書類欄(Documents Required)を抽出したものである。この記述に関して正しいものを全て選びなさい。

> **Documents required**
>   Full set of Bills of Lading
>   Signed Commercial Invoice in 5 copies
>   Packing List in 3 copies
>   Certificate of Origin in 2 copies
>   Certificate of Inspection

1．運送書類は、船荷証券が1通要求されている。
2．商業送り状は、税関がサインしたものを5通要求されている。
3．梱包明細書は、3通要求されている。
4．検査証明書は、求められていない。
5．原産地証明書は、2通求められている。

正答 & 解説

問題1

正答 (B)、(C)、(D)、(F)

船積書類の種類

主要書類	付属書類
①運送書類 　（船荷証券 or 運送状）	④梱包明細書（包装明細書） ⑤検査証明書
②送り状	⑥容積重量証明書
③保険証券	⑦原産地証明書

船荷証券と運送状は取引ではどちらか1つが使われる。これらの主要書類はL/C決済では「三大書類」と呼ばれ、とくに重要である。

問題2

正答
1. (C) － (d)　2. (H) － (g)　3. (J) － (h)
4. (E) － (e)　5. (I) － (b)　6. (F) － (f)
7. (D) － (i)　8. (A) － (c)　9. (G) － (k)

解説

信用状（Letter of Credit）は、船積書類とはならない。また、仮送り状（Proforma Invoice）は、基本的には確認用のものなので、厳密にいえば船積書類とはいわない。

問題3

正答　1. ×　2. ×　3. ×　4. ○　5. ○　6. ○　7. ×　8. ○
9. ×　10. ×　11. ○

解説

1. B/L は運送契約が締結されたことを証する証拠書類ではあるが、契約

書そのものではない。
2. B/L を発行するのは輸出者ではなく、船会社である。
3、4. B/L は通常、途中の紛失などに備えて 3 通作成され、一般に「Full Set」と示される。このうち 1 通で貨物が引き渡されると、残りの 2 通は引渡しをする効力を失う。3 通全通が揃わなければ引渡しを受けられないわけではない。

※ただし、船会社からは残りの 2 通の提出も求められる。

5. 記述のとおり。ヘーグ・ルールは、正式名称を船荷証券統一条約といい、それを部分修正したものがヘーグ・ヴィスビー・ルールである。
6. 記述のとおり。複合運送証券（Combined Transport B/L）の役割は B/L とほぼ同じである。NVOCC や航空運送業者、また、その関連会社は複合運送の際に複合運送証券を使うことが多い。一方、海運会社やその関係会社では、複合運送においても通常の B/L を代用していることがある。
7. Waybill には海上貨物用の Sea Waybill（SWB）と、航空貨物用の Air Waybill（AWB）がある。航空貨物では全て Waybill となる。
9. Waybill では、貨物の引渡しを受ける際に運送人への提示は必要とされない。つまり、受戻し証券性は持たない。

※ただし、引渡しを受ける際に受取人本人であるという証明は必要。

10. B/L と同じく、Waybill も運送契約の締結を証するものではあるものの、運送契約書そのものではない。

運送書類の特徴

- 運送書類は運送契約締結の証明書（契約書そのものではない）。
- B/L は、貨物が港で受領されたら、または船に積まれたら、船会社から発行される。
- B/L は 3 通作成されるが、このうち 1 通で貨物が引き渡されると、残りの 2 通は引渡しをする効力を失う。
- 複合運送証券は B/L とほぼ同じ役割を持つ。
- Waybill には海上運送状（Sea Waybill、SWB）と航空運送状（Air Waybill、AWB）がある。航空運送は全て運送状になる。

- Waybill は、貨物が輸出地で受領されたら、運送人から発行される。
- Waybill は、貨物の引渡しを受ける際に提示する必要がない。

問題4

正答 1. × 2. ○ 3. × 4. × 5. ○ 6. × 7. ○ 8. × 9. ×

解説

1. Invoice には請求書としての役割がある。一方、輸入者は為替手形記載の金額を支払うものの、それは為替手形が支払指図をする有価証券であるからであり、為替手形が請求書であるというわけではない。
3. 日本では、税関の求める記載内容を満たしていれば、商業送り状と税関送り状は兼用でも構わない。
4. 輸出通関用、輸入通関用、いずれも仕入書と呼ばれる。
6. Proforma Invoice は、その目的（記載内容の確認など）に従って、必要な場合にのみ送ればよい。
7. 記述のとおり。信用状と Invoice では、商品に関する記述は完全一致していなければならない。そのため、今後のためにも契約書で記述内容を明確化しておくことが望ましい。
8. 記載方法に問題がないかを輸入者に確認してもらうために送るのは、Proforma Invoice という。
9. 領事送り状は、輸出者が自国にある輸入国領事館に持ち込んで査証をもらうものである。発行にあたっては領事査証料がかかることもある。なお、領事送り状を要求する国はアジア、中南米、中東、アフリカのいくつかの国である。

Invoice の性質、特徴

- 出荷案内書
- 貨物および梱包についての明細書
- 請求書
- 税関申告書

> **様々な Invoice について違いを理解しよう！**
> ・商業送り状（Commercial Invoice）
> ・税関送り状（Customs Invoice）
> ・領事送り状（Consular Invoice）
> ・仮送り状（Proforma Invoice）

問題5

正答 1. × 　2. ○ 　3. ○ 　4. ○ 　5. ○ 　6. × 　7. × 　8. ○

解説

1、2.**保険証券**（Insurance Policy）は保険会社が発行するものであるが、必ずしも保険会社から輸入者に直送されるものではない。輸出者が保険付保をする場合には、輸出者に通常2通発行され、輸出者から輸入者に他の船積書類とともに送られる。

3.**記述のとおり**。「原則として」というのは、実際には、輸出者より輸出用梱包を依頼された業者（**輸出梱包業者**）が輸出者名義で作成することもあるためである。

6.**原産地証明書**（Certificate of Origin、C/O）は輸出者や製造者が作成する。それを商工会議所などの権限を持った機関に提出し、押印を受けること（**発給**と呼ばれる）で有効になる。なお、日スイス経済連携協定（EPA）、日ペルーEPA、日メキシコEPAにおいては、国から認められた**認定輸出者**は、自らが原産地の証明者となる**自己証明原産地証明書**を発行することができる。また、TPP11、日EU・EPA、日米EPA（※）、日豪EPAにおいては、事業者（輸入者、輸出者又は生産者）自らが原産地を自己申告できる制度が導入されている。ただし、この場合は原産地証明書ではなく、**原産品申告書**という名称になる。

　※日米EPAでは輸入者による申告のみ。輸出者や生産者による自己申告は使えない。

7.船積書類は貨物と一緒に送られるものではなく、貨物とは別に輸出者から輸入者へ郵便やクーリエ便などで送付される。（決済方法によっ

ては、銀行経由となる場合もある。)
8. **記述のとおり**。ただし、B/L や保険証券については、送付が必要な場合と通数が一般的に知られているので、記載しないことも多い。

様々な船積書類

- 送り状（Invoice、I/V）は、輸出者が作成。通常は 5 通程度送る。
- 保険証券（Insurance Policy）は、貨物保険を付保した保険会社から発行される。送るのは、CIF、CIP 条件、D 類型のとき。
- 梱包明細書（Packing List、P/L）は輸出者が作成。通常は 3 〜 5 通送る。
- 検査証明書、容積重量証明書は検査機関に発行してもらう。船積品質条件、船積数量条件の場合に送る。
- 原産地証明書（Certificate of Origin、C/O）は、原産地の官公庁や商工会議所等に発行してもらう。輸入国で低い関税の適用を受けたい場合や輸入制限対象外であることを税関に証明する必要がある場合に送る。

問題6

▲正答　3、5

解説

「copies」は「複写したもの」という意味ではなく「通数」という意味であり、少なくとも 1 通は正本（Original）でなければならない。通数が示されていなければ 1 通でよい。なお、2 通（2 copies）は「duplicate」、3 通（3 copies）は「triplicate」と記載されることもある。

船荷証券（B/L）は Full Set 要求されているが、これは「3 通全通」を意味する。Commercial Invoice は「Signed」と求められているが、このサインは輸出者のものである。

Day 4

契約成立と許認可取得

項　目　名	重要度
⓭ 契約成立	★★
⓮ 輸出者の許認可の取得	★★★
⓯ 輸入者の許認可の取得	★★★

表面約款と裏面約款の関係に注意！　　→ テキスト P.94 〜

⓭ 契約成立

問題1　次は、取引条件の承諾と契約についての記述である。正しいものには〇、誤っているものには×をつけなさい。

1. 契約は双方の了承があれば口頭でも成立し、必ずしも書面での契約書の取交わしは必要とされない。
2. 契約書は、双方が自社フォームをそれぞれ相手に送ることで取り交わされる。
3. 注文書／注文請書型の契約書において、輸出者が作成するものを「注文請書」、輸入者側が作成するものを「注文書」という。
4. 注文書は「Sales Contract」、注文請書は「Purchase Contract」という。
5. 継続取引の場合には、注文書／注文請書型契約書が使われる。
6. 輸出者、輸入者双方の合意事項を確認し、それを1つの契約書にまとめていく形態は、1回限りの小口の売買契約で使われる。
7. 契約書の表面に記載される、個々の取引に関する契約条項を「一般取引条件（General Terms and Conditions）」という。
8. 主として裏面約款について双方の合意が成立せず、自社様式の契約書を送り付けあうことを「書式の戦い（Battle of Forms）」という。
9. タイプ打ちした条項と、印刷された条項の内容が相反する場合、打ち間違いの心配のない印刷された条項が優先される。
10. タイプ打ちした条項と、手書きされた条項の内容が相反する場合は、手書きされた条項の内容が優先される。

問題2　次は、裏面約款に盛り込まれる各種の条件についての記述である。これらが意味しているものを、次の枠内の①（日本語）、②（英語）からそれぞれ選びなさい。

1. 貿易条件にはインコタームズを使うか、それ以外のものを使うか。ま

100

た、インコタームズであれば何年版を使うか。
2. 表面約款に記載された価格は確定かつ最終であり、売主の費用の変更による価格調整は認められないこと。
3. 契約締結日以降の海上運賃、海上保険料などが増加した場合には、買主負担で調整を行うこと。
4. 輸出者による品質保証の範囲と責任。商品に問題があった場合の輸入者の求償権など。
5. 契約不履行とみなす状況の規定。輸出者の契約不履行に対して、輸入者は一方的な契約破棄、貨物の引取拒否、損害賠償の請求権を持つなどと記載する。
6. 天災や戦争勃発時など、不可抗力による契約不履行に対する免責、契約解除など。
7. 輸出される商品の特許権、商標権に関するトラブルに対する責任、裁判の当事者など。
8. 商品についてのクレームが提起できる条件。提起方法や提起期間の制限など。
9. 仲裁の解決は、どちらの国の仲裁機関で行うか。
10. 本契約に関する権利（支払いの受取りなど）、義務（商品の出荷など）の第三者への譲渡禁止。
11. 本契約は両当事者間における完全な合意を構成し、本契約条項に関する従前のすべての合意（話合いや交換された各レターを含む）に優先すること。

問題3 次は、裏面約款と書式の戦いについての記述である。正しいものには○、誤っているものには×をつけなさい。

1. 裏面約款に記載されている条項は、これまでの契約交渉で取り上げた、とくに重要な項目がほとんどである。

2. 裏面約款については、表面に「契約の前提である」、もしくは「裏面の条項とともに合意する」と印刷されていることが多い。

3. 裏面約款の内容は双方で利害が対立し、書式の戦いの原因となるものも多い。

4. 準拠法や仲裁機関をどちらの国のものにするかは、裏面約款に記載されているのが普通だが、争いになることがある。

5. 通常、商品の品質は輸出者が保証するものなので、裏面約款でも争いになることはない。

6. 書式の戦いを避ける決定的な方法はない。

7. 裏面約款の内容まで完全の合意できるまで、契約を締結すべきではない。

8. 契約書が交わされる前に船積みをしなくてはいけない状況では、「裏面約款については不同意」と付記してサインすることもあり得る。

9. 書式の戦いの原因となった条項は重要事項であるため、すべて自社の思いどおりにすることを第一とし、譲歩をするべきではない。

10. 書式の戦いの対策の1つとして、相手より先に自社書式を送り付けて機先を制す、という方法がある。

正答 & 解説

問題1

正答　1. ○　2. ×　3. ○　4. ×　5. ×　6. ×　7. ×　8. ○
9. ×　10. ○

解説

1. **記述のとおり**。貿易における売買契約は、口頭での合意であっても双方が合意していれば成立する。これを<u>諾成契約</u>といい、書面の取交わしは必ずしも必要とされない。ただし、後の争いを避けるために、合意内容を書面に記載した契約書を取り交わすのが普通である。

2. 通常、契約書はいずれか一方が作成した契約書を、双方が取り交わす。2通作成し、双方がそれぞれサインをして1通ずつ保有するのが一般的。

3、4. <u>注文書</u>は「Purchase Contract」、<u>注文請書</u>は「Sales Contract」という。4は逆。なお、注文書は「Contract of Purchase」「Purchase Order」、注文請書は「Sales Note」「Contract of Sale」ということもある。

5. 継続取引では、常に適用される基本的な取引条件を基本契約としてまとめ、個々の取引については、基本契約以外の項目を簡単な書式の個別契約書とする「基本契約書＋個別取引条件型」が多い。

6. 輸出者、輸入者双方の合意事項を確認し、それを1つの契約書にまとめていく形態は、プラント輸出のような大型案件で用いられる。<u>1回限りの小口の売買契約では、注文書/注文請書型</u>を用いるのが一般的。

7. <u>一般取引条件</u>は、契約書の裏面に記載されるのが一般的。そのため、<u>裏面約款</u>とも呼ばれる。

9、10. 条項の内容に相反するものがあった場合、<u>手書き条項</u> → <u>タイプ条項</u> → <u>印刷条項</u>の順で優先されるのが原則。

> **Point 取引契約の成立**
> ・貿易の契約は口頭の合意でも成立する（諾成契約）が、リスク回避のために契約書を取り交わす。
> ・契約書には「注文書/注文請書型」、「契約書型」、「基本契約書＋個別取引条件型」がある。
> ・条項の内容に相反するものがあった場合、手書き条項 → タイプ条項 → 印刷条項の順で優先されるのが原則。

問題2

▲正答
1. (D) − (j)　　2. (K) − (f)　　3. (H) − (e)
4. (G) − (l)　　5. (L) − (c)　　6. (A) − (i)
7. (C) − (h)　　8. (J) − (k)　　9. (I) − (b)
10. (F) − (a)　11. (B) − (g)

解説

本設問で挙げたものは主要なもので、この他にも様々な条項が加わることがある。また、輸出者側、輸入者側、それぞれが自社に有利な条項を盛り込もうとするので、作成する側によって盛り込まれる条項も変わる。例えば、本設問の「調整禁止」と「増加費用」は明らかに対立するものであり、前者は輸入者が、後者は輸出者が盛り込もうとする。

問題3

1. ×　2. ○　3. ○　4. ○　5. ×　6. ○　7. ×　8. ○
9. ×　10. ○

解説

1、3. 裏面約款の内容は細かいため、契約交渉でいちいち取り上げていては交渉が進まないので、あえて議題にしないものがほとんどである。つまり、双方が合意したものではないので争いとなる。これが書式の戦いの主要な原因である。
2. 記述のとおり。表面に「INCLUDING ALL THOSE PRINTED ON

THE REVERSE SIDE HEREOF（訳：裏面に印刷されたすべての条項を含む）」と記載されていることが多い。
5．商品の品質は、どの時点でのものを適用するか、例えば、輸出地でのものか、輸入地でのものかで変わり得るので争点になり得る。
7、9．貿易取引の目的は契約を締結することではなく、商品の売買である。納期がある場合もあり、完全な合意に拘泥して取引ができないことが自社にとってよいことなのかを考える必要がある。どの条項を必須とするのかという優先度を決め、原則案と譲歩案の使分けや、自社書式からの約款削除、相手書式からの削除／付記といった譲歩を段階的に行うことが望ましい。
8．**記述のとおり**。「裏面約款については不同意」と付記するだけでなく、表面約款上部に「INCLUDING ALL THOSE PRINTED ON THE REVERSE SIDE HEREOF」という記述があれば、それも消すほうがよい。貿易取引の契約は諾成契約であり、合意部分のみ契約が成立しているという考えが一般的であるため。

書式の戦い（BATTLE OF FORMS）
・裏面約款は「一般取引条件（General Terms and Conditions）」とも呼ばれる。
・裏面約款に記載される内容によって、輸出者、輸入者それぞれに有利・不利がある。
・書式の戦いに陥ると、双方が自社様式の契約書を送り付けあう。
・書式の戦いに絶対的な解決方法はない。

インコタームズの違いで輸出者／輸入者に損得はあるか？

　インコタームズの選択について時折、「運賃は、FOBは輸入者負担、CIFは輸出者負担です。では、輸入者にとって、輸出者が運賃を負担してくれるCIFが『得』ということですか？」という質問を受けることがあります。これは、インコタームズの「費用負担の範囲」という意味に捉われす

ぎたための誤解です。

　インコタームズは「費用負担の範囲」を示しますが、これは簡単にいえば「契約書で示された価格」（いわゆる「建値」）、つまり、輸出者が、輸入者から受け取った代金から支払うべき費用ということです。

　例えば、FOB条件で示された建値には運賃は含まれていないので、輸入者が運賃を支払わなければなりません。逆に、CIF条件で示された建値では、運賃は価格の中に含まれており、輸出者はそこから運送人に運賃を払います。つまり、FOBもCIFも、輸入者が運賃分を負担していることに変わりはない、ということです。つまり、インコタームズでどの条件を選ぼうと、費用的には特段の損得はないということになります。

　ただし、契約時に示された価格に含まれている各種の費用は、その時点ではあくまでも「見込額」です。輸出者が実際に支払うときに、その見込額と違ってくると、建値の中に含まれている費用要素について損得が発生することになります。一方、輸入者にしても、CIF価格に含まれている運賃は、実際に輸出者が運送人に支払う額より多く支払わされている可能性もあります。

　しかし、この損得は本質的にはインコタームズの選択によるものではないので、やはり特段の損得はないといえます。

関税三法による規制と、他法令による規制の区別をつけよう！　→ テキスト P.102～

⓮ 輸出者の許認可の取得

問題1 次は、関税法で「輸出入を許可しない」とされているものである。(1)～(5)に当てはまるものを、下の枠内の(A)～(I)から選びなさい。

・他法令で定める（ １ ）等を受けていることの証明ができない場合
・「（ ２ ）」、「（ ３ ）」に該当する場合
・（ ４ ）が納付されない場合（輸入の場合）
・貨物に（ ５ ）を偽った表示がされている場合（輸入の場合）

(A) 輸出してはならない貨物	(B) 税関の検査	(C) 関税
(D) 輸入してはならない貨物	(E) 許可、承認など	(F) 法人税
(G) 原産地	(H) 船積地（仕出地）	(I) 荷降地（仕向地）

問題2 次は、日本の貿易管理制度、および関税法における輸出規制などについての記述である。正しいものには○、誤っているものには×をつけなさい。

1. 日本は、GATTとそれを引き継いだWTOによる「貿易の厳密な管理と厳重な規制の原則」の考えに立っている。
2. 輸出入を規制する「他法令」とは、関税法、関税定率法、関税暫定措置法の３つの法律を意味する。
3. 麻薬、向精神薬、大麻、あへん、けしがら及び覚せい剤は、「輸出してはならない貨物」に掲げられている。
4. 輸出しようとする物品が児童ポルノに該当する場合は、税関により没収・廃棄されることがある。
5. 知的財産権を侵害する物品として輸出してはならない貨物とされてい

107

るものの中には、回路配置利用権を侵害する物品は含まれない。

6. 不正競争防止法第2条第1項の第1号～第4号に掲げる行為を組成する物品は、輸出してはならない貨物とされている。

7. 著名なブランド名と混同しかねない表示をしている物品は、輸出できないことになっている。

8. 「輸出してはならない貨物」に該当するとして輸出できないのは、「不可抗力」であるため、通常の輸出入契約では賠償問題には至らない。

9. 他法令に関する許可、承認、確認、届出等については、税関に申請書類を提出して取得等を受ける。

10. 輸出しようとする物品に原産地を誤認させるような記載がある場合には、輸出することができない。

11. 関税法では、輸出に他法令の規定で許可、承認を必要とする場合には、輸出申告時に税関に対してそれらが取得済みである旨を証明することを求めている。

12. 関税法では、輸出に他法令の規定で検査または条件の具備を必要とする場合には、税関による検査や条件の具備の審査を求めている。

問題3 次は、外国為替及び外国貿易法（外為法）で、「輸出許可を要するもの」とされているものについての記述である。（1）～（7）に当てはまるものを、次の枠内の（A）～（K）から選びなさい。

＜輸出貿易管理令 別表第一に定められた貨物＞

武器、軍事用途にも転用可能な高度技術汎用品

・別表第1の1～15項に定められている、武器・兵器、大量破壊兵器の関連部品、通常兵器の関連汎用品（（1）という）

　　※（2）向けの輸出が対象

・別表第1の16項に定められている、上記（1）以外のすべての貨物・技術で、下のいずれかの要件に当てはまる場合（（3）という）

　　①（4）の開発・製造等に用いられるおそれがあると知った場合（5）

　　②（4）の開発・製造等に用いられるおそれがあると（6）から通知を受けた場合

108

※米国、カナダなど指定26ヵ国（（ 7 ）と呼ばれる）以外への輸出が対象

(A) 全地域　　(B) グループA　(C) グループC　(D) リスト規制品
(E) キャッチオール規制　　　(F) 経済産業省　(G) 税関
(H) 武器・兵器（大量破壊兵器を含む）　　　(I) 大量破壊兵器
(J) 客観要件　(K) インフォーム要件

問題4 次は、他法令に関する輸出規制などについての記述である。正しいものは○、誤っているものは×をつけなさい。

1. 輸出の許可を要するとされている物品を輸出しようとする場合は、経済産業大臣に申請して輸出許可証の交付を受けなければならない。
2. 輸出の許可を要するとされている物品は、武器・兵器（大量破壊兵器を含む）として使われることが明らかなものである。
3. キャッチオール規制では、対象物品を具体的な品目で示すのではなく、紙類、木工品などを除くすべての貨物を対象物品としている。
4. キャッチオール規制に係る輸出規制の対象は「全地域」である。
5. 輸出する貨物の仕様・性能が輸出の許可を要するとされている品目に該当しないことを証明するため、輸出申告時に「非該当証明書」の提出が求められることがある。
6. キャッチオール規制における「客観要件」とは、「経済産業省が武器・兵器の開発等に用いられるとの情報を得た」物品が、規制対象となるものである。
7. 輸出の許可を要する物品を、その許可を要しない国・地域に一旦輸出して、そこから許可を要する国・地域に輸出する行為（いわゆる迂回輸出）は、規制の対象になっていない。
8. オゾン層破壊物質は、ウィーン条約（モントリオール議定書）、有害廃棄物はバーゼル条約によって輸出規制を受けるものとして、経済産業大臣の輸出承認が必要となる。
9. 絶滅の恐れがある野生動植物は、ワシントン条約によって輸出規制を

受けるものとして、経済産業大臣の輸出許可が必要となる。

10. ダイヤモンド原石、うなぎの稚魚、漁船の輸出には、経済産業大臣の輸出承認が必要になる。

11. 委託加工貿易契約によって輸出する貨物については、必ず経済産業大臣の輸出の承認が必要とされている。

12. 輸出許可証の有効期限は4ヵ月、輸出承認証の有効期限は6ヵ月であり、その有効期間中に税関に輸出申告をしなければならない。

13. 文化財保護法や植物防疫法、狂犬病予防法などでも、輸出の規制を行っており、規制対象物品を輸出しようとする場合には、経済産業省に申請をしなければならない。

14. 輸入国政府が、輸出国で義務付けている検査を「船積前輸出検査」といい、輸入者よりこれを要求された場合は、当該国の領事館から検査証明書を入手しなくてはならない。

15. インコタームズでは、「船積前輸出検査」に係る経費の支払義務があるのは、どのような貿易条件であるかに関らず輸入者としている。

問題 1

 1. (E) 2. (A) 3. (D) 4. (C) 5. (G)
※ 2、3 は逆でも可。

> **Point**
> **輸出入が許可されない場合**
> ① 「関税法」で輸出入が禁止されている物品
> ② 他法令で定める許可、承認等を受けていることの証明ができない場合
>   ※他法令…関税法、関税定率法、関税暫定措置法（関税三法）以外の貿易に関係する国内法のこと
> ③ 関税が納付されない場合（輸入の場合）
>   ※実務的には、関税だけではなく消費税の納付も必要となり、同時に納付することになる。
> ④ 貨物に原産地を偽った表示がされている場合（輸入の場合）

問題 2

 1. × 2. × 3. ○ 4. × 5. ○ 6. × 7. ○
8. × 9. × 10. × 11. ○ 12. ×

解説

1. 日本は、**GATT** とそれを引き継いだ **WTO** による「**自由貿易の原則**」の考えに立っている。様々な**貿易管理制度**はあるが、それらはその原則が認める範囲の最低限のものとなっている。
2. **他法令**とは、関税法、関税定率法、関税暫定措置法**以外**の法律のことをいう。上記3つは**関税三法**と呼ばれる。
4. 輸出してはならない貨物のうち、児童ポルノについてのみ、税関長による没収・廃棄ではなく、輸出できない物品である旨を輸出者に通知することとなっている。
5、6. 知的財産権侵害物品として、輸出してはならない貨物とされてい

るのは、**特許権**、**実用新案権**、**意匠権**、**商標権**、**著作権**、**著作隣接権**または**育成者権**を侵害する物品、および、**不正競争防止法第2条第1項の第1号～第3号、第10号、第17号および18号**に掲げる行為を組成する物品である。

7. **記述のとおり**。著名なブランド名を真似たようなものは、不正競争防止法で禁止されている**周知表示混同惹起行為**（第1号）、**著名表示冒用行為**（第2号）、**商品形態模倣行為**（第3号）にあたり（真似の状況による）、「輸出してはならない貨物」に該当する。

8. 契約後に法規制の変更があって取引ができなくなった場合は**不可抗力**にあたる。しかし、契約時点ですでに輸出できない場合や、輸出までに許認可の取得ができなかった場合は不可抗力にはあたらず、クレームから賠償責任に発展する可能性がある。

9、11、12. 他法令で許可、承認等を必要とする場合は、輸出申告時に税関に対して取得の証明を、検査または条件の具備を必要とする場合は税関の審査の際に検査の完了や条件の具備の証明をしなくてはならない。それらの取得や検査の完了証明などは、原則的に各法令の所轄官庁に申請して許可等を得るものであって、税関から取得等をするものではない。

10. そのような規定はない。輸入の場合と混同しないように。

輸出してはならない貨物
・関税法で定められている（4分野）。
・税関長が没収・廃棄できるものと、輸出できない物品である旨が輸出者に通知されるものがある。
・輸出してはならない貨物には、回路配置利用権を侵害する物品は含まれていない。

問題3

正答 1.(D) 2.(A) 3.(E) 4.(H) 5.(J) 6.(F) 7.(B)

解説

輸出許可対象となる品目を、具体的に列挙するものを**リスト規制**、具体的に列挙せず、幅広く網をかけるものを**キャッチオール規制**という。キャッチオール規制は紙類や木製品以外のほとんどのものを対象とする。武器・兵器（大量破壊兵器を含む）の製造・開発等に用いられるおそれがあると知っている場合の**客観要件**については、輸出者は経済産業省の省令や告示によく注意しておかなくてはならない。なお、経済産業省からの通知を受けたことによって規制対象となることを、**インフォーム要件**という。

問題4

 1. ○ 2. × 3. ○ 4. × 5. ○ 6. × 7. × 8. ○
9. × 10. ○ 11. × 12. × 13. × 14. × 15. ○

解説

2. 武器・兵器（大量破壊兵器を含む）として使われることが明らかなものだけでなく、その関連部品や関連汎用品の**製造・開発・使用・運搬・貯蔵**に用いられる物品も規制対象となっている。
3. **記述のとおり**。日常生活レベルで武器・兵器に関係すると思えないものでも、規制対象になることがある。例えば、繊維類は防弾チョッキやミサイルの構造材に用いられる特殊繊維もあるので規制対象になっており、要注意。なお、キャッチオール規制対象の例示として、軍服を縫う為のミシンも挙げられている。
4. キャッチオール規制では、**安全保障貿易管理**に関わる多国間輸出管理条約・協定や国際レジューム（紳士協定）に参加し、輸出管理制度が整備されている国は規制対象外となっている。それらの国は**グループA**対象国といい、現在、26カ国が挙げられている。
5. **記述のとおり**。一部の品目では、その仕様・性能によって規制対象になるかならないかが変わるものもある。**非該当証明書**または**パラメータ・シート**は、そういった品目について規制対象外の仕様・性能であることを証明するためのものである。

6. **客観要件**とは、各種の情報から「輸出者自身が」武器・兵器（大量破壊兵器を含む）の製造・開発等に使用されると知ったものを規制するもので、経済産業省が知ったものではない。

7. 外為法では設問のような迂回輸出も規制の対象としており、違反の場合には罰則を課している。

8、9、10. これらの物品については、経済産業大臣の輸出**承認**対象とされている。輸出**許可**対象ではないので注意。

11. 委託加工貿易契約によって輸出する貨物で、「皮革製品などへの加工のための原材料である皮革などの一定の物品」については、経済産業大臣の輸出承認を要する。全ての物品について必要なわけではない。

12. 輸出許可証、輸出承認証、いずれも有効期限は許可または承認をした日から6ヵ月である。

13. 「他法令」に係る許認可の取得などは、当該法令の所管官庁に対して申請する。例えば、文化財保護法なら文化庁、植物防疫法や狂犬病予防法は農林水産省など。経済産業省は外為法などの所管官庁である。

14. **船積前輸出検査**（Pre-Shipment Inspection、PSI）に係る検査証明書は、当該国が指定する特定の検査機関から入手する。大使館や領事館が発行するものではない。

15. **記述のとおり**。インコタームズでは、船積前輸出検査に係る費用の負担者は買主（輸入者）としている。DDP条件でも同じなので注意すること。

Point 外為法による輸出規制

◆輸出許可を要するとされているもの

… 輸出貿易管理令 別表第1に定められた貨物

① 1～15項に定められている、武器・兵器、大量破壊兵器の関連部品、通常兵器の関連汎用品。全地域向けの輸出が対象（「リスト規制品」と呼ばれる）。

② 16項に定められている、①以外のすべての物品で以下のいずれかの場合に該当するもの（「キャッチオール規制」と呼ばれる）。

・通常兵器、大量破壊兵器の開発などに用いられる「おそれがあると知った」場合（客観要件）

・通常兵器、大量破壊兵器の開発などに用いられる「おそれがあると経済産業省から通知を受けた」場合（インフォーム要件）

※キャッチオール規制は、米国、カナダ、オーストラリア、イギリス、スイス、フランスなど指定26カ国（グループＡと呼ばれる）以外への輸出が対象。

なお、輸出許可証の有効期限は6ヵ月。

◆輸出承認を要するもの

①輸出貿易管理令 別表第2に定められた貨物

・国内需給調整物資

例：ダイヤモンド原石、うなぎの稚魚、漁船、冷凍あさり

・輸出禁制物資

例：偽造通貨、麻薬、重要文化財、風俗を害する書籍

・国際協定等によって輸出規制を受ける物資

例：絶滅の恐れのある野生動植物（ワシントン条約）

オゾン層破壊物質（ウィーン条約（モントリオール議定書））

有害廃棄物（バーゼル条約）、化学物質（ロッテルダム条約）

・国連経済制裁等に基づくもの

例：対北朝鮮経済制裁

②委託加工貿易契約によって輸出する貨物

海外での皮革製品などへの加工のための原材料である皮革など

なお、輸出承認証の有効期限は6ヵ月。

知的財産権侵害物品の「認定手続」

　関税法では「輸出してはならない貨物」、「輸入してはならない貨物」のいずれにも知的財産権（以下、知財権）を侵害する物品を挙げています。これらが税関で見つかると、税関長は没収して廃棄することができることになっています。輸入の場合は積戻しを命じることもできます。

　しかし、税関長はそういった貨物を見つけたからといって、即座にそのような処分を下すことができるわけではありません。その前に「知財権侵害物品に該当するかどうか」を判定する**認定手続**を執らなければならないことになっています。

　認定手続が執られた貨物を**疑義貨物**といいます。当該知財権の権利者と輸出者／輸入者は、疑義貨物について証拠を提出したり、意見を述べることができるようになっています。それらによって、税関長が権利侵害の有無を判定するわけです。

　認定手続には数ヵ月かかる場合もあるので、納期のある商品については致命的といえるでしょう。

　この知財権に関して、通関がストップする事例で時々あるのが、輸出者／輸入者とは別の第三者が権利を持っている場合に、輸出者／輸入者が「通関までに権利を取得できる」と見込んで取引を実行してしまうケースです。とくに、輸出者側の営業マンの売ろうとする意識が過剰で「確実に権利取得できます！」と安請け合いして契約してしまった場合に、こういうことが起こります。

　もちろん、権利取得ができれば、その時点で通関できるのですが、勝手なことをされたことで、権利者側が感情的になり、権利自体取得できないことも多いといわれています。

　取引する物品に知財権が絡む場合には権利取得済みか、まだ取得されていない場合には権利者の了解はあるのかを、よくよく注意する必要があります。

⓯ 輸入者の許認可の取得

輸出者の規制や許認可の内容との違いを理解しよう！　→ テキスト P.109 〜

問題1 次は、関税法で「輸入してはならない貨物」とされているものである。このうち、いかなる場合でも輸入が認められないものはどれか、すべて挙げなさい。

1. 化学兵器の禁止及び特定物質の規制等に関する法律第2条第3項に規定する特定物質
2. 児童ポルノ
3. 公安または風俗を害すべき書籍、図画、彫刻物その他の物品
4. 爆発物
5. 麻薬及び向精神薬、大麻、あへん、けしがら並びに覚せい剤（覚せい剤原料を含む）並びにあへん吸煙具
6. 知的財産権を侵害する物品
7. 貨幣、紙幣もしくは銀行券、印紙もしくは郵便切手または有価証券の偽造品、変造品及び模造品並びに偽造カード（生カードを含む）
8. 火薬類
9. けん銃、小銃、機関銃、砲、並びにこれらの銃砲弾、けん銃部品
10. 感染症の予防及び感染症の患者に対する医療に関する法律第6条第20項に規定する一種病原体等及び同条第21項に規定する二種病原体等
11. 危険ドラッグに該当する指定薬物

問題2 次は、関税法における輸入規制についての記述である。正しいものには○、誤っているものには×をつけなさい。

1. 「輸入してはならない貨物」に掲げられている、いずれの物品であっても、日本政府や日本政府に許可を受けた者は特別に輸入することができる。
2. 貨幣、紙幣、銀行券または有価証券の偽造品、変造品は、サンプル輸

117

入や研究目的が明らかであっても輸入が許可されない。

3. 「輸入してはならない貨物」について、税関は没収・廃棄をするか、輸入しようとする者に積戻しの命令を行う。

4. 知的財産権を侵害する物品として輸入してはならない貨物とされているものの中には、育成者権を侵害する物品は含まれない。

5. 不正競争防止法第2条第1項の第1号〜第3号、第10号、第17号および第18号に掲げる行為を組成する物品は、輸入してはならない貨物とされている。

6. 原産地を偽った表示をしている物品だけでなく、錯誤させるような表示をしている物品も輸入することができない。

7. 商品と一体となっているラベル表示で原産地を偽った表示をしている物品は、輸入することができないが、偽った表示が外袋にされているだけであれば輸入することができる。

8. 輸入しようとする商品・貨物に、その原産地や製造地を偽っている記載がある場合には、その表示の貼替えをしなければ輸入が許可されない。

9. 他法令に関する許可、承認、確認、届出などを必要とする物品を輸入しようとする場合には、当該法令の所管官庁に申請書類を提出して取得などを受けなければならない。

10. 輸入規制のために輸入できなかった場合、必ずしも輸出者から積戻し（Ship Back）が認められて返金されるとは限らない。

問題3 次は、外国為替及び外国貿易法（外為法）やその他の他法令での輸入規制についての記述である。正しいものには○、誤っているものには×をつけなさい。

1. 輸入においては、外為法で許可を要する品目はない。

2. 輸入割当てとは、輸入割当てを受けた数量までは低税率の関税で輸入することができ、それを超えると高税率の関税が課される2段階関税の制度である。

3. 輸入公表1号品目を輸入しようとする者は、経済産業大臣から輸入承認証の交付を受ける代わりに、輸入割当てを受ける必要がある。

4. こんぶ、すけそうだら、ほたて貝などの一部の水産物は、輸入割当てを受けなければならない。
5. ワシントン条約附属書Ⅰ、Ⅱ掲載動植物等に定める規制品を輸入しようとする者は、経済産業省から輸入承認証の交付を受ける必要がある。
6. 北朝鮮より貨物を輸入しようとする場合には、いかなる物品であろうとも経済産業大臣より輸入の承認を受ける必要がある。
7. イラクから文化財を輸入しようとする場合には、必ず経済産業大臣より輸入の承認を受ける必要がある。
8. 輸入公表3号品目については、経済産業大臣より輸入の承認を受ける必要がない。
9. 輸入公表3号品目を輸入しようとする場合は、通関時に税関より確認を受ければよいことになっている。
10. 輸入割当証明書の有効期間は4ヵ月、輸入承認証の有効期間は6ヵ月となっている。
11. 動物を輸入しようとする場合には、輸出国政府機関発行の検査証明書が必要な場合もある。
12. 食器・子供用玩具を輸入しようとする場合には、厚生労働大臣に「食器・玩具等輸入届出書」を提出し、その届出済証を入手する必要がある。

> **問題4** 次は、輸入割当てが必要な物品の、手続きの時系列的な流れ図である。(1)～(7)に当てはまるものを、次の枠内の(A)～(K)から選びなさい。

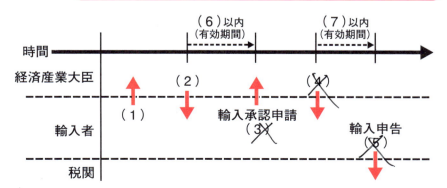

・（ 2 ）から輸入承認申請までの期間は、（ 6 ）以内でなければならない。

・（ 4 ）から輸入申告までの期間は、（ 7 ）以内でなければならない。
なお、この期間は所定の手続きをとることで延長することができる。

(A) 輸入割当証明書を添付		(B) 輸入承認証を添付	
(C) 輸入許可申請		(D) 輸入承認証を交付	
(E) 輸入割当証明書を交付		(F) 輸入割当申請	
(G) 輸入許可証の交付		(H) 1 年	
(I) 6ヵ月	(J) 4ヵ月	(K) 3ヵ月	

▲正答 & 解説

問題1

▲正答 2、3、6、7

解説

　輸入してはならない貨物として挙げられている貨物には、いかなる場合でも輸入が許可されない**絶対的輸入禁制品**、特殊な事例の場合には、特別に輸入が認められる**相対的輸入禁制品**がある。

　後者の具体例としては、自衛隊などの官公庁による需要、医療用などの需要で使われる麻薬や病原体などである。

　なお、絶対的輸入禁制品には、設問のものに加えて「不正競争防止法第2条第1項第1号～第3号、第10号、第17号および第18号に掲げる行為を組成するもの」（いわゆるニセモノなど）がある。

問題2

▲正答 1. × 　2. ○ 　3. × 　4. × 　5. ○ 　6. ○ 　7. × 　8. ×
　　　　9. ○ 　10. ○

解説

1、2. 絶対的輸入禁制品は、そもそも輸入に許可が与えられないので誤り。

3. 「公安または風俗を害すべき書籍、図画、彫刻物その他の物品」、「児童ポルノ」は税関による没収・廃棄や、積戻しの命令ではなく、輸入できない旨の通知がくるだけである。ただし、実務的には、港に置いておいても保管料がかかるだけなので、結局は廃棄か積戻しをすることになる。なお、税関による廃棄であっても、その費用は輸入者負担。

4. 育成者権を侵害する物品は輸入してはならない貨物である。なお、輸出してはならない貨物には掲げられていなかった**回路配置利用権**を侵害する物品は、輸入してはならない貨物となっている。

7. ラベルだけでなく、いかなる場所であろうとも原産地を偽ったり、錯誤させるような表示がされているものは輸入できない。

8. 原産地の表示は、法令等でとくに求められている物品以外については、必ずしも義務ではない（無表示でも構わない）。そのため、表示が義務とされていない物品の場合は、表示の貼替えではなく、削除・消去でもよい。
10. **記述のとおり**。貿易取引は原則「買切り」であるため、輸入者の落ち度で輸入ができない場合には、輸出者が返品（返送）、返金を受けてくれるとは限らない。むしろ受けてくれない場合も多く、受けてくれた場合も返金額は削られ、返送費は輸入者負担となる場合が多い。

輸入してはならない貨物
・関税法で定められている（12分野）。絶対的輸入禁制品と相対的輸入禁制品がある。
・税関長が没収・廃棄できるものと、輸入できない物品である旨が輸入者に通知されるものがある。
・原産地を偽った貨物は輸入できない。
※関税法では原産地の表示は、必ずしも義務ではない（無表示でも構わない）ことに注意。

問題3

 1.○ 2.× 3.× 4.○ 5.○ 6.○ 7.×
8.○ 9.× 10.○ 11.○ 12.×

解説

2. **輸入割当て**とは、特定の品目の輸入を希望する者に対して、数量や金額ベースで輸入してよい量を、経済産業大臣が割り当てる制度をいう。割当てがないと輸入をすることができない。設問の記述は**関税割当て**のものである。
3. 輸入割当てを受けても、その後、輸入承認を受け、**輸入承認証**の交付を受ける必要がある。輸入承認の代わりが輸入割当てではない。
4、5. **記述のとおり**。輸入承認を要する物品は、**輸入公表**で発表されるが、この対象は変わることがある。すべて覚える必要はないが、代表的な

ものは覚えておくとよい。とくに一部の水産物については、GATT
の**非自由化品目**であるために輸入割当てを要するという理由も理解し
ておくこと。

6. **記述のとおり**。現在（2020 年 4 月）、北朝鮮からの輸入については、
全貨物について経済産業大臣の輸入承認が必要となっている。しかし、
その承認がされることはなく、実質的に輸入禁止となっている。

7. イラクからの文化財で輸入承認が必要とされているのは、「平成 2 年
8 月 6 日以降にイラクにおいて不法に取得された文化財」である。

8、9. **輸入公表 3 号品目**は経済産業大臣の輸入承認を受ける必要がなく、
確認のみでよいことになっている。しかし、その「確認」には、事前
に経済産業大臣やその他の大臣から確認を受けるべき**事前確認品目**
と、輸入通関時の税関の確認でよい**通関時確認品目**がある。すべて通
関時確認でよいわけではない。

11. **記述のとおり**。原則として、動物の輸入の場合には輸出国での検査証
明が必要となる。これを**二重検疫制**という。

12. 食器・子供用玩具は、食品衛生法による規制対象である。輸入に際し
ては、厚生労働大臣に**食品等輸入届出書**を提出し、届出済証を入手す
る必要がある。

問題4

正答　1. (F)　2. (E)　3. (A)　4. (D)　5. (B)　6. (J)　7. (I)

解説

　輸入割当てが必要な場合は、先に輸入割当てを受け（**輸入割当証明書**
の交付を受け）、その後、輸入承認をもらう必要がある。なお、輸入割当
てと輸入承認を同時に申請することもできる（非自由化品目以外）。

123

外為法による輸入規制

◆輸入の承認を要する品目

… 輸入公表の1号〜3号として定められている。それぞれ行うべき手続きが違う。

- 1号品目 … 経済産業大臣より輸入割当て（Import Quota、IQ）を受け、その割当てに基づいて輸入承認を受ける。
- 2号品目 … 経済産業大臣より輸入承認を受ける。
- 3号品目 … 経済産業大臣や他の大臣より事前確認を受ける、もしくは税関より通関時確認を受ける。

※輸入公表：経済産業大臣が輸入に必要な事項を公表する告示。

なお、輸入割当証の有効期間は4ヵ月、輸入承認証の有効期間は6ヵ月。

「輸出/輸入差止申立て」などと「通関解放制度」

知財権侵害物品については、税関が見つけて認定手続がとられるという流れだけでなく、自らの権利が侵害されそうであることを知った権利者から、税関長に対して「認定手続をとるように」求める申立てをすることができるようにもなっています。これを「輸出差止申立制度」、「輸入差止申立制度」といいます。

この申立てが受理された場合、税関長から「供託」を命じられる場合があります。これは、認定手続が終了するまでの間、当該貨物が輸出/輸入されないことにより、当該貨物を輸出/輸入しようとする者が被るおそれがある損害の賠償を担保するためのものです。

なお、この対象となる権利は「特許権、実用新案権、意匠権、商標権、著作権、著作隣接権もしくは育成者権または営業上の利益」です。

輸入してはならない貨物に掲げられている「回路配置利用権」については、申立制度の対象にはなっていませんが、「輸入差止情報提供制度」というものがあります。あくまで

も税関長への情報提供という形ですが、税関長の判断で認定手続がとられることになります。

一方、そういった物品を輸出/輸入しようとする輸出者/輸入者にとってみれば、認定手続に数ヵ月を要してしまうと、納期に間に合わなくなってしまいます。差止申立人が供託したものから賠償されたとしても、取引相手との関係としては失敗です。そういった問題に対して、日本では「認定手続をとりやめることを求める」ことのできる制度があります。これを「通関解放制度」といいます。

この制度を利用する場合には、差止申立人が被るおそれがある損害の賠償を担保するために相当と認める額の金銭を供託しなければなりません。また、対象となる権利は「特許権、実用新案権、意匠権」だけとなっています。

前セクションの認定手続（P.119 コラム参照）を含めて、知的財産権侵害物品の水際取締りの制度や流れ、手続については下記のウェブサイトに詳しい情報が掲載されていますので、ご覧になってください。

「税関による知的財産侵害物品の取締り」（税関ホームページ）
https://www.customs.go.jp/mizugiwa/chiteki/

Day 5

決済準備と保険付保の手続き

項　目　名	重要度
⓰ 為替予約	★★★
⓱ 信用状発行依頼 ―輸入者―	★★★★
⓲ 信用状の受領 ―輸出者―	★★★★
⓳ 貨物保険の付保	★★★

為替変動リスクの回避策をきっちりマスターしよう！ ➡ テキスト P.118 〜

⑯ 為替予約

問題1 次は、外国為替市場および外国為替相場についての記述である。正しいものには○、誤っているものには×をつけなさい。

1. 「外国為替市場」とは、金融機関と為替ブローカーから構成された各国通貨を売買する取引の場をいう。

2. 為替レートの変動は、貿易に必要な通貨の需給、企業の外貨による借入れ・返済のための需給といった実需に基づく需給動向のみによって起こる。

3. 銀行と輸出入業者などの企業との間で取引される為替レートのことを「インターバンク・レート」という。

4. 日本の輸出者が支払いを受けた外貨を売って円貨を買う場合に適用される相場を、「買相場」という。

5. US＄10,000分の取引を行う場合、通常、日本の輸出者はUS＄を円貨に転換する必要がある。

6. 日本の銀行と輸入者の間に適用される為替レートは、銀行間の為替レートよりも円安になる。

7. 日本で「1 US＄＝¥120.00」といった表示をする為替相場表示形式を「自国通貨建相場」という。

8. 為替相場が1 US＄＝¥120.00から¥122.00になることを、「円高」という。

9. 「円高ドル安」になることは、輸出者にとって不利なレートになるということである。

10. 貿易において、「有利／不利なレートになった」というのは、前日のレートに比べて考えるのが一般的である。

問題2　次は、銀行－日本の企業間の外貨取引についての記述である。今、インターバンク・レートが1US＄＝¥98.00、銀行が輸出入者との電信売買時に乗せる利益・リスク料が1US＄当たり¥1.00である。
このとき、（1）～（8）に当てはまるものを、下の枠内の（A）～（H）から選びなさい。

・銀行－輸出者間
① 輸出者は、商品代金として受け取った（ 1 ）に換える必要がある。
② 銀行は、1US＄当たり¥1.00の利益・リスク料を取る。
③ 銀行は、（ 2 ）相場の（ 3 ）でUS＄を（ 4 ）。

・銀行－輸入者間
① 輸入者は、商品代金の支払いのため、（ 5 ）に換える必要がある。
② 銀行は、1US＄当たり¥1.00の利益・リスク料を取る。
③ 銀行は、（ 6 ）相場の（ 7 ）でUS＄を（ 8 ）。

（A）US＄を円貨　（B）円貨をUS＄　（C）T.T.B.　（D）T.T.S.
（E）1US＄＝¥99.00　（F）1US＄＝¥97.00　（G）売る　（H）買う

問題3　次は、為替変動リスクの回避策についての記述である。これらが意味しているものを、それぞれ次の枠内の（A）～（F）から選びなさい。

1．取引相手との輸出額と輸入額を相殺させて、一定期間後の相殺しきれなかった分だけ決済・通貨転換するもの。為替変動リスクは、相殺しきれなかった分だけとなる。
2．契約で決済を自国通貨で行うように取り決めるもの。
3．特定時期に、特定額を特定通貨間で特定の先物相場で通貨転換することを、銀行と契約するもの。
4．通貨転換の時期をその取引の決済のタイミングではなく、有利なレー

トのときにするもの。

5. 自社の輸出で手に入れた外貨を円転換せずに保有し、輸入の際に使うことで相殺するもの。

6. 特定時期に特定額を特定通貨間で特定の先物相場で、通貨を売り／買いする権利を買うもの。権利を買った者は、その権利を行使（通貨の売り／買いの実行）しても放棄してもよい。

(A) リーズ・アンド・ラグズ　　(B) ネッティング　　　(C) 為替予約
(D) 自国通貨での取引　　　　　(E) 通貨オプション　(F) 為替マリー

問題4　次は、為替予約および通貨オプションについての記述である。正しいものには○、誤っているものには×をつけなさい。

1. 為替リスクを回避するための為替予約に適用されるのは、直物相場（Spot Rate）である。

2. 為替予約スリップには通常、「NO MARGIN ALLOWED」と記載されており、これは「為替予約手数料支払済み」という意味である。

3. 銀行は、原則として為替予約のキャンセルを認めてくれない。

4. 為替予約の実行時期で、予約締結日の翌々営業日から1ヵ月目、2ヵ月目などの特定日を引渡し日とするものを、順月確定日渡しという。

5. 確定日渡しでは、為替の取引において為替予約当日の直物相場で引渡しをする約束をする。

6. 輸入者が、輸入代金をドル建で支払うときに為替予約をしようとする場合、売相場（Selling Rate）の予約をする。

7. 通貨オプション取引は、為替リスクを回避できるのみならず、為替利益を期待できるものである。

8. 通貨を売る権利を買うことを「コール・オプションの購入」、買う権利を買うことを「プット・オプションの購入」という。

9. 輸入者はオプションの買手となり、輸出者はオプションの売手となる。

10. オプション付予約相場が、直物（実勢）相場より有利な場合にはオプ

ションを行使し、不利な場合にはオプションを放棄するのが一般的である。

問題5 次は、為替予約の実行時期についての記述である。これらが意味しているものを、それぞれ下の枠内の（A）～（E）から選びなさい。

1. 先物予約締結日の翌々営業日を起算日として、その何ヵ月目という応答日に受渡しをするもの。
2. 暦の上の月を基準として、その月の間であればいつでも受渡しができるもの。
3. 先物予約締結日の翌々営業日を起算日とした何ヵ月目という応答日を基準として、その日から向こう1ヵ月間であればいつでも受渡しができるもの。
4. 将来の特定日を受渡し日とするもの。
5. 将来の特定期間を定め、その期間中であればいつでも受渡しができるもの。

（A）暦月（オプション）渡し 　　（B）順月確定日渡し
（C）特定期間渡し 　（D）順月（オプション）渡し 　（E）確定日渡し

131

▲ 正答 & 解説

問題1

▲ 正答　1. ○　2. ×　3. ×　4. ○　5. ○　6. ○　7. ○　8. ×
9. ○　10. ×

解説

1. **記述のとおり。外国為替市場**とは、金融機関と為替ブローカーから構成された各国通貨を売買する取引の場である。しかし、「場」といっても特定の建物・施設があるわけではなく、各社間の情報ネットワークがそう呼ばれている。

2. 為替レートの変動は、貿易に必要な通貨の需給、企業の外貨による借入れ・返済等の「実需に基づく」需給動向だけでなく、投機目的などの「実需に基づかない」需給動向も理由となる。

3. **インターバンク・レート**とは、銀行間での取引相場である。銀行－輸出入企業間で適用される相場は**対顧客取引相場**という。

4. **記述のとおり。**為替相場の外貨の「売り」「買い」は、「銀行から見て外貨を売る／買う」を意味する。輸出者が、支払いを受けた外貨を売って円貨を買う場合、銀行から見ると外貨を買い円貨を売るということになるため、適用される為替レートは「買相場」となる。輸入の場合は逆。

6. **記述のとおり。**銀行－企業の間で適用されるレートは、銀行間で適用されるレートに銀行の利益やリスク料等を乗せたものになる。よって、企業にとって不利な方向のレートになるため、輸入者に対しては円安方向のレートになる。

7. **記述のとおり。**為替レートを「相手国通貨1単位に対して、自国通貨がいくらになる」という形式で表示するものを**自国通貨建相場**という（日本の場合はとくに**邦貨建相場**ともいう）。設問の場合、日本で1US＄がいくらになるかなので、この形式である。

8. 外貨に対して円の価値が高くなることを**円高**、その逆を**円安**という。設問の場合、以前は1US＄を買うために120円支払えばよかったものが、122円支払わなければ買えなくなったので、円の価値が低くなっ

132

たことになる。よって、円安になった状況。
9. **記述のとおり**。日本の輸出者は外貨で代金を受け取り、これを円貨に転換する必要がある。そのため、「円高ドル安」になると、受け取ったドルの価値が小さくなるので、円貨での受取額が減る。
10. 通常、貿易でレートが有利/不利になったというのは、昨日・今日といった比較では考えない。輸出・輸入採算した時点との比較、輸出・輸入のために外貨借入れをした時点との比較など、利益予測に対して実際がどうなったかで考えるのが一般的。

問題2

 1. (A) 2. (C) 3. (F) 4. (H) 5. (B) 6. (D) 7. (E) 8. (G)

解説

銀行は、午前10時頃のインターバンク・レートをもとに、その日1日の対顧客取引の基準となる**対顧客仲値**を決める。これに銀行が利益・リスク料を乗せて顧客との取引相場とする。この相場は、輸出入者に不利な方向、つまり輸出者には円高方向、輸入者へは円安方向になる。

資金移動は電信（Telegraphic Transfer、T.T.）で行われるため、売相場は **T.T. Selling Rate**（T.T.S.）、買相場は **T.T. Buying Rate**（T.T.B.）という。

対顧客相場の基本レート
- T.T.B. レート（Telegraphic Transfer Buying Rate）
  … 銀行が、輸出者が受け取った外貨を買い、円貨を売るレート。
- T.T.S. レート（Telegraphic Transfer Selling Rate）
  … 銀行が、輸入者から円貨を買い、支払用の外貨を売るレート。

※銀行視点で「外貨を売る/買う」レートとして示される。

問題3

正答 1. (B) 2. (D) 3. (C) 4. (A) 5. (F) 6. (E)

解説

リーズ・アンド・ラグズ、ネッティング、為替マリーの3つでは、外貨で保有しているままのときは、現実の為替差損は出ない。しかし、決算期には帳簿上で円貨に換算するために帳簿上の損が出ることには注意しておくこと。また、ネッティング、為替マリーは必ずしも相殺しきれるとは限らない。

なお、ネッティングのうち、2社間で行うものはバイラテラル・ネッティング、3社間以上で行うものはマルチラテラル・ネッティングといわれる。マルチラテラル・ネッティングの場合は、企業間で直接行うことは少なく、共同のネッティング・センターという相殺機関を設けることが多い。

問題4

正答 1. × 2. × 3. ○ 4. ○ 5. × 6. ○ 7. ○ 8. ×
9. × 10. ○

解説

1. 為替予約に適用されるのは、先物相場（Forward Rate）である。

2、3. NO MARGIN ALLOWED とは、「予約した金額を指定期間内に必ず実行し、未消化分残高を残さないでください」という意味で、為替予約契約は、原則として未消化分を残すことも、キャンセルも認められないことになっている。

5. 受渡時期がいつであろうと、予約締結時に取り決めた先物相場で引渡しをする約束となっている。

7、10. 記述のとおり。通貨オプション取引では、その予約レートで通貨転換を行うことをオプションの実行、その予約レートでは通貨転換を行わず、その時点の直物レートで行うことをオプションの放棄という。よって、直物相場が予約相場よりも不利なレートになったときには、予約レートで通貨転換を行うために「オプションを実行」することになる。それによって為替差損を回避できる。

134

一方、直物相場が予約相場よりも有利なレートになったときには、直物レートで通貨転換を行うことで為替利益を享受できる。その場合には「オプションを放棄」すれば予約レートではなく、直物レートで通貨転換できる。

8、9．通貨オプション（売買の権利）の売手は銀行、買手は輸出入業者等になるのが一般的。この場合、「通貨を売る」ことを**プット**といい、「通貨を買う」ことを**コール**という。

為替予約
- 為替変動リスクの回避策は、「特定時期」に「特定額」を「特定通貨間」で「特定の先物相場」で通貨転換する「為替予約」が一般的。
- 為替予約には、先物相場（Forward Rate）が使われる。
  ※為替予約をせずに通貨転換をするときの為替レートは、直物相場（Spot Rate）という。
- 為替予約には、銀行と為替予約スリップ（Exchange Contract Slip）を取り交わす。
- 為替予約契約は、必ず実行しなければならない。
  （No Margin Allowed）

通貨オプション
- 予約レートで通貨転換を行うことを「オプションの実行」、予約レートでは通貨転換を行わず、その時点の直物レートで行うことを「オプションの放棄」という。
- オプションの売手は銀行、買手は輸出入業者等になるのが一般的。「通貨を売る」ことを「プット」といい、「通貨を買う」ことを「コール」という。

問題5

正答　1.(B)　2.(A)　3.(D)　4.(E)　5.(C)

解説

　直物相場での通貨売買では、その契約日の翌々営業日に通貨の引渡しが行われる。8月1日に直物相場での通貨売買契約を締結した場合には、引渡し日は8月3日となる。

　その日翌日以降（この場合は8月4日以降）の通貨売買契約には、先物相場が適用される。この場合、

1. 順月確定日渡しでは、8月3日が起算日なので、1ヵ月先物であれば9月3日、2ヵ月先物であれば10月3日が応答日となり、この日に引渡しがなされる。
3. 順月（オプション）渡しでは、同じく起算日は8月3日として応答日は〇月3日になる。そのため、2ヵ月先物であれば、9月3日が応答日となり、その日より向こう1ヵ月間（9月3日～10月2日）が引渡し可能期間となる。

為替予約の取消しはできるか？

　予約スリップ上に「No Margin Allowed」とあるとおり、為替予約は必ず残額なしに実行されなければなりません。

　しかし、予定していた貿易取引が中止という事態になって、例えば輸入者であれば、買おうとしていた外貨が不要になってしまうという場合もあります。こういうときに、為替予約の取消しができるでしょうか？

　原則的には、答えは「No」です。これは、為替予約が実行されないと、銀行が為替変動リスクを負うことになるためです。為替予約をした時点で、銀行はその外貨を調達するために、外為市場でさらに為替予約を行っています。外国為替市場での為替予約は取り消せないことになっているので、輸入者との為替予約が実行されないと、為替変動リスクを負ってしまいます。そのため、銀行では為替予約を引き受けることは一種の与信行為（準与信行為）という扱

いになっています。よって、取引が中止になっても為替予約は実行しなければならず、輸入者は使い道のない外貨を抱えることになってしまうというわけです。

やむを得ない場合のみ、銀行から予約したのと逆の売買（反対取引）をして相殺することが認められますが、この反対取引に使う為替相場は、取消日当日の直物相場となります。予約した先物相場との間に差があるときは、その分の為替差損が発生してしまいます。

同じように、事情によって「予約期日の延長」をしたい状況も起こり得ます。この場合には、延長分のコストを乗せた為替レートで予約実行をするという方法があります。しかし、これは予約した輸出入者にコスト負担がかかるだけでなく、銀行としては与信行為という観点からリスク期間が長くなるということを意味します。よって、いったん原予約の期日どおりに予約実行し（場合によっては反対取引も行い）、再度、改めて為替予約するほうが望ましいとされています。

L/C 発行依頼の手続きを確実に理解しよう！　→ テキスト P.125～

⓱ 信用状発行依頼 — 輸入者 —

問題1 次は、L/C 決済における L/C 発行段階についての流れ図である。これらの関係者がどのように呼ばれるか、（1）～（5）に入る用語を下の枠内の①（日本語）、②（英語）からそれぞれ選びなさい。

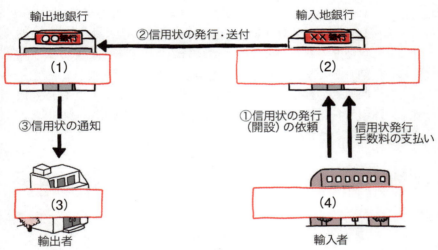

※確認信用状の場合は、（2）の信用補完を（5）が行う。

①
(A) 発行依頼人　(B) 補償銀行　(C) 確認銀行　(D) 譲渡銀行
(E) 発行銀行　(F) 通知銀行　(G) 支払銀行　(H) 受益者

②
(a) Transferring Bank　(b) Beneficiary　(c) Issuing Bank
(d) Advising Bank　(e) Applicant　(f) Paying Bank
(g) Reimbursement Bank　(h) Confirming Bank

問題2 次は、輸入者によるL/C発行手続きについての記述である。正しいものには○、誤っているものには×をつけなさい。

1. 「荷為替信用状に関する統一規則及び慣例（以下、信用状統一規則）」とは、信用状について国による法律の相違から生じるトラブルを避けるべく定められた国際条約である。

2. 現在の信用状統一規則は、国際商業会議所が定めた2007年に改訂されたUCP600が用いられている。

3. 輸入者が取引のない（口座を持っていない）銀行であっても、L/Cを発行してもらうことができる。

4. 個々の取引におけるL/C発行依頼は「輸入信用状発行（開設）依頼書」の提出によって行う。

5. 指定の約定書を提出していれば、L/C発行依頼書を提出すれば、銀行は必ずL/Cを発行する。

6. 前回のL/C発行が半年以内の輸入者に対しては、今回の発行に際しての必ず信用状が発行される。

7. L/Cの通知方法で、先に、電信（Cable）でL/Cの内容を伝える事前通知が届き、正式なL/Cは後に郵送されるものを「Preliminary Cable Advice」という。

8. 「L/Cの通知方法」とは、輸出地銀行から輸出者への通知方法を意味する。

9. L/Cの発行手数料は、信用状金額によって変わる。

10. L/C発行依頼日の翌々営業日にL/Cは発行される。

11. 同一の取引相手、同一種類の物品の輸入を継続的に行う場合に、L/C発行手数料を節約するために、譲渡可能信用状としたほうがよい。

12. 輸出者が信用状を発行する銀行の信用状態に不安を感じる場合、輸出者は確認信用状にするよう要求することがある。

139

問題3 次は、L/C の通知方法についての記述である。この記述に関し、空欄（1）～（9）には、（A）フル・ケーブル・アドバイス方式、（B）郵送方式、（C）プレ・アド方式のいずれが該当するのかを答えなさい。

・通知方法の種類
（１）：L/C 原本が郵送で届けられる方式
（２）：先に、電信（Cable）で L/C の内容を伝える事前通知が届き、正式な L/C（L/C 原本）は後に郵送される方式
（３）：L/C 原本が電信（Cable）で届けられる方式
・通知の早さ（早い順）
（４）→（５）→（６）
・通知手数料（安い順）
（７）→（８）→（９）

問題4 次は、「輸入信用状発行（開設）依頼書」の記載方法についての記述である。正しいものには○、誤っているものには×をつけなさい。

1. 発行依頼書フォームの記述で、「I/WE」とは発行（依頼先）銀行、「You」とは発行依頼人を意味する。
2. Applicant 欄には輸入者名と住所、サインを、Beneficiary 欄には輸出者名と住所を記載する。
3. Expiry Date 欄には、通常は L/C 発行日から 10 ～ 15 日先の日付を記入する。
4. L/C の通知方法をフル・ケーブル・アドバイス方式にしたい場合には、通知方法欄の「Teletransmission」にチェックを入れる。
5. 通知銀行を指定しない場合には、Advising Bank 欄には発行銀行名を記載する。
6. 信用状金額は、売買取引（貿易取引）の契約書の契約金額を超過してはならないことになっている。
7. 決済条件が一覧払いの場合は、Credit Available ～欄の「At Sight」

140

にチェックを入れる。

8. 積替え禁止の場合には、「Transhipment」欄で「Allowed」にチェックを入れる。

9. 輸出者が船積書類を輸出地銀行に持ち込まなければならない期限（書類提示期限）を指定したい場合には、船積日（B/L 発行日）以後 5 日 〜 10 日以内とするのが一般的である。

10. 「Evidencing Shipment of Goods」欄の記載は、契約書での記載と一致させなくてはならない。

11. 船積書類の輸出地銀行への提示期限を定めたい場合には、「Latest Date for Shipment」に記載する。

12. 船積書類として添付を求める書類の種類と通数は「Requested Documents as Follows :」欄で指定する。

13. 発行依頼人は、発行依頼書に「信用状統一規則準拠文言」が記載されていることを確認すべきである。

問題5 次は、様々な L/C の種類についての記述である。これらが意味しているものを、次の枠内の①（日本語）、②（英語）からそれぞれ選びなさい。

---

1. 最も基本的、かつ一般的な L/C で、発行されて輸出者に通知されると、L/C 関係者全員の同意がなければ、取消しや条件変更を行うことができないもの。

2. L/C を発行する銀行が支払不能に陥った場合でも、別の銀行が、L/C 条件に合致した船積書類に対する代金支払いを確約したもの。L/C を発行する銀行の信用力に不安がある場合に、信用力の補完のために使われる。

3. 輸出者が 1 度だけ L/C 金額の全部、もしくは一部の使用を、第三者（複数の場合もある）に譲渡することができるもの。

4. L/C を発行する銀行が、輸出地での L/C に係る決済を特定の輸出地銀行に限定するもの。

5. L/C 有効期限中は、その金額を使用するたび、もしくは、一定期間経過のたびに L/C 金額が復活するもの。

141

①

(A) 譲渡可能信用状　（B）回転信用状　（C）取消可能信用状
(D) 取消不能信用状　（E）確認信用状　（F）買取銀行指定信用状
(G) 買取銀行不指定信用状

②

(a) Open Credit　　（b）Restricted L/C　（c）Irrevocable L/C
(d) Confirmed L/C　（e）Revolving L/C　（f）Transferable L/C
(g) Revocable L/C

問題6 次は、L/C の発行に係る定型的な英文表現とその訳である。（1）～（4）の記載すべき内容は何か答えなさい。

・英文

～ open an L/C（ 1 ）with（ 2 ）for（the amount of）（ 3 ）in favor
of（ 4 ）.

・邦訳

【発行銀行名】で【輸出者名】宛ての【金額】分の【支払条件】の L/C
を発行する。

142

正答 & 解説

問題 1

正答 1. (F) — (d)　2. (E) — (c)　3. (H) — (b)
　　　　4. (A) — (e)　5. (C) — (h)

解説

　これらの当事者は、L/C 上では英語で記載されているので、正しく覚えておく必要がある。なお、L/C の「発行」は「開設」ともいわれる。
　2. Opening Bank ともいう。
　4. Accountee ともいう。

問題 2

 1. ×　2. ○　3. ×　4. ○　5. ×　6. ×　7. ○　8. ×
　　　　9. ○　10. ×　11. ×　12. ○

解説

1. **信用状統一規則**は、国際商業会議所（I.C.C.）によって定められた国際ルールである。条約ではないことに注意。
3. L/C 発行は、銀行にとって与信行為にあたるので、自行に口座を持っていない者には L/C 発行をしない。
5. 個々の L/C 発行依頼の前に、**外国為替取引約定書**や**外国向為替手形取引約定書**、**商業信用状約定書**など様々な約定書の差入れをしなければならない。しかし、それに加えて、銀行は与信審査を行うため、必ずしも発行されるとは限らない。
6. L/C 発行依頼に対する銀行の与信審査は、発行依頼のたびに行われるのが原則である。
8. L/C の通知方法とは、輸入地銀行から輸出地銀行への通知方法を意味する。
10. L/C 発行には与信審査があるので、依頼から発行までの日数を銀行は保証していない。日数がかかる場合もあるので、船積予定日に間に合うようにスケジュールを考える必要がある。

11. **譲渡可能信用状**ではなく、**回転信用状**にすべきシチュエーションである。

問題3

 1.（B） 2.（C） 3.（A） 4.（A） 5.（C） 6.（B） 7.（B）
8.（C） 9.（A）

> **Point**
> **L/C の発行段階**
> ・各プレイヤーの名称を英語名称とともに理解すること。
>   … 発行依頼人、発行銀行、通知銀行、受益者
> ・通知方法の違いを理解すること。
>   … 郵送（Airmail）、プレ・アド方式（Preliminary Cable Advice）、フル・ケーブル・アドバイス方式（Full Cable Advice）

問題4

 1.× 2.○ 3.× 4.○ 5.× 6.× 7.○
8.× 9.○ 10.× 11.× 12.○ 13.○

解説

1. **輸入信用状発行（開設）依頼書**は、発行依頼人（輸入者）から発行銀行へのレターという体裁をとっているため、「I/WE」は輸入者、「YOU」は銀行ということになる。
3. 通常は、船積予定日の 10 〜 15 日先を指定する。L/C 発行日から 10 〜 15 日だと早すぎ、有効期限に船積みが間に合わない。
5. **通知銀行**に指定する銀行がなければ空欄にしておく。この場合は、発行銀行が自行との関係や輸出者の所在地などから、適当な通知銀行を選ぶ。
6. **信用状金額**は、契約金額を超過しても構わない。そのため、契約金額ちょうどではなく、少し多めのキリのよい数字とすることも多い。しかし、L/C の発行手数料は信用状金額によって変わるので、むやみに

過大な金額とすると、無駄な手数料を支払うことになる。
8. 積替え禁止であれば「Allowed」ではなく、「Prohibited」欄にチェックを入れる。なお、可を「Permitted」、不可を「Not Allowed」と記載していることもある。
10. 一致の必要があるのは契約書とではなく、後に輸出者が作成するInvoice（送り状）とである。ただし、契約書の記載内容が後の書類と統一されていればトラブルが少ないので、契約書はベースとなるように記載しておくことが望ましい。
11. **Latest Date for Shipment** は、**船積期限**の指定欄である。船積書類の輸出地銀行への提示期限は、通常、手形の買取条件欄に記載する。

L/C 発行依頼書の記載事項の注意点

・商品名
　L/C 条件と Invoice 上の記載では一致が求められるので、後で問題とならないような記載にする。
・期日、期限の指定
　L/C の有効期限、船積期限、書類提示期限の整合性、現実的に可能な日程かに注意。
・信用状統一規則準拠文言の有無については要確認。
　普通は UCP600 が使われている。

問題5

 1. (D) ― (c)　2. (E) ― (d)　3. (A) ― (f)
　　　　 4. (F) ― (b)　5. (B) ― (e)

解説

1. 設問とは逆に、L/C を発行した銀行がいつでも取消しや条件変更することができるものを「取消可能信用状（Revocable L/C）」というが、現在の**信用状統一規則**（2007年版/**UCP600**）のもとでは取り扱われていない。
2. 信用力を補完する「別の銀行」は、**確認銀行**（Confirming Bank）と

いう。
3. **譲渡可能信用状**は、取引仲介や複数のメーカーから取りまとめて輸出する場合など、輸入者と売買契約を結ぶ者と、実際に輸出する者が違う場合に使われる。なお、譲渡可能信用状とするには、「Transferable」とL/C上に明記されていなければならない。
4. 輸出地銀行が指定されていないものは、**買取銀行不指定信用状（Open Credit、General Credit）** という。

問題6

正答　1. 支払条件　2. 発行銀行名　3. 金額　4. 輸出者名

解説

open は、establish、issue でもよい。
an L/C は、a credit、a letter of credit でもよい。
in favor of【輸出者】は、in your favor でもよい。

受領したL/Cの確認をしよう！ → テキスト P.133 〜

⑱ 信用状の受領 ― 輸出者 ―

問題1　次は、日本の輸出者が受領したL/Cの一部（上部）である。これについて、下の記述で正しいものには○、誤っているものには×をつけなさい。

Singapore Orchard Bank Corp.
XXX Orchard Road, SINGAPORE 238+++

IRREVOCABLE CREDIT　　　　　　　　　　　　　　　　　ORIGINAL

Date of Issue June 18, 20XX	Credit No. LC-SJ**/XXX
Advising Bank 　Singapore Orchard Bank Corp. 　Tokyo Branch	Applicant Singa Visual Techno Trading, Inc. 223 Robinson Road, **-*** Raffles Tower, SINGAPORE 068+++
Beneficiary Global Biz Trading Ltd. GBT Building X-X-X Kanda Chiyoda-ku, TOKYO, 110-XXXX JAPAN	Amount US$125,000.00 (Say U.S. Dollars One Handred Twenty-Five Thousand Only.)
Bill of Lading must be dated on or before August 10 20XX	Expiry Date 　August 25, 20XX

1．これはL/Cの信用状原本であり、予告通知ではない。
2．輸出者は、このL/Cに基づいて支払いを受ける権利を第三者に譲渡することができる。
3．このL/Cの発行銀行は、Singapore Orchard Bank 東京支店である。
4．輸出者は、Global Biz Trading Ltd.、輸入者は Singa Visual Techno Trading, Inc. である。
5．信用状金額は、US＄125,000 である。
6．このL/Cの有効期限は、20XX 年 8 月 25 日である。
7．輸出者は、20XX 年 8 月 10 日より前に船積みをしなければならない。

問題2　次は、日本の輸出者が受領したL/Cの一部（下部）である。これについて、次の記述で正しいものには○、誤っているものには×をつけなさい。

147

Shipment		Partial Shipment	Transhipment
from Tokyo	to Singapore	Prohibited	Prohibited

Special conditions:
 ・Drafts and Documents must be presented within 10 days after the date of issuance of the transport documents but within the credit validity.
 ・Drafts under this credit are negotiable only through Singapore Orchard Bank Corp. Tokyo Branch.
 ・All banking charges in Japan are for accounts of the beneficiary

We hereby engage with drawers, endorses and, or bona fide holders that drafts drawn and negotiated in confirmity with the terms of this credit will be duty honored on presentation.

Yours Very Truly,

Singapore Orchard Bank Corp.
(Signature)

Authorised Signature

This Credit is Subject to Uniform Customs and practice for Documentary Credit, 2007 Revision, International Chamber Of Commerce Publication No.600 And The Uniform Rules For Bank To Bank Reimbursements Under Documentary Credits, I.C.C. Publication No.725.

1. 分割積み、積替えはいずれも容認されている。
2. この L/C は、UCP600 に準拠している。
3. 輸出者が振り出す為替手形の買取りは、どの銀行で行ってもよいことになっている。
4. 手形と船積書類は買取銀行に、運送書類の発行日後 10 日以内に提示すればよい。
5. 輸出者は、L/C 中に支払確約文言があるかどうかを確認すべきである。
6. 日本で発生する銀行手数料は、輸入者負担となる。

問題3 次は、L/C を受領した輸出者がチェックする項目・内容についての記述である。正しいものには○、誤っているものには×をつけなさい。

1. L/C が発行銀行から直接送られてきたものでない場合、偽造されたものである可能性があるので注意を要する。
2. 原本（Original）であり、予告通知（Preliminary Advice）ではないことを確認する。
3. 「信用状統一規則準拠文言」、「支払確約文言」があることを確認する必要がある。

4. 契約金額が概算で定められている場合、L/C金額欄に「about」、「approximately」といった記載があれば、10%までの過不足が許容される。
5. 契約金額が概算で定められている場合、L/C金額欄に「about」、「approximately」といった記載がなければ、為替手形の金額には一切の過不足が認められない。
6. 契約数量が包装単位または個数で定められている場合、L/Cの商品欄の数量の前に「about」、「approximately」といった記載があれば、10%までの過不足が許容される。
7. 受領したL/Cの発行銀行が信用のある一流銀行でない場合、確認信用状とするよう要求するべきである。
8. 迅速な取引を確保するため、L/C受領日から船積期限やL/C有効期限までの期間、および船積日から書類提示期限までの期間は短いほうがよい。
9. 契約で輸入者が支払うことになっている費用が、L/C条件で輸出者負担となっていないかを確認する必要がある。

問題4 次は、L/Cに関係する期限についての模式図である。(1)～(4)に当てはまる日付を答えなさい(曜日、祝祭日は気にする必要はない)。

L/C上に記載されている内容
・Date of Issue: March 28
・Expiry Date: May 14
・Bill of Lading must be dated on or before :April 22
・Drafts and Documents must be presented within 15 days after the date of issuance of the transport documents.

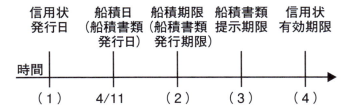

> **問題5** 次は、信用状に記載される各条件、および信用状条件の変更についての記述である。正しいものには○、誤っているものには×をつけなさい。

1. 信用状に書類提示期限として「within 14days from the B/L Date」と記載されている場合、B/L 発行日を含んだ 14 日以内に銀行に提示する必要がある。

2. 船積書類の提示期限が銀行休業日にあたる場合、その期限は翌営業日に延びる。

3. 輸出者が信用状発行銀行に対して、受領した信用状に承諾を与えることによって、その信用状の内容は有効になる。

4. L/C で、船積書類の提示期限が定められていない場合は、信用状有効期限が必ずその提示期限となる。

5. 信用状条件の変更は、"Amendment" といい、現場では「アメンド」といわれることが多い。

6. 信用状条件変更の際には、輸入者が発行銀行に「輸入信用状発行（開設）依頼書」を提出する。

7. 信用状条件の変更に必要な「関係当事者の合意」とは、輸出者と輸入者のことをいい、両者が同意すれば条件の変更ができる。

8. 数量、単価、金額については信用状条件の基本部分なので、変更することはできない。

9. 輸出者、輸入者双方とも、納得がいくまで信用状の条件の変更を繰り返して合意を形成していくべきである。

10. 信用状が、通知銀行ではないところから送られてきた場合、輸出者は信用状条件の変更を求めるべきである。

11. 輸出者は、信用状条件の変更について「変更通知書（Amendment）」がきても、その変更を拒絶することができる。

12. L/C 発行時に与信審査を済ませていても、信用状条件の変更時には再度、与信審査が行われる場合がある。

正答 & 解説

問題 1

正答 1. ○ 2. × 3. × 4. ○ 5. ○ 6. ○ 7. ×

解説

1. 記述のとおり。右上に「ORIGINAL」と記載されているので、**原本**（Original）であり、**予告通知**（Preliminary Advice）ではないことがわかる。
2. **譲渡可能信用状**には、**Transferable** と記載されていなければならない。設問のものには、「IRREVOCABLE（取消不能）」の表示しかない。
3. Singapore Orchard Bank 東京支店は、通知銀行である。発行銀行は、レターヘッドにある Singapore Orchard Bank（本店）である。
7. 船積期限は、「Bill of Lading must be dated on or before」の欄で指定するが、「on（当日）or before（より前）」であるので、8月10日当日でも構わない。なお、信用状統一規則では、「before」は記載当日を除外することとなっている（P.90 コラム参照）。

問題 2

正答 1. × 2. ○ 3. × 4. ○ 5. ○ 6. ×

解説

1. Partial Shipment、Transhipment のいずれも「Prohibited」となっているので、分割積み、積替えのいずれも禁止である。
2. **記述のとおり**。最下部に「Uniform Customs and Practice for Documentary Credit, 2007 Revision, International Chamber Of Commerce Publication No.600」とあるので、**UCP600** 準拠とわかる。
3. Special Conditions の 2 項目に、買取りは Singapore Orchard Bank 東京支店を通じて行うように指示されている。
4. **記述のとおり**。Special Conditions の 1 項目に船積書類提出期限が記載されており、「運送書類の発行日後 10 日以内」とわかる。なお、信用状統一規則では、「after」は記載当日を除外することとなっている。

5. **記述のとおり**。中段に「We hereby engage with ～」の1文が入っている。これが**支払確約文言**である。
6. Special Conditionsの3項目に、日本で発生する銀行手数料はBeneficiaryの負担とある。Beneficiaryは輸出者である。

問題3

▲ **正答** 1.× 2.○ 3.○ 4.○ 5.× 6.× 7.○ 8.× 9.○

解説

1. L/Cは、必ず輸出地の通知銀行を経由して通知され、発行銀行や輸入者から直接送られることは絶対ない。むしろ、そういう通知がされたものは偽造されたものである可能性がある。
4、5. 契約数量や金額が概算となっている場合、L/C上の金額や数量も概算とする。この場合、金額や数量の前に「about」「approximately」と記載すれば、過不足10％までは容認される。これを**過不足容認条項**という。しかし、L/Cでとくに禁じていなければ、上記のような記載がなくても、L/C金額を超えないことを条件に5％の過不足は容認される。
6. 過不足容認条項は、穀物や鉱石などきっちりと契約数量どおりに船積みすることが難しい物品において概算で契約している場合に認められる。設問のように数量が包装単位、個数といった定量で船積みすることができるものには容認されない。
8. 設問の中の期間は、いずれの期間も短すぎると実行に難が出る。適度に余裕のある期間が必要。

受領したL/Cのチェック項目

・信用状は、輸出地の通知銀行から送られてきたものか。
・原本（Original）か。
・発行銀行は、信用のある一流銀行か。そうでなければ、別の一流銀行の追加保証のある確認信用状か。
・支払確約文言があるか。
・信用状統一規則の採択文言があるか。
・指定されている各期限の日付に問題や無理がないか。
・金額、貿易条件、商品明細、決済条件が契約書のとおりか。
・金額が概算の場合、金額欄に「about」や「approximately」といった記載があるか。
・数量が概数の場合、数量に「about」や「approximately」といった記載があるか。
・その他に契約履行が不可能、困難な条項や、不当な費用負担を強いる条項が記載されていないか。
※過不足容認条項がなくとも、L/Cでとくに禁じていない限り、信用状金額を超えないことを条件に、過不足5％以内は容認される。ただし、包装単位または個々の品目の数で数量が定められているときには数量過不足は容認されない。

問題4

 正答　1. 3/28　2. 4/22　3. 4/26　4. 5/14

解説

(1) 1項目のDate of Issueからわかる。
(2) 3項目からわかる。信用状統一規則では、「before」は記載当日を除外することになっているが、「on or before」とされているので当日の4/22も含まれる。
(3) 4項目からわかる。船積書類発行日後から15日以内となっている。信用状統一規則では、「after」は当日を除外することになっているので、船積日当日の4/11を含まない15日後ということで、4/26となる。

なお、この4項目の定めがない場合には、船積後21日後となっている。
(4) 2項目の Expiry Date からわかる。
なお、(3) は (4) より遅い日となることができない。

L/C に関係する期日・期限

- 船積期限
    … 商品を船積みしなければならない期限。
- L/C の有効期限
    … L/C が有効である最長期限。
- 手形買取りのための書類提示期限
    … 船積書類の発行日（date of issuance）以降、為替手形などの銀行への持込みまでの日数制限。
    指示がない場合には、船積後21日後が期限となっている（信用状統一規則による）。

問題5

 1.○ 2.○ 3.× 4.× 5.○ 6.× 7.×
8.× 9.× 10.× 11.○ 12.○

解説

1. **記述のとおり。** 信用状統一規則では、「from」は後続に記載された日を含むこととされている。
2. **記述のとおり。** 船積書類の提示期限が延びるのは、銀行休業日のような場合のみで、ストライキによるもの、天災によるものは除外されるので注意。
3. L/C の有効性に、輸出者側の承諾は必要ない。
4. 船積書類の提示期限が定められていなければ、船積後21日後が提示期限となる。ただし、信用状有効期限を超えることはできない点に注意。
6. **輸入信用状条件変更依頼書**を提出する。
7. 信用状の関係者とは、輸出者、輸入者だけでなく、信用状発行銀行と

確認信用状の場合は確認銀行も含まれる。よって、信用状条件の変更には、この全員の同意が必要となる。ただし、通知銀行の同意は不要であるので注意。
8. 数量、単価、金額についても変更は可能。
9. 信用状条件の変更には変更手数料が必要になるので、信用状条件変更の応酬はすべきではない。合意の形成は、契約交渉の段階でしておくべきことである。
10. 信用状が通知銀行以外のところから送られてきた場合は、偽造の可能性があるので、輸入者に正当な送付手順を要求するべきだが、それは信用状条件の変更とは関係のない話である。
11. **記述のとおり**。輸出者には、L/C条件変更について同意を求める**変更通知書（Amendment）**が送られてくるが、これは拒否することができる。その場合は、もとのL/C条件が有効という形となる。ただし、実務的には先にレターで変更を承諾してもらえるかどうかを打診しているので、変更通知段階で拒絶されることはほとんどないと考えられる。
12. **記述のとおり**。L/C発行段階で与信状況に問題がなくとも、条件変更によって金額や支払条件が変わると、与信してよいかどうかの判断が変わるため、再度与信審査が行われる場合がある。

L/C条件の変更
- 信用状条件変更を「アメンド（Amendment）」という。
- アメンドが成立するには、発行依頼人、発行銀行、受益者、確認信用状であれば確認銀行の全員の同意が必要。しかし、通知銀行の同意の必要はない。
- アメンドには、発行銀行より「条件変更手数料」が徴収される。

保険付保のタイミングと、付保手続きを理解しよう！ → テキスト P.141〜

⑲ 貨物保険の付保

問題1 次は、貨物保険の保険期間と保険付保のタイミングについての記述である。正しいものには○、誤っているものには×をつけなさい。

1. 保険期間の基本は、輸出港（空港）から、輸入港（空港）の間の運送期間すべてを保険期間とする「国際運送約款」である。

2. 保険付保の手続きは、船積後に行ったとしても保険期間全般にわたって保険がかかることになっている。

3. FOB条件のとき、輸出者の所在地から船積みまでの間を担保しない（保険期間から外す）特約を、「FOB Attachment Clause」という。

4. FCA、FAS条件のとき、輸出者の所在地から船側までの間を担保しない特約を、「FAS Attachment Clause」という。

5. 「輸出FOB保険」は輸出者のための特約であり、貿易条件がFOB、FCA、FAS、CFR、CPTの場合に利用する。

6. 船積日、船名など不確定な項目はそのままにして、貨物保険付保の手続きをするものを「予定保険」という。

7. 予定保険は、輸入者がかけるものである。

8. 保険契約者となる者は、保険付保をするために保険申込書を保険会社に提出する。

9. 保険料の証明書が必要なときには、保険申込書に保険料請求書の必要通数を記入する。

10. CFR条件の場合、保険証券を受け取ったら、リスクの負担者と被保険者を一致させるために裏書をする必要がある。

11. 保険金の支払地は、輸入地とするのが一般的である。

問題2 次は、予定保険についての記述である。正しいものには○、誤っているものには×をつけなさい。

156

1. 予定保険の付保申込は、商品の出荷後、国際運送手段への船積前までに行わなければならない。
2. 予定保険を付保する場合、予定保険の申込時に保険料を支払う。
3. 予定保険であっても、数量と金額は未確定項目とすることはできない。
4. 船積みする船名が未確定の場合には、保険申込書の積載船名欄に「Approval Vessel」と記載する。
5. 船積日が未確定の場合は、船積みが予定される期間を保険申込書に記載する。
6. 予定保険を付保すると、保険会社から「保険承認状」または「保険証明書」が発行される。
7. 予定保険契約締結後、未確定だった事項が確定したら「確定申込」をする。
8. 予定保険を付保すると、確定申込時には保険証券は発行されない。
9. 包括予定保険の場合、一定期間の継続的な運送に対して保険をかけたことになるので、確定申込をする必要がない。
10. 包括予定保険を付保した場合には、包括予定保険証券が発行される。

問題3 次は、貨物保険の付保申込に係る用語である。それぞれについて、英語での呼称を下の枠内の（A）～（H）から選びなさい。

1. 予定保険　　　　　　　　　　2. 確定保険
3. 予定保険証券　　　　　　　　4. 予定保険引受証
5. 確定保険証券　　　　　　　　6. 保険承認状
7. 包括予定保険　　　　　　　　8. 包括予定保険証券

（A）Definite Policy　　　　（B）Definite Insurance
（C）Certificate of Insurance　（D）Open Policy
（E）Provisional Insurance　　（F）Provisional Policy
（G）Marine Cover Note　　　（H）Open Cover

157

問題4 次は、予定保険から確定保険までの時系列を表す模式図である。(1)～(5)に当てはまるものを、下の枠内の(A)～(I)から選びなさい。

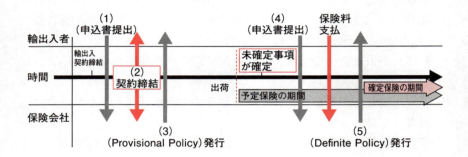

(A) 確定保険申込	(B) 予定保険申込	(C) 予定保険証券
(D) 確定保険証券	(E) 貿易取引	(F) 予定保険
(G) 確定保険	(H) L/C 発行依頼	(I) B/L 発行

問題5 次は、貨物保険付保に係る定型的な英文表現とその訳である。(1)～(8)に記載すべき内容は何かを答えなさい。

・英文
①～ insure (1) for (2) against (3) with (4)
②～ effect insurance on (5) for (6) from (7) by (8)
・邦訳
【付保対象】について【保険条件】の内容の【保険金額】分の保険を、【保険会社】で付保する。

正答 & 解説

問題1

正答 1. × 2. × 3. ○ 4. × 5. ○ 6. ○ 7. ×
8. ○ 9. ○ 10. × 11. ○

解説

1. 貨物保険の基本は、輸出者拠点−輸入者拠点間の運送期間すべてを保険期間とする Warehouse to Warehouse Clause（**倉庫間約款**）である。
2. 倉庫間約款が基本であるため、輸出者拠点から出荷する前に付保をするのが原則。
3、4. 倉庫間約款であるので、FOB 条件では輸入者は自社にリスクのない期間も保険期間とすることになる。そのため、運送人への引渡しまでの期間を外す特約として FOB Attachment Clause をつけることができる。なお、同様のものとして、FCA 条件の場合は Free Carrier Attachment Clause、FAS 条件の場合は FAS Attachment Clause がある。これらの特約によって、輸入者は保険料を少し安くすることができる。
 ※上記特約はそれぞれ、インコタームズの危険負担の移転場所の違いに応じて、保険期間から外れる期間が変わる。
5. **記述のとおり**。3、4 の解説の中の、特約によって保険期間が外れると、引渡しまでの期間は、輸出者がリスクを負うこととなる。そのため、この期間分のみを付保するために輸出者は**輸出 FOB 保険**をかける。
7. **予定保険**は、輸出者から知らせがくるまで詳細がわからない輸入者がかけるのはもちろんのこと、船積前後の煩雑な時期に無保険期間が生じないように輸出者もかける。
10. 貨物保険の被保険者は、最終的には輸入者となるようにする。そのため、輸出者が保険を付保した場合には、裏書によって被保険者を輸入者にする。しかし、設問の CFR 条件では、保険付保をするのは輸入者であり、被保険者は最初から輸入者となるため、裏書の必要はない。
11. **記述のとおり**。10 の解説のとおり、保険申込書の「保険金支払地」欄は、仕向地（Destination）（＝輸入地）とする。なお、日本の輸入

者が日本の保険会社で付保する場合には、「日本」とチェックする欄があることが多い。

保険契約者、被保険者は誰になるのか？
・輸入者が保険付保する場合（E類型、F類型、CFR、CPT条件）
　　… 保険契約者＝被保険者＝輸入者
・輸出者が保険付保する場合（CIF、CIP条件、D類型）
　　… 保険契約者＝輸出者
　　　　被保険者＝当初：輸出者
　　　　　　　　　危険移転後：輸入者（裏書による）

保険期間に関する用語を理解しよう！
・原則は倉庫間約款（Warehouse to Warehouse Clause）
・輸入者付保の場合、輸入者は以下の特約をつけることが多い。
　　FOB条件、CFR条件 … FOB Attachment Clause
　　FCA条件、CPT条件 … Free Carrier Attachment Clause
　　FAS条件 … FAS Attachment Clause
・輸入者付保の場合、輸出者は輸出FOB保険をかけることもある。

問題2

1. ×　2. ×　3. ×　4. ○　5. ○　6. ×　7. ○　8. ×
9. ×　10. ○

解説

1．貨物保険は倉庫間約款なので、**予定保険**の付保申込みは、船積前ではなく、輸出者拠点からの出荷前に行うのが原則。
2．保険料の支払いは、**確定保険**への切替え時である。
3．穀物や鉱石など、船積みまで厳密に数量・金額が確定しないものもある。その場合は、予定保険でも未確定事項とすることができる。
6、8．予定保険付保時には**予定保険証券**や**予定保険引受証**が発行され、**確定申込**をすると、改めて**確定保険証券**や**保険承認状**、**保険証明書**が発行される。

160

9. **包括予定保険**を付保している場合でも、個々の船積みにあたっては、そのつど確定申込をする必要がある。

問題3

 1.(E)　2.(B)　3.(F)　4.(G)　5.(A)　6.(C)　7.(H)
8.(D)

解説

　保険承認状（Certificate of Insurance）、予定保険引受証（Marine Cover Note）も保険証券と同じ効力を持つ。

問題4

 1.(B)　2.(F)　3.(C)　4.(A)　5.(D)

解説

　予定保険から確定保険への流れ、申込みや書類発行のタイミングはよく理解しておくこと。とくに保険料の支払いは、確定保険申込時であることに注意。

予定保険

保険付保手続時に未確定事項があれば、予定保険契約をする。その後、確定したら確定申込をして確定保険とする。
・個々の輸出入契約に対して予定保険をかける場合
　　… 個別予定保険
・一定期間の継続的な輸出入契約に対して予定保険をかける場合
　　… 包括予定保険（Open Cover）
　　　一定期間中のすべての船積みに対し、事前に包括的な予定保険契約を締結するもの。
※それぞれの場合に発行される書類の名称、発行のタイミングを理解しておくこと。

問題5

 1. 付保対象　2. 保険金額　3. 保険条件　4. 保険会社
5. 付保対象　6. 保険金額　7. 保険条件　8. 保険会社

insure と effect insurance on は入れ替わってもよい。

> **保険料プールによる貨物無保険でのコスト削減は危険！**
>
> 　自社に付保義務がない貿易条件の場合に、貨物保険をかけないというやり方で保険料を節約している企業があるという話を聞いたことがあります。保険料相当額を社内にプールし、損害発生時にはそこから損害補填する（その分で、損害分の商品を再購入する）というのがその骨子で、このプール金によってキャッシュフロー面で自社にメリットがあると考えているということです。
>
> 　しかし、果たしてそれで大丈夫でしょうか？
>
> 　保険料（保険料率）の元となる事故発生率は、損害保険会社が経験してきた莫大な取引結果から導き出されたものです。そのため、かなり「確からしい確率」であるといえます（これを「大数の法則」といいます）。
>
> 　自社で保険料分をプールするといっても、ベースとする事故発生率はかなり恣意的な数字になりがちです。それに、一度事故が起き、二度目の事故が近接して発生すると、補填するプール金が確保できません。つまり、リスク回避策としては実に心もとないものといえるでしょう。
>
> 　わずかなコスト削減のために、リスク回避をおざなりにしないように心がけたいものです。

Day 6

輸出通関と船積作業

項 目 名	重要度
⑳ 船積準備(1)－貨物と書類－	★★★★
㉑ 船積準備(2)－船積作業と通関手続の依頼－	★★★★★
㉒ 輸出通関	★★★
㉓ 船積作業	★★★
㉔ 船積書類の準備	★★★★★

輸出者は船積前にどんな準備が必要なのか？ → テキスト P.150 ～

❷⓪ 船積準備（1）― 貨物と書類 ―

問題1 下は、コンテナ借受けと船腹予約などについての記述である。正しいものには○、誤っているものには×をつけなさい。

1. 貨物をコンテナ詰めすることを「Vanning（通称、バン）」という。

2. コンテナ1本分の量がある貨物を「FCL 貨物」といい、船会社からは中身がわからないので「混載貨物」とも呼ばれる。

3. 通常、FCL 貨物の場合、輸出者はコンテナを借受けて、自らコンテナ詰めする。

4. 税関でコンテナを開梱される可能性があるので、FCL 貨物のシール（施封）はコンテナ詰めした段階では行わないのが一般的である。

5. コンテナ1本分の量がない小口貨物を「LCL 貨物」といい、輸出者が同じ輸入港向けに出荷する他の輸出者を募って、一緒のコンテナに載せるのが一般的である。

6. LCL 貨物の場合、輸出者が海貨業者や航空貨物代理店の拠点に貨物を持ち込むことになるが、最近は、それらの業者が集荷までしてくれることもある。

7. 国際運送手段（船舶、航空機など）の運送手配をすることを、船腹予約といい「コンソリデーション（Consolidation）」ともいわれる。

8. テロ対策のため、船腹予約は輸出者が海上運送の場合は船会社に、航空運送の場合は航空会社に直接行うこととされている。

9. インコタームズでは CFR 条件の場合、運送手配は輸出者が行うものとされている。

10. 船腹予約は船舶の出港日、航空機の出発日の当日に出荷予定が確定してから行えばよい。

11. 船腹予約は必ず輸出者が行うものである。

12. 船腹予約を行うと運送業者より貨物の搬入期限が指示されるが、FCL

164

貨物の場合の搬入期限は「CY カット」と呼ばれる。

問題2 次は、Shipping Marks の例である（1）〜（5）に記載されている内容はなにか。該当するものを下の枠内の(A)〜（G）から選びなさい。

(A) その梱包内の数量　(B) 契約番号　(C) 主マーク（Main Mark）
(D) 取扱注意の指示　(E) ケース番号（Case No.）
(F) 仕向港/地マーク（Port/Destination Mark）
(G) 原産地マーク（Country of Origin）

問題3 下は、輸出者による貨物の準備についての記述である。正しいものには○、誤っているものには×をつけなさい。

1. 貨物の不完全梱包による損害は運送人が責任を負うものの、貨物保険の担保対象にならないので、輸出者は、長距離・時間の運送に耐えられるだけの十分な強度を持った梱包をする必要がある。
2. 荷印（Shipping Marks）は、貨物の梱包ごとに刷り込む。
3. 荷印のうち、どの会社の貨物なのかわかるようにしたマークを「Case Mark」という。

4. 貨物の船積みや荷降し、仕分け、受渡し等で照合、確認しやすいように、荷印には商品の品目を記載するよう求められる。

5. 爆発物や引火性ガス、壊れやすい物品（易損品）については、梱包上に取扱指示や注意表示をする必要がある。

問題4 下は、輸出者による輸出通関書類の準備についての記述である。正しいものには○、誤っているものには×をつけなさい。

---

1. 日本の関税法などの法令で求められる記載要件を満たしていれば、輸出通関用の送り状と商業送り状は兼用でも構わない。

2. 輸出通関用の送り状には、貿易条件（インコタームズなど）を明記する必要がある。

3. 輸出しようとする商品の品目が複数ある場合、輸出通関用の送り状は品目ごとに作成する必要がある。

4. 輸出通関用の送り状には、輸出者の署名（サイン）がされていなければならない。

5. 輸出通関用の送り状には、当該取引の決済条件（支払条件）が記載されていなければならない。

6. 輸出通関用書類として、梱包明細書は必ず作成しなければならない。

7. 輸出しようとする貨物の梱包数が多いときは、梱包明細書に梱包内訳を記載し、どの梱包になにが入っているかを明らかにする。

8. Net Weight とは総重量のことであり、包装や風袋などの梱包資材を含んだ重量を意味する。

9. 梱包明細書に「E.&O.E」と記載しておくことで、誤記脱漏に対する法的なリスク回避をすることが一般的である。

10. 取引契約で船積書類として原産地証明書の添付が求められている場合には、輸出通関用書類としても税関への提出が必要となる。

11. 輸出しようとする商品が、輸出の許可や承認の取得、一定の検査の完了や一定の条件の具備が求められるものである場合には、それらの許可証、承認証、証明書などを輸出通関用書類として取り揃えておく必要がある。

12. 輸出者が国際運賃や貨物保険料を支払うこととなっている貿易条件のときは、輸出通関書類としてそれらの請求書や領収書の提出が求められることがある。

13. 日本では、輸出通関書類として、送り状や梱包明細書は必ず提出しなければならないが、その他の書類は税関長が提出を求めた場合のみ提出すればよい。

正答 & 解説

問題1

正答 1. ○ 2. × 3. ○ 4. × 5. × 6. ○ 7. × 8. ×
9. ○ 10. × 11. × 12. ○

解説

1. **記述のとおり。** 反対に、コンテナを開梱して貨物を取出すことを Devanning（通称、デバン）という。

2. コンテナ1本分の量がある大口貨物を FCL 貨物という。一方、混載貨物とは複数の荷主の貨物が1つにまとめられた（コンテナ貨物の場合は1本のコンテナに詰め込まれた）ものをいう。LCL 貨物は混載貨物となる。

4. FCL 貨物は、通常、コンテナ詰めした段階でシール（施封）をする。もし、税関で開封するように指示された場合には開封して、その後に再度、シールをせざるをえない。

5. コンテナ1本分の量がない小口貨物を LCL 貨物という。しかし、LCL 貨物を複数の荷主から集めて1本のコンテナに仕立てるのは、輸出者ではなく、船会社や船積代理店、または、混載業者である。

7. 船腹予約（Space Booking）は、ブッキング（Booking）ともいわれる。コンソリデーション（Consolidation）とは、混載のことである。

8. 船会社や航空会社に船腹予約を直接するのは船や飛行機をチャーターするほどの大量の貨物の場合であり、これは稀である。一般的には、大口貨物であれば船積代理店（船社代理店）や航空貨物代理店、小口貨物であれば混載業者（Consolidator）、航空混載業者（利用航空運送事業者、Air Freight Forwarder、航空フォワーダー）に依頼する。また、海貨業者に船腹予約の手続きも依頼することがある。いずれにせよ、輸出者が直接行わなければならないということはない。

9、11. 輸出者／輸入者のどちらがどこまでの運送手段の手配をするのかは貿易条件（インコタームズ）で決まる。船腹予約を行うべき者は、インコタームズで費用負担の義務があるとされている者である。C 類型の場合、国際運送手段の費用負担は輸出者が行うものであるので、船腹予約も輸出

168

者が行うのが原則である。ただし、実務的には、輸入者が船腹予約をするべき貿易条件でも、輸出者に手配を委託することが多い。

10、12. 輸出通関や船積作業には時間（場合によっては数日）がかかることがあるので、FCL貨物の搬入期限である **CYカット**、LCL貨物の搬入期限である **CFSカット** は出港や出発日よりしばらく前である。そのため、直前の船腹予約では間に合わないことが多い。

FCL貨物とLCL貨物
- FCL貨物（Full Container Load Cargo）
  ⇒コンテナ1本分の量がある貨物。1人の荷送人（Shipperと呼ばれる）でコンテナを借り切る。
- LCL貨物（Less than Container Load Cargo）
  ⇒コンテナ1本分の量がない貨物。通常、輸入港が同じ他のShipperの貨物と一緒にコンテナに載せられる。他のShipperの貨物と一緒に載せる（詰める）ことを混載（Consolidation）といい、そのため、LCL貨物は混載貨物とも呼ばれる。

問題2

 1. (C)　2. (F)　3. (E)　4. (G)　5. (D)

問題3

 1. ×　2. ○　3. ×　4. ×　5. ○

解説

1. 貨物の**不完全梱包**による損害は貨物保険の担保対象にならないだけでなく、運送人に責任を問うことができない。これは、**貨物固有の性質および欠陥**に起因する損害も同様である。
2. **記述のとおり**。どれが誰宛ての貨物か認識できるよう、全ての梱包に荷印を刷り込む。

3. **Case Mark** は **Shipping Marks** の別名である。会社ごとの識別マークは「Main Mark」と呼ばれる。
4. 荷印に商品の品目を記載すると、盗難を誘発することがあるので、通常（とくに高額商品、工業製品の場合）は記載しない。

問題4

 1.◯　2.◯　3.×　4.◯　5.×　6.×　7.◯　8.×
9.×　10.×　11.◯　12.◯　13.×

解説

2、4. **記述のとおり**。輸出通関用の**送り状**（**Invoice**、**I/V**、通関行政上は**仕入書**）は、①貨物の記号、番号、品名、品種、数量及び価格、②送り状の作成地（実質的には輸出者の住所）及び作成の年月日並びに仕向地（輸入地）及び輸入者、③価格の決定に関係がある契約の条件（貿易条件など）が記載され、輸出者が署名したものである必要がある。
3. 商品の品目が複数あった場合でも、1つのInvoiceに品目ごとに記載すればよい。
5. 輸出通関用のInvoiceに、決済条件の記載は求められていない。
6、7. **梱包明細書**（**Packing List**、**P/L**）は、梱包が複数ある貨物について、どの梱包になにが入っているかを明らかにする役目を持つ。そのため、Invoiceへの記載で事足りる場合には作成しないこともある。ただし、実務上は作成することが多い。
8. **Net Weight** は「正味重量」、つまり、貨物の実重量を意味する。包装や風袋などの梱包資材を含んだ「総重量」は **Gross Weight** という。
9. P/Lに「**E. & O.E**」と記載しても、誤記脱漏などに起因する法的責任を回避することはできない。この**誤記脱漏免責文言**は、慣習的なものにすぎないので、最近は記載しないこともある。
10. 輸出通関で**原産地証明書**の提出を求められることはない。
12. **記述のとおり**。具体的には、運賃はC、D類型のとき、運賃や保険料はCIF、CIP条件、D類型のときに提出を求められることがある。
13. InvoiceやP/Lは輸出通関用書類ではあるが、現在の日本の関税法で

は「税関長が求めた場合のみ」提出すればよいことになっている。しかし、作成も不要というわけではなく、作成の上、一定期間保存しておかなければならない。

輸出通関用書類

- Invoice、P/L は船積書類であるだけでなく、輸出通関にも使われる。
- 船積書類用の Invoice と L/C では、商品についての記載が一致している必要がある。
- 貿易条件以外で価格の決定に関係がある条件がある場合は、Invoice にそれも記載する必要がある。
- Invoice や P/L は輸出通関書類であるものの、現在の日本の関税法では「税関長が求めた場合のみ」提出すればよい。
- C、D 類型のときには運賃、CIF、CIP 条件と D 類型のときには運賃や保険料の請求書や領収書の提出が必要となる場合がある。
- 輸出通関用書類として、輸出許可/承認証、証明書、パンフレットなどの提出が必要な場合には、それらを取り揃える必要がある。

輸出用木製梱包材に対する規制

　輸出梱包資材として、木製梱包材は、機械類、家具などを輸出する場合によく使われ、ビン詰めや缶詰、陶器類などの梱包にも結構使われています。しかし、近年、貿易で用いられる梱包資材のうち、木製のものは国際的に規制が厳しくなってきています。理由は、貿易によって海外から病害虫が持込まれないようにするためです。

　日本に輸入する場合だけでなく、米国、EU、韓国、中国、豪州などに輸出する場合にも、この規制には配慮しなければなりません。対象となるものも、非加工木材で作られた梱包ケース、木箱、クレート、ドラム類、パレット、箱型パレット、積込み用板、パレット・カラー、ダンネージなど様々で、コンテナ内部の貨物の梱包も対象となります。

国・地域によって規制の内容、消毒基準等は異なりますが、動植物検疫に関する国際標準の「ISPM（International Standards for Phytosanitary Measure)」に準じるものが多いため、一般に「ISPM No.15規制」と呼ばれます。国・地域によっては、木製梱包材に対して、熱処理または薫蒸消毒での処理と、その証明のための認証マークを求めている場合もあります。

　この規制の条件を満たしていないと、積戻しや廃棄を命令される可能性もあります。そうなれば、輸出者にとってはそのコストだけでなく、契約不履行として賠償請求される可能性があるので注意が必要です。輸入者としても、相手先に注意を促す必要があります。

　詳細情報、国・地域別の規制状況については、下記のウェブサイトに情報がありますのでご覧下さい。

「木材こん包材に関する情報」（農林水産省植物防疫所）
https://www.maff.go.jp/pps/j/konpozai/

船積作業や輸出通関手続きは外注するのが基本！ → テキスト P.158〜

㉑ 船積準備（2）
― 船積作業と通関手続の依頼 ―

問題1 下は、運送書類についての記述である。正しいものには○、誤っているものには×をつけなさい。

1. B/L は「運送契約の証拠」、「貨物の受取証」という性質・役割を持つ「有価証券」である。

2. B/L の Consignee 欄に、例えば輸入者のような特定人名が記載された B/L を Straight B/L という。

3. 単純指図人式 B/L の Consignee 欄には「To order of Shipper」「To Order」などと記載し、その下に輸出者がサインする。

4. 「最初の指図人は権利者としてサインをするが、次の権利者を指定しない」裏書の方法を「白地裏書」という。

5. B/L の Consignee 欄に、「To order of Shipper」と記載されている場合、最初の裏書人は輸出者から運送委託を受けた運送人である。

6. B/L の Consignee 欄に、「To order of ××× Bank」と記載されている場合、最初の裏書人は××× Bank である。

7. 指図式 B/L は流通性を持つが、記名式 B/L は流通性を持たない。

8. Waybill は「運送契約の証拠」、「貨物の受取証」という性質・役割を持ち、さらに「有価証券」でもある。

9. Waybill の Consignee 欄の記載は、必ず特定人名を記載する記名式となる。

10. 荷為替手形決済の場合、Waybill の裏面には輸出者が最初の裏書人としてサインをする。

11. 運送書類を Waybill としても、輸入者のリスクは B/L と変わらない。

12. 「決済の流れが貨物の流れに追いつかない」状況を「船荷証券の危機」といい、このために海上運送の運送書類は B/L から Sea Waybill への切替えが進みつつある。

173

問題2 次は、B/L の一部を抽出したものである。(1) ～ (3)
に当てはまるものを、次の枠内の (A) ～ (J) からそれ
ぞれ選びなさい。

BILL OF LADING

SHIPPED ON BOARD the Vessel, the Goods or total number of Containers or other packages enumerated below in apparent external good order and condition except as otherwise noted for transportation from the Port of Loading to the Port of Discharge subject to the terms hereof.

Shipper
XXX Company （住所略）

Consignee
To order of Shipper

・このB/L は、文頭から （ 1 ） 式で、さらに、Consignee 欄から （ 2 ）
式であることがわかる。
・白地裏書をする場合、（ 3 ） が最初の裏書人としてサインする。

(A) 受取	(B) 船積	(C) 記名
(D) 単純指図人	(E) 記名指図人	(F) 輸出地銀行
(G) 輸入地銀行	(H) 船会社	(I) 輸入者
(J) ×××Company		

問題3 次は、B/L の一部を抽出したものである。(1) ～ (3)
に当てはまるものを、次の枠内の (A) ～ (H) からそれ
ぞれ選びなさい。

輸出者：AAA Company
輸入者：BBB Company
受取式、かつ、輸入地 CCC Bank を指図人とした、
記名指図人式 B/L

BILL OF LADING

(1) the Carrier from Shipper in external apparent good order and condition, unless otherwise indicated, the number of containers, packages or other customary freight units identified as "Total Number of Container/Packages received and acknowledged by the Carrier"

Shipper
　　　　　(2)

Consignee
　　　　　(3)

Notify Party　　　　　　　　　　　　　　　住所略

(A) SHIPPED ON　　　　　　(B) RECEIVED BY
(C) AAA COMPANY　　　　　(D) BBB COMPANY
(E) CCC BANK　　　　　　　(F) To order of Shipper
(G) To order of BBB Company　(H) To order of CCC Bank

問題4 次は、輸出通関、船積みに関係する当事者や用語についての記述である。それぞれが意味しているものを、次の枠内の（A）〜（M）からそれぞれ選びなさい。

1. 荷主からの委託を受けた代理人として、輸出通関、輸入通関といった通関手続きをする業者。
2. 船積みや運送に関係する様々な業者への指示書であり、B/L や Air Waybill などに転記する内容のベースとなるもの。
3. 荷主からの委託を受けた代理人として、船や船会社との間で、貨物や書類の受渡しをする業者
4. 船会社が貨物の到着を知らせる相手。通常は輸入者となる。
5. 航空貨物の代理店として、荷主から受取った航空貨物の航空会社への引渡しや、航空会社から受取った航空貨物の荷主への引渡しを行う業者。

6. 船荷証券の受取人欄に記載される荷受人。
7. 荷主からの委託を受けた代理人として、船や船会社との間で、貨物や書類の受渡しをするだけでなく、船会社からの委託を受けて CFS での業務を行う事もできる業者。

(A) Notify Party　　(B) Consignee on B/L　　　　(C) Shipper
(D) Shipping Instruction（S/I）　　(E) Shipping Advice（S/A）
(F) Shipping Order（S/O）　　　　(G) B/L Instruction（B/I）
(H) 通関業者　　(I) 海貨業者（乙仲）　(J) 新海貨業者
(K) 港湾荷役業者　　(L) 一等航海士　　　(M) 航空貨物代理店

問題5　下は、船積みの指示についての記述である。正しいものは○、誤っているものは×をつけなさい。

1. 輸出通関や船積みなどの手続きは、運送業者や海貨業者、通関業者といった専門業者に任せてしまうことが多い。
2. 輸出者を代行して通関手続きだけでなく、船積手続きも行う業者を複合運送人という。
3. 輸出者が船積手続き（通関業務を含む場合もある）を依頼、指示するための書類を「船積依頼書（Shipping Instruction、S/I）」という。
4. 危険物を運送する場合には、海上運送では「危険物明細書」を、航空運送では「危険物申告書」を、S/I と併せて提出する。
5. 海上運送で D/A、D/P 決済の場合、S/I の「Consignee on B/L」欄には通常、輸入者の名前と住所を記載する。
6. 航空運送で L/C 決済の場合、S/I の「Consignee」欄には通常、L/C 発行銀行を記載する。
7. 海上運送で L/C 決済の場合、S/I の「Notify Party」欄には通常、L/C 発行銀行を記載する。
8. 航空運送で L/C 決済の場合、S/I の「Notify Party」欄には通常、L/C 発行銀行を記載する。
9. 貿易条件で、運賃支払者が輸入者になる場合、S/I の運賃支払者欄に

は「Prepaid」と記載する。

10. DDP条件の場合、S/Iの運賃支払者欄には「Freight Prepaid as Arranged」と記載することが望ましい。

11. 航空運送の場合、S/Iの「Declared Value for Customs」欄には貨物のFOB価格を記載するが、「Declared Value for Carriage」欄には「NVOCC」と記載することが多い。

12. 航空運送において、貨物の運送人への申告価格が1kgあたりSDR22を超えると、従価料金（Valuation Charge）が運送人より徴収される。

正答 & 解説

問題1

正答　1.○　2.○　3.×　4.○　5.×　6.○　7.×　8.×　9.○　10.×　11.×　12.×

解説

1. **記述のとおり。** B/L は、貨物の所有権を化体する**有価証券**であり、また、裏書によって、引取権が移転する**流通証券**でもある。

2. **記述のとおり。** Straight B/L は日本語で**記名式 B/L** という。

3、5. **単純指図人式 B/L** の場合は、Shipper（通常は輸出者）が最初の**裏書人**としてサインによって**裏書**をする。裏書は「B/L の裏面」に行うもので、Consignee 欄にするものでない。なお、B/L の裏面には運送約款が記載されており、特段の裏書欄はないので、約款上にサインをする。

4. **記述のとおり。白地裏書**は英語で Blank Endorsement という。

6. **記述のとおり。** Consignee 欄に、設問のように記載されているものは記名指図人式 B/L であり、このように記名された者が最初の裏書人となる。

7. **記名式 B/L** であっても、Consignee 欄に記載された者が裏書をすることで譲渡することができ、流通性を持っている。ただし、これは日本のことであって、欧米では記名式 B/L の裏書譲渡は認められていない。

8. 貨物の引渡しには Waybill 提示を必要としないため、有価証券としての役割は持たない。ただし、「運送契約の証拠」、「貨物の受取証」という性質・役割は持つ。

10. Waybill の Consignee 欄は記名式で、かつ有価証券ではないので、裏書をすることはない。貨物の引取りの具体的な方法については、**㉗**輸入代金決済と貨物の引取り（1）－通常の場合－/ を参照のこと。

11. Waybill では、貨物の処分権は荷受人が引渡請求をするまで荷送人側が持っている。そのため、輸入者から見ると荷受人を変えられてしまうというリスクがある。そのため、L/C 決済とする場合、輸入地銀行（L/C 発行銀行）は、航空運送の場合は仕方がないとしても、海上運

178

送の運送書類に Sea Waybill を容認しない場合がある。
12. 船荷証券の危機にも関わらず、B/L での取引が海上運送では今なお一般的である。ただし近年では、本支店間の取引や、送金決済で、かつ近距離取引の場合には、取扱いの簡便さから Sea Waybill の利用が増加している。

B/L に関する用語それぞれの違いを理解しよう！
- 記名式船荷証券（Straight B/L）
  指図式船荷証券（Order B/L）…単純指図人式、記名指図人式
- 白地裏書、記名式裏書
- 船積式 B/L（Shipped B/L）、受取式 B/L（Received B/L）

B/L の性質、特徴
- 輸出地で船会社が貨物を受取ったことを証する「受取証」。
- 運送人と輸出者、輸入者との間の「運送契約締結の証拠」。
- 輸入地で貨物の引渡しを受けるのに必要な「引換証」。
- 貨物の引取権を持つ者を表す「有価証券」。
- 裏書によって引取権が移転する「流通証券」。
- Consignee 欄には、記名式、指図式がある。
- 裏書によって引取権の譲渡ができる。

Waybill の性質、特徴
- 輸出地で船会社が貨物を受取ったことを証する「受取証」。
- 運送人と輸出者、輸入者との間の「運送契約締結の証拠」。
- 有価証券でも流通証券でもない。
- Consignee 欄は、必ず記名式。
- 裏書による引取権の譲渡ができない。

問題2

 1.（B） 2.（D） 3.（J）

解説

単純指図人式の最初の裏書人は、Shipper（荷送人、通常は輸出者）な

ので、Shipper 欄に記載されている×××Company ということになる。

問題3

正答 1. (B) 2. (C) 3. (H)

解説

　記名指図人式 B/L であるので、Consignee 欄の記載は「To order of 【特定の指図人】」となる。その指図人が CCC Bank と指定されているので、正答のとおり。

問題4

正答 1. (H) 2. (D) 3. (I) 4. (A) 5. (M) 6. (B) 7. (J)

船積手続きや通関手続きに関係する業者の役割を理解しよう！
・海貨業者（海運貨物取扱業者、乙仲、フォワーダー）
・新海貨業者
・航空貨物代理店
・通関業者

問題5

正答 1. ○ 2. × 3. ○ 4. ○ 5. × 6. ○ 7. × 8. ×
　　　 9. × 10. ○ 11. × 12. ○

解説

1. **記述のとおり。**船積作業や通関業務は専門性が高く、手間がかかるので、専門業者に任せることが多い。また、日本では、**海貨業者**と**通関業者**は兼業しているところがほとんどで、さらに国内運送業者や倉庫業者を兼ねているところもあるので、一括で依頼したほうが効率がよい。
2. 現在のところ、兼業している者の公的な呼び方はないが、一般には**フォワーダー**（Forwarder）と呼ばれることが多い。

3. 記述のとおり。**船積依頼書**（Shipping Instruction、S/I）には所定の書式があるわけではないため、輸出者が任意の書式で作成してもよい。しかし、船会社が用意している書式、または最近ではウェブサイト上のフォームを使うことも多い。

4. 記述のとおり。設問のもの以外にも、生きている動物（Live Animal）の運送の場合の「動物申告書」などがある。輸出しようとする貨物が、そういった特殊な申告書類を要するものかどうか、事前に運送業者や海貨業者に確認する必要がある。

5、6. L/Cの有無に関らず、荷為替手形決済の場合には貨物を担保とするため、Consignee欄は輸入者名にしない。B/Lの場合は指図式、Waybillの場合は輸入地銀行とするのが通例である。

7、8. 上の5、6の解説のとおり、荷為替手形決済ではConsigneeが輸入者名でないので、運送人は誰に具体的に貨物の到着を知らせればよいのかがわからない。そのため、**Notify Party**欄に輸入者名、住所を記載するのが通例である。

9. 運賃支払者が輸入者になる場合、運賃は着地払い（後払い）となるのが通例である。そのため、S/Iの運賃支払者欄には「Collect」と記載する。設問の「Prepaid」は発地払い（前払い）のことである。

10. 記述のとおり。インコタームズのC類型、D類型のように運賃支払者が輸出者になる場合、輸入者に運賃額が知られることによって、商品本体の価格が推測されるのを防ぐため、S/Iに運賃額を書かないように指示することが望ましい。この指示が設問の「**Freight Prepaid as Arranged**」の記載で、俗に**アズアレ**と呼ばれる。

11、12. 一般に用いられるAWBには、運送人への申告価格と税関申告価格を記載する欄がある。そのため、S/Iでこの両方を申告する。運送人への申告価格は「Declared Value for Carriage」欄に貨物の価格を記載せず、**N.V.D.**と記載することが多い。N.V.D.は「No Value Declared」の略で、**従価料金**（Valuation Charge。❼契約内容（2）－運送条件－／参照）を徴収されないようにするためのもの。一方、税関への申告額は「Declared Value for Customs」欄に貨物のFOB価格を記載するが、実務的には**N.C.V.**と記載または空欄のままにすることが多い。N.C.V.は「No Commercial Value」の略。なお、

NVOCC は**利用運送事業者**の意味である。

船積依頼書（S/I）のポイント
- S/I の Consignee 欄への記載方法
  記名式 B/L … 特定人名（通常は輸入者）
  単純指図人式 B/L … To order of Shipper、To order
  記名指図人式 B/L … To order of［特定人名］
  Waybill … 特定人名（送金決済の場合は輸入者。荷為替手形決済
  　　　　　の場合は通常は輸入地銀行）
- 運賃支払者が輸出者になる場合、「Freight Prepaid as Arranged」と記載することが望ましい。

原則的な輸出通関手続きを正しく理解しよう！　→ テキスト P.170 〜

㉒ 輸出通関

問題 1　次は、保税地域への輸出貨物搬入および輸出通関についての記述である。正しいものには○、誤っているものには×をつけなさい。

1. 自社で通関手続きを行わない場合は、作成した Invoice や Packing List 等の通関用書類を通関業者に預けて通関手続きをしてもらう。

2. 輸出通関手続きは、原則として輸出しようとする貨物を保税地域に持ち込んだ後でなければ行えない。

3. 輸出申告は、輸出者の拠点の所在地、または、貨物を輸出しようとする港・空港の所在地を管轄する税関長に対して行うのが原則である。

4. 輸出通関は、税関に「輸出申告書（Export Declaration、E/D）」と輸出通関書類を提出することで行うのが原則で、とくにインボイスは必ず提出が必要である。

5. 日本では、現在、輸出申告は NACCS というオンライン・システムで行われるのがほとんどである。

6. 他法令に基づいて輸出許可・承認・届出が済んでいる貨物については、税関への輸出申告・許可の手続きは免除される。

7. 輸出申告書に記載する貨物の価格（申告価格）は、CIF 建で記載する。

8. 輸出貨物は、すべて税関によって現物検査が行われる。

9. 税関では、輸出に関して許可、承認等が必要なものについて、その取得が証明できているかを審査する。

10. 税関では、検査や条件の具備が必要なものについては、検査の完了や条件の具備を検査機関に照会することになっている。

11. 輸出申告書を提出し、税関の審査の結果、問題がないと判断されれば、貨物の保税地域への搬入後に輸出が許可され、輸出許可書が交付される。

12. 輸出しようとする貨物が、他法令による許認可取得が必要な場合、輸

183

出許可が下りても船積みすることはできない。

13. 輸出申告をした貨物は、「外国貨物」として扱われる。

14. 輸出の許可を受けた貨物は、外国に向けての船積み以外で保税状態のまま保税地域の外に自由に持ち出すことはできない。

15. 輸出許可を受けた貨物を、輸出を取りやめて国内に引き取る場合には、原則として輸入通関手続きが必要となる。

> **問題2** 次は、保税地域の種類についての記述である。これらが意味しているものを、下の枠内の（A）～（H）からそれぞれ選びなさい。

1. 国、地方公共団体、JR などが所有する土地、建物を保税地域として財務大臣が指定するもの。

2. 海貨業者、運送業者、倉庫業者等が所有する土地、建物を、貨物の積降し、蔵置、内容点検、仕分けをする場所として保税地域に税関長が許可したもの。

3. 貨物を加工・製造（保税作業という）することができるように、企業が所有する工場、作業場等を保税地域として税関長が許可したもの。

4. 地方公共団体、企業等が所有する展示場等を、外国貨物を展示する会場や、展示をすることができる場所として保税地域に税関長が許可したもの。

5. 地方公共団体、企業、第三セクター等が保有する土地、建物を保税蔵置場、保税工場、保税展示場の３つの機能を併せ持つ保税地域として税関長が許可するもの。

（A）保税展示場	（B）港湾保税地域	（C）他所蔵置場
（D）保税蔵置場	（E）総合保税地域	（F）指定保税地域
（G）保税工場	（H）特定一時保税地域	

> **問題3** 次は、保税地域についての記述である。正しいものには○、誤っているものには×をつけなさい。

184

1. 指定保税地域は財務大臣が指定し、保税蔵置場、保税工場、保税展示場は、その所在地を管轄する税関長が許可する。
2. 保税地域とは、輸出・輸入する貨物の検査を行うために指定されている地域である。
3. 保税地域として指定されるのは、国・自治体や JR といった公的目的を持つ組織の建物・施設に限られる。
4. 指定保税地域には、原則として貨物を 1 ヵ月以内しか置くことができない。
5. 保税蔵置場で貨物を置くことができる期間は、最長 2 年である。
6. 保税蔵置場では、貨物の積降し、蔵置、内容点検、仕分けはできるが、加工については簡単なものでも行うことはできない。
7. 保税工場は、税関長が実際に保税作業が行われる期間を勘案して特定期間を指定するものであり、常設ではない。
8. 保税展示場は、常設の保税地域ではなく、税関長が展示会、博覧会の期間を勘案して許可する期間のみ、保税地域として扱われる。
9. 総合保税地域の許可を与えるのは、財務大臣である。
10. 総合保税地域に貨物を置くことができる期間は、最長 2 年間である。
11. 海港や空港に隣接しない場所にある、地方自治体等が整備している保税蔵置や通関ができる場所を「インランド・デポ」という。
12. 内陸にある保税地域で輸出の許可を受け、そこから輸出するために海港や空港に貨物を運送しようとする場合には、税関長より運送許可を受けなければならない。
13. 保税地域の「保税」とは、関税を課することを留保しているという意味であり、本邦に貨物を陸揚げしても保税地域に置いておくだけならば、原則として関税を納めなくてもよい。

▲ 正答 & 解説

問題1

▲ 正答

1. ○ 2. × 3. × 4. × 5. ○ 6. × 7. ×
8. × 9. ○ 10. × 11. ○ 12. × 13. × 14. ○
15. ○

解説

1. **記述のとおり**。日本では、**通関業者**と**海貨業者**が兼業していることが多いので、そういった業者に依頼する場合は、船積依頼書や付属書類とともに通関用書類も預けることになる。

2、3. 2011年10月より、輸出者拠点に貨物が置かれている状態で**輸出申告**できるようになっている。つまり、従来のように保税地域に貨物を持ち込まなくてもできるようになった（従来どおり、保税地域に搬入後に申告することもできる）。また、原則的な輸出申告先は「輸出しようとする港・空港の所在地を管轄する**税関長**」である。輸出者拠点の所在地を管轄する税関長と、輸出しようとする港・空港の所在地を管轄する税関長が違う場合もあるが、その場合でも「輸出しようとする港・空港の所在地を管轄する税関長」に申告しなければならない。

4. 輸出申告は、税関に「**輸出申告書（Export Declaration、E/D）**」を提出することによって行う。しかし、インボイスを含めた輸出通関書類については、2012年7月より「税関長が提出を求めた場合」のみの提出となっている。

5. **輸出申告書、輸出許可書**とあるので、「書面で」ということになっているが、近年はこれらの書類のやりとりは、オンライン・システムで行われ、書面はほとんど用いられなくなっている。そのシステムは、**輸出入・港湾関連情報処理システム（NACCS）**という。

6. 税関では、他法令による許認可などが取得済かどうか確認される。つまり、輸出申告は必ず行わなければならない。

7. 輸出申告価格は、FOB建である。

8. **現物検査**は、すべての貨物に対して行われるわけではない。税関が書類審査の中で「これは」と思ったものについて行われる。なお、現物

186

検査で必要になる開梱・再梱包の費用は輸出者持ちなので、輸出者は現物検査を受けないように書類の記載に注意する必要がある。

9、10. 税関では、輸出に関して許可、承認等が必要なものについてはその取得が証明できているか（輸出申告時）、検査や条件の具備が必要なものについては検査の完了や条件の具備が証明できているか（審査時）を確認する。いずれも、輸出者（実質的にはその委託を受けた通関業者）が行わなければならず、税関が検査機関に照会することはない。

11. **記述のとおり**。2、3. の解説のとおり、輸出申告は輸出者拠点に貨物が置かれている状態でできるようになったが、たとえ、税関の審査で輸出に問題がないと判断されたとしても、輸出許可を受けることができるのは、当該貨物が保税地域に搬入された後である。

12. 他法令による許認可などは輸出申告の前に取得などをし、申告時にその証明などを行わなければならない。取得見込みでは輸出許可は下りないので、「輸出許可が下りても」という状況はあり得ない。

13. 輸出許可を受けることで、内国貨物から外国貨物に変わる。輸出申告時は、まだ「内国貨物」の扱いである。

14、15. **記述のとおり**。外国貨物であるので、自由に保税地域から持ち出すことはできない。他の保税地域などに運送しようとするならば、税関長から保税運送の承認を受ける必要がある。また、国内に引き取ろうとする場合には、輸入申告をして内国貨物に戻す必要がある。

輸出通関における税関の審査内容

- 輸出申告書の内容審査
- その他の輸出通関用書類の内容審査
  - 書類の記載内容のチェック。
  - 輸出に関して許可、承認等が必要な貨物については、その取得が証明されているか。
  - 検査や条件の具備が必要な貨物については、検査の完了や条件の具備が証明されているか。
- 貨物の現物検査（税関が必要と判断したとき）

※輸出申告価格はFOB建。

問題2

正答　1.（F）　2.（D）　3.（G）　4.（A）　5.（E）

解説

1. 「財務大臣が指定する」がキーワード。指定保税地域のみが財務大臣の指定で、それ以外はすべて、その場所を所管する税関長の許可である。
2. 「海貨業者、運送業者、倉庫業者が所有する土地、建物」がキーワード。このように、民間企業の施設に許可が与えられるのが特徴である。
3. 「保税作業」がキーワード。指定保税地域や保税蔵置場では、「簡単な加工」しかできないが、保税工場では本格的な加工・製造を行える。
4. 「展示場等」がキーワード。
5. 「3つの機能を併せ持つ」がキーワード。

問題3

正答　1.○　2.○　3.×　4.○　5.○　6.×　7.×
　　　　8.○　9.×　10.×　11.○　12.×　13.○

解説

1、9. **指定保税地域**は、財務大臣が指定（許可ではない）する。一方、**保税蔵置場**、**保税工場**、**保税展示場**、**総合保税地域**は、その所在地を

管轄する税関長が許可する。
3. 民間の運送業者・海貨業者・倉庫業者が持つ倉庫や上屋が、保税蔵置場として指定されたり、原料輸入して製造する企業の工場が保税工場として指定されたりする。
5. **記述のとおり**。保税蔵置場に貨物を置くことができる期間は、原則として3ヵ月であるが、税関長に期間延長が承認された場合には2年以内となる。
6. 指定保税地域、保税蔵置場でも「見本の展示」や「簡単な加工」をすることができる。ただし、税関長の許可が必要である。
7、8. 保税工場は常設である。一方、保税展示場は常設ではなく、会期中とその前後の一定期間のみ、保税地域として扱われる。例えば、東京ビッグサイトなど常設の大型展示場も、見本市会期とその前後の適当な期間を、税関長が保税展示場として指定している。
10. 総合保税地域は保税蔵置場、保税工場、保税展示場の3つの機能をあわせ持つものであり、貨物を置くことができる期間は、それぞれについて置くことができる期間に準じる。
11. **記述のとおり**。**インランド・デポ**は、**内陸通関拠点**という。主に内陸県のトラック運送の拠点となる場所や輸出産業が集積した工業団地内に設けられる。
12. インランド・デポで輸出許可を受けた場合、船積港までは外国貨物を保税状態で運送しなければならない。そのため、税関長に保税運送の「承認」を受けなければならない。「許可」ではない。

保税地域の種類について理解しよう!

- 指定保税地域
- 保税蔵置場
- 保税工場
- 保税展示場
- 総合保税地域

　指定や許可を与える者、その中でできること、貨物を置くことのできる期間がそれぞれ違うことに注意。

法令や関税率の適用タイミング

どんな法令も永久不変ではなく、また、関税率もしばしば変わります。では、通関手続きがその改変時をまたぐ場合には、改正前、改正後のどちらの法令や関税率が適用されるのでしょうか。

結論からいえば、「原則として、申告の日に有効な法令や関税率が適用される」ことになります。貨物を積んできた船舶や航空機が日本（本邦）に到着した日でも、保税地域に搬入した日でも、またInvoice日付でもないので、注意してください。

しかし、原則があれば、例外もあります。例えば、輸入貨物について税関より承認を受けて保税蔵置場や総合保税地域に置いて、需要に応じて出荷するなど、引取りのタイミングをはかったり、保税工場や総合保税地域において保税作業に用いる場合です。

原則は、輸入申告がなされた日に有効な法令や関税率が適用されます。しかし、輸入申告後、輸入許可が下りる前（BP承認制度を利用の場合は承認前）に、法令や関税率の改正があった場合には、改正後の法律が適用となります（この他にも例外規定はあります）。

このように、輸入申告のタイミングで関税率が変わる、結果として輸入コストが大きく変わってくる可能性があります。法令、関税率の変更とその発効日については、注意しておいたほうがいいでしょう。

なお、輸出についても、輸出申告の日に有効な法律が適用法令となります。

書類が多く登場するので、混同しないようにしよう！　➡ テキスト P.175～

㉓ 船積作業

問題1 次は、海上運送貨物の船積みに関する用語についての記述である。これらが意味しているものを、次の枠内の（A）～（P）からそれぞれ選びなさい。

1. コンテナ内の貨物の明細、引渡し方法の指示を示したもの。コンテナ詰めした者がコンテナ1本ごとに作成する。日本では使われなくなってきている。
2. 船積みするために、小口貨物をコンテナ詰めしたり、荷降しされたコンテナを開梱して仕分けしたりする場所。
3. 船積前の実入りコンテナ、または、荷降し後の実入りコンテナを一時的に集積する場所。冷蔵コンテナの電源設備など、一時滞留のために必要な設備が用意されていることもある。
4. 保税地域に搬入された貨物の重量をはかる業者。
5. コンテナを船に積む、または船から降す場所。ガントリー・クレーンなどのコンテナ揚降し用の施設・機器がある。
6. コンテナ船での運送の場合に、貨物の受渡しを証するための書類。8枚程度の複写になっている。電子化に伴い、日本では使われなくなってきている。
7. 輸出者や海貨業者から CY オペレーターや CFS オペレーターに対して提出する船積作業の指図書。船積作業の電子化に伴って使用されるようになってきている。
8. 在来船の場合の、小口貨物の船積作業のこと。
9. 在来船への船積みの場合に、貨物の受渡しを証するための書類。S/A、M/R とあわせて8枚程度の複写になっている。
10. 船積みの際に、貨物の数量や状態をチェックする者のこと。通常は、荷主側と船会社側の双方が立ち会いを依頼する。
11. 在来船への船積みの場合に、輸出者または海貨業者から船会社に貨物

の船積申込みのために提示される書類。

12. 在来船への船積みの場合に、貨物の本船への積込みを証して、一等航海士から発行される書類。輸出者はこれを船会社に提出してB/Lを発行してもらう。

(A) CY　　　(B) CFS　　(C) Stevedore　(D) Sworn Measurer

(E) S/O　　　(F) Consolidation　　　　(G) B/I

(H) Mate's Receipt　　(I) S/A　　　(J) D/R

(K) 総積み　(L) 直積み　(M) Tallyman　(N) S/I

(O) CLP　　　(P) エプロン

問題2 次は、コンテナ船への船積みについての記述である。正しいものには○、誤っているものには×をつけなさい（輸出者は、海貨業者に船積作業を依頼している前提で考えること）。

1. 原則として、輸出許可を受けた後でなければ、船積みすることはできない。

2. LCL貨物はCYに持ち込まれ、他の荷主のLCL貨物とともに1本のコンテナに仕立てられる。

3. LCL貨物では、混載貨物の荷主がコンテナ詰め（Vanning）をする。

4. FCL貨物のコンテナ詰めは輸出者や海貨業者などの拠点で行われる。

5. FCL貨物は通常、CFSには持ち込まれず、CYに持ち込まれる。

6. FCLコンテナは、コンテナ・ターミナルの入口（ゲート）でコンテナを開けられ、中の貨物の状態チェックが行われる。

7. FCL貨物は、CYOによって本船に積込まれる。

8. コンテナ貨物の場合、以前は8枚複写のD/Rが船積作業の流れとともに引き抜かれていたが、最近は電子システムへの入力に切り替わってきており、書類としてのD/Rは使われなくなってきている。

9. 海貨業者から船積依頼を受けた船会社は、B/Iを作成し、CYOやCFSOに船積作業の指示をする。

10. CYが貨物を受け取った旨のチェックをしたD/Rは、すなわちB/Lのことであり、CYから輸出者に交付される。

問題3 次は、在来船への船積みについての記述である。正しいものには○、誤っているものには×をつけなさい（輸出者は、海貨業者に船積作業を依頼している前提で考えること）。

1. 在来船において、他の荷主の小口貨物と束ねることなく、1つの大口貨物としての積込作業を行うことを「総積み」という。
2. 在来船の場合、小口貨物は他の荷主の小口貨物と束ねるために、船会社や船積代理店（Shipping Agent）の倉庫に持ち込まれる。
3. 在来船の場合、小口貨物は船会社や船積代理店によって、船に積み込まれた後に1つのケースやパレットに混載される。
4. 在来船の場合、貨物を船舶に積込んだ後に、税関に輸出申告をして、輸出許可を受けるのが一般的である。
5. 海貨業者は、S/IをもとにS/Aを作成して、船会社に提出する。
6. コンテナ船の船積みでのD/Rに相当する書類は、在来船の船積みではS/A、S/O、M/Rにあたる。
7. 荷主側の検数人（Tallyman、Checker）と、本船側の一等航海士が、貨物の数量や状態をチェックする。
8. 在来船において、貨物の船舶への積込み、船舶からの荷降しをする業者（免許事業者）を「ステベドア」という。
9. 本船の一等航海士は、検数表（Tally Sheet）をもとに、M/Rの内容を確認したうえでM/Rにサインをする。
10. 輸出者は、一等航海士がサインをしたM/Rと引き換えに、船会社にB/Lを発行してもらう。
11. 運賃が前払いとなっている場合、船会社に運賃を支払わないと、B/Lを発行してもらえない。

問題4 次は、航空運送の場合の船積みについての記述である。正しいものには〇、誤っているものには×をつけなさい。

1. 荷主（輸出者）は、運送しようとする貨物を「運送人が運送を受託してそのまま発送できる状態」で、運送人に預けなければならないことになっている。

2. 大口貨物であっても、航空会社は一般企業から貨物を直接受け付けることはないので、必ず航空混載業者に持ち込まなければならない。

3. 小口貨物は、必ず航空混載業者の倉庫で他の荷主の小口貨物とともにULDに載せられてから空港に搬入される。

4. 航空混載業者から輸出者に対して発行される運送状を、「Master Air Waybill」という。

5. 複数の荷主からの貨物の運送を受託した航空混載業者は、自らが荷主となって航空会社に運送を依頼する。

6. 航空混載業者と航空会社の間の運送契約は、輸出者と航空混載業者間で締結した運送契約の期間と同じである。

7. Waybillは有価証券ではないので、運賃前払いの場合の運賃支払いと、Air Waybillの発行には直接の関係はない。

8. 航空混載業者を利用する場合でも、航空会社と運送契約を締結しているのは輸出者である荷主自身である。

9. 混載貨物の運送を委託した航空混載業者には、航空会社からAir Waybillは発行されない。

正答 & 解説

問題1

正答　1. (O)　2. (B)　3. (A)　4. (D)　5. (P)　6. (J)
　　　　7. (G)　8. (K)　9. (E)　10. (M)　11. (I)　12. (H)

解説

1. CLP は **Container Load Plan**（**コンテナ内積付表**）の略。FCL 貨物では輸出者が、LCL 貨物では CFSO がコンテナ詰め（Vanning）時に作成する。ただし、近年の日本では、ほぼ使われなくなっており、積付け状況の情報をデータで輸入地に送るようになってきている。
2. CFS は **Container Freight Station** の略。ここで貨物のコンテナ詰めや開梱・仕分けをする者を **CFS オペレーター**（**CFSO**）という。
3. CY は **Container Yard** の略。ここでコンテナの取扱いを行う者を **CY オペレーター**（**CYO**）という。
4. 「宣誓検量人」といい、免許事業である検量業者がその任にあたる。
6、7. D/R は **Dock Receipt**、B/I は **B/L Instruction** の略。最近での船積作業では D/R が使われなくなり、B/I を CYO や CFSO に送って、後は電子データのやりとりのみとなってきている。
8. 設問とは逆に、大口貨物の船積作業は**直積み**と呼ばれる。
9、11、12. S/A は **Shipping Application**（**船積申込書**）、S/O は **Shipping Order**（**船積指図書**）、M/R は **Mate's Receipt**（**本船貨物受取証**）の略。これらは複写になっており、船積作業の行程の中で適宜引き抜かれている。
10. 検数人という。通常は荷主（輸出者）側、本船（船会社）側がそれぞれ（公正を期すため）、免許事業者である**検数業者**に依頼して、数量のチェックをしてもらう。

船積作業に関係する重要用語を理解しよう！

◆書類に関するもの
 S/I、CLP、S/O、S/A、B/I、D/R、Mate's Receipt（M/R）
◆業者、当事者に関するもの
 Stevedore、Sworn Measurer、Tallyman
◆場所その他に関するもの
 CY、CFS、エプロン、Consolidation、総積み、直積み

問題2

正答 1.○ 2.× 3.× 4.○ 5.× 6.× 7.○
8.○ 9.× 10.×

解説

2、3．LCL 貨物のコンテナ詰め（**Vanning**）は CFS で CFSO によって混載が行われる。LCL コンテナとされた後は CY に持ち込まれ、そこから CYO によって本船に積み込まれる。

4、5、7．FCL 貨物のコンテナ詰め（**Vanning**）は、輸出者または海貨業者などが行う。FCL コンテナとされた後は CFS を経由することなく CY に持ち込まれ、そこから CYO によって本船に積み込まれる。

6．FCL コンテナは、コンテナ・ターミナルの入口（**ゲート**）で、**Checker** による確認を受けるが、あくまでもコンテナの外観の確認のみであり、コンテナは開けられず、ましてやコンテナの中身のチェックも行われない。

9．B/I の作成・提出者は海貨業者である。船会社では FAX フォームや WEB から指図できる B/I のフォームを用意していることが多い。

10．D/R が使われる場合でも、D/R がすなわち B/L にはならない。海貨業者が D/R を船会社に持ち込んで B/L と交換してもらう。

コンテナ船への船積作業
・海貨業者は S/I から B/I を作成し、CY や CFS に提出する。
・船会社は貨物、コンテナの移動をシステムに入力していく。
・FCL 貨物では輸出者が、LCL 貨物では CFSO が Vanning を行う。
・FCL 貨物は CY、LCL 貨物は CFS から CY 経由で本船に積み込む。

問題3

正答 1.× 2.○ 3.× 4.× 5.○ 6.○ 7.×
8.○ 9.○ 10.○ 11.○

1. 大口貨物の積込作業は**自家積み（直積み）**という。**総積み**は、小口貨物の積込作業のことである。
2. **記述のとおり**。設問とは逆に、大口貨物の場合は海貨業者が船側まで貨物を持ち込む。そして、船会社に船（はしけを使うこともある）に積み込んでもらう。
3. コンテナ船の場合に CFS でコンテナ詰めがされるように、在来船では小口貨物は船会社や船積代理店の倉庫で、ケースやパレットに**混載**される。
4. 在来船の場合でも、原則として、船舶に積み込む前に輸出申告をして、輸出許可を受けなければならない。
5、6. **記述のとおり**。S/A（および複写になった S/O、M/R）は、船会社がフォームを用意しているので、海貨業者はそれを入手して S/A を作成する。実質的には S/I で依頼された内容の転記である。
7. 検数を行うのは、荷主側と本船側の双方の検数人である。
9、10. M/R には船積みまでの間に貨物のチェック結果が記載されている。本船の**一等航海士**は船積みと M/R の記載内容を確認したうえでサインをする。この**サイン済み M/R** を船会社に持ち込むことで B/L の引渡しを受けることができる。
11. **記述のとおり**。前払いの場合の運賃支払者は輸出者である。この場合、運賃を支払わないと、船会社から B/L を発行してもらえない。逆に

後払いの場合の運賃支払者は輸入者である。この場合、運賃を支払わないと、船会社にB/LをD/Oに引き換えてもらえない。（㉗輸入代金決済と貨物の引取り（1）－通常の場合／参照）

在来船への船積作業
- 在来船の船積方法には、自家積み（直積み）と総積みがある。
- 貨物とともに、S/O、M/R、Tally Sheet といった書類が動く。
- 検数人が貨物の数や状態を確認する。
- 一等航海士がサインをしたM/R（サイン済みM/R）がB/L交換用書類になる。

問題4

▲正答　1. ○　2. ×　3. ×　4. ×　5. ○　6. ×　7. ×　8. ×　9. ×

解説

1. **記述のとおり**。「運送を受託してそのまま発送できる状態」のことを、**Ready for Carriage** という。

2. 航空会社が、一般企業からの貨物運送を直接受け付けないということはない。航空機をチャーターするほどの大口貨物の場合であれば直接受け付ける。また、**航空貨物代理店**が窓口になることも多い。

3. 小口貨物の場合、航空会社よりも**航空混載業者**（**利用航空運送事業者**、**Air Freight Forwarder**、**航空フォワーダー**）に持ち込むのが一般的で、そのほうが運賃が安くなることも多い。かならずしも航空混載業者が小口貨物を **ULD**（**Unit Load Device**、航空運送用の輸送機材）に積み付けるわけではない。小規模な航空混載業者はULDを運送できるトラックなどを保有していないので、混載貨物を空港にある航空会社や航空貨物代理店の倉庫に持ち込んで、そこでULDに積み付けることも多い。

4、5、9. 航空混載業者から輸出者に対して発行される運送状を、**House Air Waybill**（**HAWB**）という。それに対して、航空混載業者は混載貨物の**代表荷主**として航空会社に運送を委託し、航空会社は **Master Air**

Waybill（MAWB）を発行する。
6. HAWBによる運送契約は、航空混載業者が荷主（輸出者）より荷受けしてから荷受人（輸入者）に引渡しをするまでの間である。一方、MAWBによる運送契約は空港間（Airport to Airport）である。
7. AWBを含むWaybillは、有価証券ではないものの、船積書類の一種として重要なものである。よって、運賃前払い（Freight Prepaid）の場合には、その入手には運賃の支払いが求められる。
8. HAWBは荷主－航空混載業者間の運送契約であり、航空会社はそれに関知しない。

航空貨物の船積作業

◆貨物の持込先
・大口貨物の場合 … 航空会社または航空貨物代理店にS/Iと貨物を持込む。航空会社または航空貨物代理店が貨物の引渡しを証してAWBを発行する。
・小口貨物の場合 … 航空混載業者（利用航空運送事業者、Air Freight Forwarder、航空フォワーダー）にS/Iと貨物を持込む。航空混載業者が貨物の引渡しを証してAWBを発行する。

◆航空運送状（Air Waybill）の種類
・航空混載業者から輸出者に発行されるAWB
　… House Air Waybill（HAWB）
・航空会社から航空混載業者に発行されるAWB
　… Master Air Waybill（MAWB）

航空運送の基本「Ready for Carriage」

　本章の設問にあるとおり、航空運送では、荷主（輸出者）は、運送しようとする貨物を「運送人が運送を受託して、そのまま発送できる状態」で運送人に預けなければならないことになっています。これを「Ready for Carriage」といい、IATAのルールで荷主に対する要請（義務）として定め

られています。その具体的内容は下のとおりです。
a. Air Waybill：貨物運送状の発行
b. Documentation：通関や検査などに必要な書類の具備
c. Marking of Package：個々の梱包へのAWBどおりの荷受人の住所、氏名の記載
d. Packing：航空運送に耐えることのできる梱包（危険物、生きた動物はルールに従った梱包）
e. Labeling of Package：識別ラベル、取扱注意ラベル、特殊貨物ラベル（危険物ラベルなど）の貼付
f. Shipper's Declarations for Dangerous Goods：危険物申告書の提出
g. Shipper's Certification for Live Animals：動物申告書の提出

ここで「a. Air Waybill」について、AWBは航空会社や航空混載業者が発行するのに、荷主の義務とされていることについて不思議に思われるかもしれません。実は、AWBのルールを定めているワルソー条約では、AWBは「荷主が作成し、運送人に交付する」ことになっているのです。実務上は、荷主のS/Iをもとに航空会社や航空混載業者が作成しますが、これは作成代行です。（実務的には、それほど気にする必要はありません。）

実務上で注意すべきは、取扱特殊貨物ラベル、とくに危険物ラベルです。これらはルールが定められているので、正しく貼り付けなければなりません。以下のウェブサイトに、サンプルがありますので確認して下さい。
「航空危険物をお預けになるお客さまへ」（JAL CARGO）
https://www.jal.co.jp/jalcargo/support/danger/

発行日の期限、リマークの処理方法などに注意が必要。　→ テキスト P.183～

㉔ 船積書類の準備

問題1 次は、運送書類の入手と確認すべき内容についての記述である。正しいものには○、誤っているものには×をつけなさい。

1. L/C などで、とくに指示が無い場合、B/L は 3 通、運送状は 1 通発行してもらう。
2. 貿易条件が CIP である場合、B/L 上の運賃支払欄に「Freight Collect」となっていることを確認する必要がある。
3. 通常、コンテナ船での運送の場合の B/L は Received B/L となる。
4. 荷為替手形決済の場合、船積式 B/L には船積後に「船積証明（On Board Notation）」を記載してもらう必要がある。
5. 船積時に貨物に瑕疵があるとして、B/L に「事故摘要（Remark）」が記載されているものを、「Foul B/L」という。
6. B/L 上に「3（Three）Boxes corner crushed, but in the Box Contains OK.」という表記があっても、Foul B/L とされない。
7. FCL 貨物の場合に B/L に記載される「不知文言」は、「中の貨物には損傷があるが、船会社の責任ではない」という意味である。
8. 荷為替手形決済の場合、不知文言のある B/L は輸出地銀行や輸入地から買取拒否される。
9. 荷為替手形決済の場合、AWB には船積（搭載）日付の記載は必ずしも必要とされないが、発行日の記載は必須である。
10. L/C 決済の場合、B/L 上の商品に関する事項の記述は、L/C 上に示されているものと完全一致していなければならない。
11. 荷為替手形決済の場合、運送書類の Notify Party 欄に輸入地銀行名が記載されている必要がある。
12. 送金決済の場合、B/L の Consignee 欄には通常、輸入者名が記載されている。

13. B/L の Consignee 欄に「To order of Shipper」と記載されている場合、輸出者は B/L に白地裏書をしなければならない。

14. 船会社に L/I を差し入れると、B/L 上の Remark を消して、Clean B/L にしてもらえる。

15. L/I の差入れで Clean B/L とすることを船会社が承諾した場合、もとの Remark が理由となってトラブルが生じても、船会社が全面的に責任を負ってくれる。

> **問題2** 下は、L/C 条件として B/L、Air Waybill に要求される内容の定型的な英文表現とその訳である。（1）～（10）に記載すべき内容は何か答えなさい。。

【B/L の場合】

・英文

（ 1 ）set of（ 2 ）on（ 3 ）ocean Bills of Lading made out to（ 4 ）of shipper and（ 5 ）marked Freight（ 6 ）notify（ 7 ）.

・邦訳

Shipper の単純指図人式で白地裏書され、運賃前払いで発行依頼人に通知することになっている、船積式の無故障 B/L を 3 通。

【Air Waybill の場合】

・英文

Air Waybill issued by Carrier consigned to（ 8 ）marked Freight（ 9 ），notify（ 10 ）.

・邦訳

運賃前払いで発行依頼人に通知することになっている、運送人が発行し、XXX 銀行（XXX Bank）を荷受人とした AWB。

> **問題3** 次は、B/L の一部である。これについて、次の記述で正しいものには○、誤っているものには×をつけなさい。

202

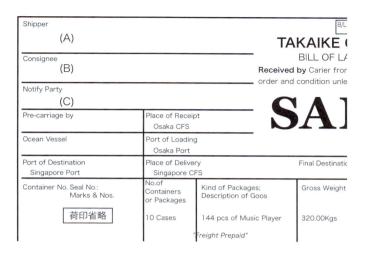

1. このB/Lを、輸出地銀行に買い取ってもらうには船積証明の記載が必要である。
2. (A) 欄には、運送会社（船会社）名、住所が記載される。
3. この運送に係る貨物はLCL貨物である。
4. この運送に係る運賃は、前払いによって支払われている。
5. L/C決済の場合、通常、(B) 欄にはL/C発行銀行名が記載される。
6. 荷為替手形決済の場合、(C) 欄には輸入者名、住所が記載される。

問題4 次は、荷為替手形決済の場合の、輸出者による運送書類以外の船積書類の内容確認についての記述である。正しいものには○、誤っているものには×をつけなさい。

1. 通常、Invoiceの売手（Seller）欄には輸出者名が、買手（Buyer）欄には指図式で記載されていなければならない。
2. L/C決済の場合、Invoiceに記載されている商品に関する事項は、L/C条件として記載されている内容と一致していなければならない。
3. 金額について、L/CとInvoiceで示されている通貨単位が違う場合には、船積日の実勢為替レートで換算し、Invoice価格がL/C金額の範囲内であればよい。
4. L/C決済の場合、InvoiceやP/Lに記載されている数量単位はL/C条

203

件で示されているものでなければならず、簡単な計算で換算できる他の数量単位での記載も認められない。

5. L/C決済の場合、InvoiceやP/Lに記載されている包装方法は、L/C条件として記載されている内容と一致していなければならない。

6. L/C決済の場合、P/Lに記載されている商品に関する事項は、L/C条件として記載されている内容と一致していなければならない。

7. CIP条件である場合には、輸出者は保険証券に裏書をしなければならない。

8. 保険証券に記載されている保険金額は、FOB/FCA価格の110%（特別な決まりがない限り）となっていなければならない。

9. L/C条件で保険条件が「A/R、RFWD（雨、淡水濡れ損）」と記載されている場合、A/R条件はRFWDを担保しているので、保険証券にはRFWDと記載されていなくともよい。

10. L/C条件で保険条件が「A/R」（旧約款）と示されていても、保険証券が「I.C.C（A）」（新約款）となっていれば問題ない。

11. 船積数量条件とする取引条件である場合、船積書類に重量・容積証明書の添付を求められていないか注意しなければならない。

12. L/C決済の場合、原産地証明書に記載されている商品に関する事項は、L/C条件として記載されている内容と一致していなければならない。

13. 船積書類として2以上の通数（○ copies）が要求されている場合は、他に定めがない限り、そのうち1通が原本であれば、それ以外は複写であっても構わない。

14. L/C条件ですべての書類にL/C番号、L/C発行日を記載するように求められている場合であっても、改ざんを疑われないように官公庁発行の許可証や証明書には当該事項を記載しなくてもよい。

15. 取引契約で、船積書類に原産地証明書が要求されている場合には、輸出者が取得しなければならない。

16. 経済連携協定（EPA）締結国向けの原産地証明書（締約国原産地証明書）は、各地の商工会議所で発給してもらう。

17. 日・スイスEPAや日ペルーEPA、日メキシコEPAでは、日本の輸出者であれば誰でも、原産地の自己証明を行う「自己証明制度」が利用できる。

18. TPP11、日EU・EPA、日米EPAでは、原産地証明書は必ず日本商工会議所に発給をしてもらわなければならない。

19. 原産地証明書の発給には日数がかかるので、船積日に間に合うように発給申請をする必要がある。

> **問題5** L/C決済の場合、次のものについて期日や発行／作成期限として求められる条件はどれか。次の枠内の（A）〜（H）から選びなさい。

1. 船積日
2. B/LやWaybillの発行日
3. Invoiceの発行日
4. P/Lの発行日
5. 貨物保険の開始日（輸出者付保の場合）
6. 貨物保険の開始日
7. 原産地証明書の発行日
8. 容積重量証明書の発行日
9. 船積前に要求されている検査の検査実施日
10. 船積日前に要求されている検査の検査証明書の発行日

（A）船積期限内　　　（B）輸出者拠点からの出荷日　　（C）船積日

（D）L/C発行日以降かつ船積日より前　　　（E）L/C発行日以前

（F）L/C有効期限内　　　（G）船積書類提示期限内

（H）L/C有効期限内かつ船積書類提示期限内

Day6

❷❹ 船積書類の準備

205

▲正答 & 解説

問題1

▲正答

1. ○　2. ×　　3. ○　　4. ×　　5. ○　　6. ×　　7. ×
8. ×　9. ○　10. ×　11. ×　12. ○　13. ○　14. ○
15. ×

解説

1. **記述のとおり。**「とくに指示がない」とは、B/L の場合は「Full Set」、Waybill の場合は書類名のみが示されて特段の通数の指定がない場合をいう。

2. CIP 条件の場合、運賃支払者は輸出者である。そのため、B/L の運賃支払欄は「Freight Prepaid」になっていなければならない。

3、4. B/L は、在来船での運送では**船積式 B/L**（**Shipped B/L**）、コンテナ船での運送では**受取式 B/L**（**Received B/L**）となるのが一般的である。このうち、**船積証明**（**On Board Notation**）が必要なのは、受取式 B/L である。

5. **記述のとおり。**Foul B/L となるのは、貨物に瑕疵があるとして**事故摘要**（**Remark**）が付されている場合である。**船積証明**や**不知文言**も Remark の 1 種であるが、これらがあるだけでは Foul B/L とはならない。

6. 「中身に問題がない」とあっても、これは船会社側が外見で判断しただけのものである。箱の角が壊れているならば、内部にも損傷がある可能性があるので、Foul B/L となる。

7. 不知文言は「中身については荷主の申告どおりなので、船会社側はわからない」という意味であり、中の貨物に瑕疵（損傷）があることを意味しているわけではない。

8. 不知文言も Remark の 1 種であるが、買取拒否事由とはならない。これは、船積証明も同じである。

9. **記述のとおり。**Air Waybill が「On Board」であるように求められていることは、滅多にない。そのため、改めて船積み（搭載）されたことの証明は不要であるが、発行日が船積（搭載）日とみなされ、必須

とされている。

10. B/L 上の商品に関する事項の記載は、L/C 条件やその他の書類と矛盾しない一般的な名称でよいとされている。
11、12、13. B/L の Consignee 欄は、送金決済の場合は記名式として輸入者名を記載する。一方、荷為替手形決済（L/C 決済を含む）の場合は通常、指図式で記載し、Notify Party 欄には輸入者名を記載する。なお、Waybill で荷為替手形決済の場合には、Consignee 欄には輸入地銀行名を記載するのが一般的である。
14、15. L/I（補償状）を船会社に差入れると、Remark を消して Clean B/L にしてもらえる。設問 14 は正しい。しかし、L/I は Remark を付された貨物の瑕疵によってトラブルが生じても、輸出者が一切の責任を取り、船会社に責任が及ばないようにすると保証する念書であるので、設問 15 の文章は誤り。

B/L の入手と確認事項

◆ B/L
・B/L 発行依頼や M/R を提示し、船会社から交付を受ける。
・受取式 B/L の場合は船積証明が必要。
・Clean B/L でなければ、輸入者側から引取拒否、代金支払拒否の可能性がある。
・Remark があると、Foul B/L になる。ただし、不知文言と On Board Notation は Remark だが問題なし。
・単純指図人式 B/L には、輸出者が白地裏書をする必要あり。

◆輸出者から船会社への L/I の差入れ
・L/I を差し入れると、Remark を消して Clean B/L にしてもらえる。
・L/I で Remark を消したら、その瑕疵によってトラブルが生じても全て輸出者の責任となる。
・L/I で Remark を消しても、輸入者から拒絶される可能性は残る。

問題2

 (1) Full　(2) clean　(3) board　(4) order
(5) blank endorsed　(6) Prepaid　(7) Applicant
(8) XXX Bank　(9) Prepaid　(10) Applicant

問題3

 1.○　2.×　3.○　4.○　5.×　6.○

解説

1. **記述のとおり**。右上を見ると「Received by 〜」と記載されているので、この B/L が受取式であることがわかる。よって、銀行による買取りには船積証明が必要である。
2. 「Shipper」とは船会社のことではなく、荷送人のことであるので、(A) 欄に記載されるのは輸出者である。
3. **記述のとおり**。貨物の受取地（**Place of Receipt**）、引渡地（**Place of Delivery**）に **CFS** との記載がある。それゆえ、この B/L に係る貨物はコンテナ貨物で、しかも、LCL 貨物であることがわかる。
4. **記述のとおり**。「Freight Prepaid」との記載があり、これは「前払い」という意味である。
5. 6. Consignee 欄は、送金決済であれば記名式で輸入者名、荷為替手形決済であれば通常、指図式で記載される。L/C 発行銀行名が記載されることはない。なお、Waybill では荷為替手形決済の場合は、輸入地の銀行名が記載される。このように、荷為替手形決済の場合、Consignee 欄に輸入者名が出てこないので、着船通知先としての "Notify Party" 欄に輸入者名、住所を記載する。

問題4

 1.×　2.○　3.×　4.○　5.○　6.×　7.○
8.×　9.×　10.×　11.○　12.×　13.○　14.×
15.○　16.×　17.×　18.×　19.○

解説

1. Invoiceの荷受人欄には、輸入者名が記載されていなければならない。
2、6、12. L/Cに記載されている商品に関する事項との一致が求められるのは、Invoiceのみである。それ以外の書類は「L/C条件と矛盾しない一般的な名称」でよい。
3、4. Invoiceで示される通貨単位は、L/Cで示されているものと同じでなければならない。これは数量単位も同じである。
5. **記述のとおり**。L/C決済の**書類取引の原則**から、買取銀行は包装方法がL/C条件と一致しているかを実際の包装状況ではなく、InvoiceやP/Lの記載で確認する。そのため、記述内容と一致していなければならない。
7. **記述のとおり**。保険証券が船積書類として送られるのは、輸出者が保険付保をする場合である。この場合、保険証券に裏書をして、輸入者が保険金を受取ることができるようにしなければならない。
8. FOB/FCA価格の110%ではなく、CIF/CIP価格の110%。
9. たとえ、A/R条件の担保範囲のものであっても、L/C条件として記載されているのであれば、保険証券にもそのように記載されている必要がある。ただし、さらに追加で付保する必要はなく、証券上に記載するだけで構わない。
10. A/R条件とI.C.C.（A）条件の担保内容がほぼ同じであるが、細かいところに違いがあるので、L/C条件を満たしているとはいえない。これは、W.A.条件と（B）条件、F.P.A.条件と（C）条件も同様である。
14. L/C条件で記載を求められているのであれば、官公庁発行の書類にも記載しなければならない。ただし、その書類の目的を失わせない位置（余白や裏面）に書くこと。
15、16. 船積書類に原産地証明書が求められている場合には、原則的には輸出者が取得（**発給を受ける**）しなければならない。**一般原産地証明書**は各地の商工会議所が発給するが、**締約国原産地証明書**（**特定原産地証明書**ともいう）は、現在のところ、発給機関は日本商工会議所となっており、各地の商工会議所では発給してもらえない。
17. **自己証明制度**を利用することができるのは、経済産業省から、原産地証明書の作成を適確に行うために必要な社内体制を有していることや、コンプライアンスの面など、一定の条件を満たしていると認めら

れた「認定輸出者」のみである。

18. 設問とは逆で、TPP11、日 EU・EPA、日米 EPA（※）では商工会議所による原産地証明（**第三者証明**）は行えず、事業者（輸入者、輸出者又は生産者）自らによる**自己申告制度**が採られている。この場合、原産地証明書とは呼ばず、**原産品申告書**と呼ばれる。

※輸入者による申告のみ。輸出者や生産者による自己申告は使えない。

19. **記述のとおり**。商工会議所によっては原産地証明書の発給申請から発給までに時間がかかる場合があるので、余裕を持って申請をする必要がある。

船積書類として輸入者に送る書類
・送り状（Invoice、I/V）
・梱包明細書（Packing List、P/L）
・保険証券（Insurance Policy）
 … 輸出者が付保する場合のみ。輸出者は白地裏書（輸出者のサインのみ）をする。
・原産地証明書（C/O）… 求められている場合のみ
・検査証明書、容積重量証明書 … 船積数量/重量/品質条件の場合
・官公庁などの許可証、証明書など … 求められている場合のみ

問題5

1. (A)　2. (A)　3. (A)　4. (H)　5. (C)　6. (C)
7. (H)　8. (H)　9. (C)　10. (H)

解説

　Invoice、P/L、保険証券、原産地証明書、容積重量証明書、検査証明書などの作成・発行日、貨物保険の開始日はL/C発行日以前でも構わない。
　理屈では、B/L や Waybill の発行日もそうであるが、これらは船積みされてから発行されることにより、リスク回避策であるL/C到着前（当然、発行日より後）に船積みすることは現実としてはあり得ない。
　なお、Waybill の発行日は船積日として扱われる。

日付に関するチェックポイント

・B/L、Waybill に記載されている「船積日」が、契約書やL/C条件の船積期限内となっているかどうか。
・Invoice、B/L、Way Bill の「発行日」が船積期限内となっているかどうか。
・P/L、C/O、検査証明書、容積重量証明書の「発行日」が、L/C有効期限内、かつ、L/C条件の船積書類提示期限内となっているかどうか。
・保険証券の「発行日」、または「保険開始日」が船積日以前となっているかどうか。

　さらに、L/C決済の場合、船積書類の「輸出地銀行への持込み」は、L/C有効期限とL/C条件の船積書類提示期限（指定がなければ船積後21日※）のうち「早い方」。

　※UCP600では、船積書類に運送書類の「原本を含まない」場合には21日を超えても構わないとしている。

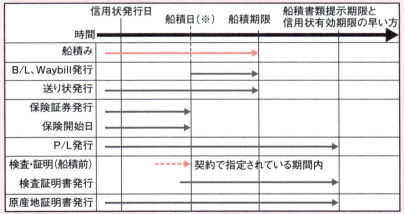

期日の模式図（矢印の期限内の発行日付、提示でなくてはならない）

（※）この日に船積みした場合

「オンボード・クーリエ」とは？

　ビジネス目的で利用される、航空機を使った貨物の運送方法に、「オンボード・クーリエ（OBC）」というものがあります。「ハンドキャリー」とも呼ばれます。これは、貨物の運送委託を受けたOBC事業者が貨物を「旅客手荷物扱い」で運送するものです。

　旅客手荷物扱いですから、OBC事業者（実際はその委託を受けた運び屋）は、出発空港の搭乗カウンターで航空会社に貨物を預け、貨物と一緒に航空機に乗り込むことになります。到着空港では、手荷物の引渡所で貨物を受け取ります。

　OBCの利点は、緊急輸送ができることです。海外旅行で経験があると思いますが、旅客の通関は比較的簡便なものになっています。さらに、航空機では、旅客の手荷物は一般貨物よりも優先的に搭載されるため、空スペース待ちの可能性が低く、手荷物を預けた当日に運送をしてもらえます。この利点を生かして、補修部品や電子部品、アパレル関連資材などの緊急かつ少量の輸送に使われています。

　OBCの料金システムは、航空旅客はエコノミークラスでは20kg、ファーストクラスでは30kgまで無料、それ以上は超過料金を支払えば手荷物を運んでもらえることを利用したものです。運び屋の旅客運賃を、場合によっては帰路分まで負担しなければならないので、通常の航空貨物よりも割高ですが、利用が増えているそうです。とくに、近年は航空旅客運賃の実勢価格が下がっていることもあり、OBCの運賃も下がってきているようです。

Day 7

貿易代金の決済

項　目　名	重要度
㉕ 輸出代金決済（1）－送金決済、D/P、D/A 決済－	★★★★
㉖ 輸出代金決済（2）－ L/C 決済－	★★★★
㉗ 輸入代金決済と貨物の引取り（1）－通常の場合－	★★★
㉘ 輸入代金決済と貨物の引取り（2） 　－船積書類未着の場合－	★★★★

輸出代金回収のために必要な書類は？　　　➡ テキスト P.196 ～

㉕ 輸出代金決済（1）
― 送金決済、D/P、D/A 決済 ―

問題 1　次は、送金決済、L/C 無荷為替手形決済（D/P、D/A 決済）の場合の、輸出代金決済についての記述である。正しいものには○、誤っているものには×をつけなさい。

1. 送金決済では、輸出者は船積書類を郵送やクーリエ便などで輸入者に直送する。
2. 送金決済では、輸出者は為替手形を作成して、船積書類とあわせて輸入者に送る。
3. 送金決済では、輸出者は代金の受入準備のために、輸出地銀行に「輸出代金受入依頼書」を提出する。
4. D/P、D/A 決済では、原則として外為取扱銀行であれば、どこに買取りや取立ての依頼をしても構わない。
5. D/P、D/A 決済では、輸出者は「輸出手形買取／取立依頼書」を輸出地銀行に提出する。
6. D/P、D/A 決済では、輸出者は輸入地銀行を名宛人とする為替手形を作成する。
7. 為替手形は通常、紛失に備えて 2 通 1 組の組手形となっており、第 1 券と第 2 券は同じ効力を持つが、第 1 券を持つ者に優先権がある。
8. 荷為替手形決済の場合、輸出者は為替手形を船積書類とともに、輸出地銀行に持ち込み、輸入地銀行を経由して輸入者に送る。
9. 荷為替手形決済の取扱方法で、輸出地銀行が輸入地銀行に輸入者から取り立てるように支払指図をし、輸出者の代金受領は輸入者からの支払いの後となるものを「Negotiation」という。
10. L/C 無荷為替手形決済では、輸出地銀行は「仕向銀行」と呼ばれ、輸入地銀行は「取立銀行」と呼ばれる。
11. 通常、「取立扱い」よりも「買取扱い」のほうが、輸出者は代金回収が早くできる。

214

12. L/C無荷為替手形決済では、輸入地側の支払保証がないため、通常、輸出地銀行は「取立扱い」とする。

13. 買取扱いになると、何らかの理由で輸入者から支払拒否された場合でも、輸出地銀行が代金回収リスクを負うため、輸出者は代金回収リスクから解放される。

14. 買取扱いにする条件として、輸出地銀行は輸出手形保険の付保を輸出者に求めることが多い。

15. 買取扱いでは、銀行が代金回収リスクを負うので、手数料が徴収されるが、取立扱いでは徴収されない。

問題2 次は、L/C無荷為替手形決済の場合の為替手形である。(1)〜(6)に記載すべき事項は何かを、下の枠内の(A)〜(J)から選びなさい。

---

(1)

Bill of Exchange

No. 手形番号　　　　　　　　Place and Date: 手形振出地、振出日

For 手形金額（数字）

At (2) sight of this FIRST Bill of Exchange (SECOND of the same tenor and date being unpaid) Pay to (3) _____ or order

The sum of (4)

Value received

To (5)

(6)
(*Signature*)

(A) 手形期限　　(B) 手形金額　　(C) 船積書類の引渡方法

(D) 輸出地銀行　(E) 輸出者　　(F) 輸入者　(G) order of Shipper

(H) 運送人（運送書類発行者）　(I) 輸入地銀行　　(J) 無記入

問題3 次は、輸出手形買取／取立依頼書の一部である。これについて、下の記述で正しいものには○、誤っているものには×をつけなさい。

APPLICATION FOR NEGOTIATION / ~~COLLECTION~~ OF DOCUMENTARY BILLS
(WITHOUT LETTER OF CREDIT)

To: TENMABASHI BANK, Ltd.

We hereby request you to negotiate / ~~collect~~ the attached drafts and documents as detailed below:

輸出手形保険	☒付保する	□付保しない	
手形番号 2611**	手形日付 20XX年6月25日		手形金額 US$50,000
☒ D/P □ D/A	手形期間 30 days after sight		建値 □FOB □CFR ☒CIF □(　)
振出人(Drawer) Biz Gate Trading, Ltd. BGT Building X-X-X Akasaka Minato-ku, Tokyo, 110-XXXX JAPAN			
支払人(Drawee) Tiger Techno Trading,Inc. Central Trade Building **-*** Raffles Quay, SINGAPORE 045+++			

---

1. この依頼書は、L/C 付荷為替手形の場合にも使われるものである。
2. 輸出者は、「Biz Gate Trading」である。
3. 荷為替手形の取立依頼をしている。
4. 取立銀行は、天満橋銀行（TENMABASHI BANK）である。
5. 輸入者が船積書類を手に入れることができるのは、支払いをした場合である。
6. 決済条件は、一覧払いである。
7. 船積書類には、保険証券（or 保険承認状など）を添付する必要がある。
8. この依頼書に関する為替手形の受取人欄には、「Biz Gate Trading」と記載する。

問題4 次は、D/P、D/A 決済の場合の、為替手形、輸出手形買取／取立依頼書（依頼書）についての記述である。正しいものには○、誤っているものには×をつけなさい。

1. 一覧払いの場合、為替手形の手形期限欄には「At ×××× sight」と記載する。

2．手形期限欄に「at 30 days after sight」と記載されている場合、輸出地銀行での買取後30日が支払期限となる。

3．為替手形では「Bill of Exchange」との表示は、法定記載事項である。

4．D/P手形の場合、為替手形上に「Documents against payment」と明記していないと効力を生じない（無効になる）。

5．「対価文言」は法定記載事項であるので、記載されていないとその為替手形は無効となる。

6．為替手形の振出人は英語で「Drawer」といい、通常は輸出者、名宛人は英語で「Drawee」といい、通常は輸入者である。

7．取立扱いにする場合、依頼書のタイトルのうち、「NEGOTIATION」の部分を消す。

8．一覧後30日の支払渡し条件の場合、依頼書では「D/A」にチェックをつける。

9．買取扱いにする場合で、輸出手形保険を付保するときには、依頼書でその付保を依頼する。

10．依頼書の「Drawee」欄には、運送書類がB/Lの場合は「to order of shipper」と、Waybillの場合は「輸入地の取立銀行」を記入する。

11．輸出者は、輸入者に取立てを行う輸入地銀行を指定することはできず、輸出地銀行が輸入者の所在地や自行の取引銀行などを勘案して決定する。

12．依頼書の商品名・数量欄の記載内容は、Invoiceのそれと完全一致していなければならない。

13．取立扱いの場合、輸出地銀行は原則として船積書類のチェックを行わず、為替手形と船積書類の形式や正確さ、十分性などに何ら責任を持たない。

▲ 正答 & 解説

問題 1

▲ 正答
1. ○ 　2. × 　3. × 　4. ○ 　5. ○ 　6. × 　7. ×
8. ○ 　9. × 　10. × 　11. ○ 　12. ○ 　13. × 　14. ○
15. ×

解説

1、2、3. **送金決済**では為替手形の作成は必要がなく、また代金を受け入れる輸出地銀行にも特段の手続きは必要ない。船積書類は、銀行を経由することなく、輸入者に直送する。

4. **記述のとおり。**原則としてどこの銀行でも構わないが、代金受入口座の関係もあり、通常は自社と取引のある銀行、為替予約をした銀行に依頼する。

6. **D/P、D/A 決済**の**為替手形**の**名宛人**は、輸入者である。

7. 為替手形は、郵送中の事故や紛失に備えて2通作成され、通常は別々の便で送られる。この**第1券**と**第2券**は同等の効力を持つが、どちらかで支払いがなされた場合には、もう片方が効力を失うことになる。なお、先に決済されたほうが第1券と呼ばれるだけなので、第2券が同じ効果を持つというわけではない。

9. 設問の文は**取立扱い**のことであり、英語では Collection。**Negotiation**は**買取扱い**のことである。

10. 輸入地銀行は**取立銀行**であるが、輸出地銀行は買取扱いの場合は**買取銀行**、取立扱いの場合は**仕向銀行**と呼ばれる。

11. **記述のとおり。**買取扱いは、輸出者が船積書類を持ち込んだときに代金回収ができるが、取立扱いは輸入者からの代金回収後となる。

13. 買取扱いの場合でも、輸入者から支払拒否をされたら、買取銀行から輸出者に為替手形と船積書類の**買戻し請求**（**償還請求**、**Recourse**）がなされるのが一般的である。つまり、輸出者は代金回収リスクを負っている。

15. 取立扱いでも買取扱いでも、銀行手数料は徴収される。なお、買取扱いの銀行のリスク料は、為替レートに織り込んで徴収される（**❸**輸出

218

/輸入決済の為替レート/参照)。

為替手形の作成
- 輸出者は為替手形を2通作成して、船積書類とともに輸出地銀行に持ち込む。第1券が決済されると、第2券は無効になる。
- D/P、D/A決済での為替手形は、輸出者が振出人、輸入者が名宛人、輸出地銀行が受取人となるように作成する。
- 取立扱い（Collection）と買取扱い（Negotiation）それぞれの場合の、輸出者が代金を回収できるタイミング、輸出地銀行の呼称の違いに注意。
- 買取扱いとなっても、通常は輸入者から支払拒否されると、買取銀行から償還請求がなされる。

問題2

正答 1.（C） 2.（A） 3.（D） 4.（B） 5.（F） 6.（E）

解説

（3）は**受取人**、（5）は**名宛人**（Drawee）＝支払人、（6）は**振出人**（Drawer）と呼ばれる。

（1）の船積書類の引渡方法の記載は**無益的記載事項**といって、銀行の取扱いには何ら影響を及ぼさないが、L/C決済の手形と混同しないための注記として記載される。

（2）の手形期限欄は、一覧払いのときには「×××」として空欄を埋める。

（4）の手形金額は数字ではなく、英語で記載する。

為替手形の記載内容
- 必須記載事項（法定記載事項）がある。
- 手形期限の記載方法の例は、以下のとおり。
    - 一覧払い … At ×××　sight　（×××は空欄を消す処置）
    - 一覧後30日払い … At 30 days after sight
- 記載される関係者の役割に注意。
    - 振出人－輸出者、名宛人－輸入者、受取人－輸出地銀行

問題3

▲正答　1.×　2.○　3.×　4.×　5.○　6.×　7.○　8.×

解説

1. タイトルに「WITHOUT LETTER OF CREDIT」とあるので、L/C無しの場合の依頼書であることがわかる。
2. **記述のとおり**。手形の振出人は通常、輸出者である。
3. タイトルおよび見出文で、「COLLECTION」「collect」の文字が二重線で消されている。つまり、「NEGOTIATION」「negotiate」が有効となっているので、買取依頼である。
4. 天満橋銀行は、この依頼書による依頼先であるから、輸出地銀行である。よって、この依頼書の場合は買取銀行（買取りを認めた場合）となる。取立銀行となるのは輸入地銀行である（説問の図ではわからない）。
5. **記述のとおり**。「D/P」にチェックがついているので支払渡し、つまり輸入者は代金の支払いをしないと船積書類を入手できない。
6. 手形期間欄に「30 days after sight」とあるので、一覧後30日払いである。
7. **記述のとおり**。貿易条件がCIFとなっているので、輸出者が保険付保をしなければならない。よって、船積書類には保険証券や保険承認状を添付する必要がある。
8. 荷為替手形決済の場合の受取人欄には、買取銀行または仕向銀行、つまり輸出地銀行を記載する。これは、L/C付きもL/C無しも同じ。

問題4

正答 1.○ 2.× 3.○ 4.× 5.× 6.○ 7.○
8.× 9.○ 10.× 11.× 12.× 13.○

解説

2. 「after sight」であるので、一覧後30日後である。なお、輸出地銀行での買取後30日後という**手形期限**にすることもできるが、輸入者にとっては**猶予期間**が何日あるのかわかりにくいので、ほとんど使われない。
3. **記述のとおり**。「為替手形であり融通手形ではない」ことを示すものであり、これは**法定記載事項**である。
4. この記載は**無益的記載事項**といい、法的効力には影響しない。当事者間の覚書きのようなものであるが、L/C決済の手形と見分ける目的もあり、慣習的に記載されている。
5. **対価文言**は**任意的記載事項**であるため、この記載がなくても為替手形の法的要件は損なわれない。
8. 支払渡しであるので、チェックすべきは「D/P」である。支払渡しでも、期限払いはあり得ることに注意。
10. 依頼書の「Drawee」欄も為替手形と同じく、輸入者を記入する。B/LやWaybillのConsigneeと混同しないこと。
11. 輸出者が、とくに取立銀行を指定したい場合には、依頼書に指定する欄がある。指定しない場合は、買取／仕向銀行が輸入者の所在地や自行の取引銀行などを勘案して判断する。
12. 完全一致の必要はなく、矛盾しない記述であればよい。
13. **記述のとおり**。取立扱いの場合、仕向銀行は船積書類のチェックを行わず、形式や正確さ、十分性などにも責任を持たない（**善管注意義務**のみ負う）。よって、為替手形や船積書類のチェックは輸出者自身が行わなくてはならない。一方、買取扱いの場合は、船積書類が不十分であれば、輸入者側から支払拒否をされる可能性があるため、買取銀行は自らのリスク回避のために書類のチェックを行う。

輸出手形買取/取立依頼
・輸出手形買取/取立依頼書で、為替手形の取立て/買取りの依頼をする。その際、依頼書のタイトル部分でその別を指示する。
・D/P、D/A の指示も依頼書で行う。
・輸出手形保険を付保する場合にも、依頼書で指示する。
・取立扱い、買取扱いのいずれも銀行手数料がかかる。

㉖ 輸出代金決済（2）
─ L/C 決済 ─

問題1 次は、L/C付荷為替手形決済（L/C決済）の場合の輸出代金決済、およびディスクレについての記述である。正しいものには○、誤っているものには×をつけなさい。

1. 輸出者（受益者）は、荷為替手形の買取依頼の際に通常、受領しているL/C原本を輸出地銀行に提示する。
2. 輸出者は、「Application for Negotiation of Documentary Bills under L/C」を輸出地銀行に提出する。
3. 輸出地銀行は「買取銀行」と呼ばれ、輸入地銀行は「仕向銀行」と呼ばれる。
4. L/C条件で買取銀行が指定されていない場合、原則として外為取扱銀行であれば、どこに買取りの依頼をしても構わない。
5. L/C条件で買取銀行が指定されている場合には、当該指定されている銀行以外では、一切買取りをしてもらえない。
6. 輸出者は、輸入者を名宛人とする為替手形を作成する。
7. 輸入地のL/C発行銀行が支払保証をしているので通常、輸出者は為替手形を1通作成すればよい。
8. 荷為替手形の買取りが行われた場合、輸出者への輸出代金の支払いは、原則としてL/C発行銀行への荷為替手形の到着次第である。
9. L/Cで支払保証をしているのは発行銀行であるので、輸出地銀行は原則として船積書類のチェックを行わず、為替手形と船積書類の形式や正確さ、十分性などに何ら責任を持たない。
10. 輸出者が持ち込んだ為替手形や船積書類と、L/C条件が一致しなければ「ディスクレ（Discrepancy）」という状況になり、買取りを行ってもらえない。
11. 船積書類上ではL/C条件どおりとなっていても、実際に船積みされた貨物に瑕疵がある場合には、ディスクレとなる。

12. 手形金額が信用状金額を超過している場合はもちろん、過少である場合もディスクレとなる。

13. ディスクレに対してL/C条件の変更（アメンド、Amendment）が行われた場合は、後でトラブルになる可能性はない。

14. ケーブル・ネゴは、発行依頼人、発行銀行にディスクレがある船積書類が送付されてきても、代金支払いの承諾を依頼するものなので、比較的大きなディスクレであっても買取りを行ってもらえるという利点がある。

15. ケーブル・ネゴには、解釈に曖昧な点があるため、いったん輸入者側の承諾があっても、のちに支払拒否となる可能性がある。

16. L/Gネゴは買取銀行の承諾を得て船積書類の買取りを実行するものなので、比較的大きなディスクレであっても買取りを行ってもらえるという利点がある。

17. L/Gネゴによる買取りを行った買取銀行は、現実の商品に瑕疵があった場合には、その瑕疵に対して輸出者に連帯して責任を負う。

18. 取立扱い（Approval扱い）となった場合、輸出者はL/Cのメリットを享受できず、資金繰りが厳しくなる可能性がある。

19. 船積書類がL/C条件に合致して買取りが行われても、輸入者が受領した商品の品質が契約と違うことを理由に、L/C発行銀行に支払拒否をした場合には、L/C発行銀行は買取銀行に代金の返還を求め、買取銀行は輸出者に償還請求をする。

問題2 次は、ディスクレの内容、およびそれに対する対処法についての記述である。これらが意味しているものを、次の枠内の（A）〜（J）からそれぞれ選びなさい。

1. 手形金額が信用状金額を超過していることを理由としたディスクレ。

2. 船積みされた商品が、L/C条件よりも少ないことを理由としたディスクレ。

3. 船積日がL/C条件の船積期限より遅いことを理由としたディスクレ。

4. 輸出者の輸出地銀行への船積書類提示が、L/C条件の船積書類提示期限より遅いことを理由としたディスクレ。

5. 輸出者の輸出地銀行への船積書類提示が、L/C 有効期限よりも遅いことを理由としたディスクレ。

6. 輸出者の輸出地銀行への B/L 提示が、B/L 発行後 21 日を超過していることを理由としたディスクレ。

7. ディスクレの状態に L/C 条件を合わせるため、ディスクレ内容を発行依頼人に連絡してアメンドを依頼するもの。

8. 輸出地の買取銀行経由で、発行依頼人、発行銀行にディスクレ内容を連絡し、このディスクレがある船積書類が送付されてきても、代金支払いの承諾を依頼する方法。

9. ディスクレに対し、輸出者が買取銀行に「輸入地での支払拒否があった場合には、買い取った為替手形を輸出者が買い戻す」と約した「保証状」を差し入れて、手形の買取りをしてもらう方法。

10. ディスクレに対し、輸出地銀行では手形の買取りを行わず、輸入地に船積書類を送ったうえで、買取りをするかどうかを判断してもらう方法。

（A）Over Drawing （B）取立扱い （C）ケーブル・ネゴ
（D）Late Presentation （E）L/C expired （F）Short Shipment
（G）L/G ネゴ （H）Stale Bill of Lading （I）Amendment
（J）Late Shipment

Day7

❷⑥ 輸出代金決済（2）―L／C決済―

225

問題3 次は、L/C付荷為替手形決済の場合の為替手形である。(1)〜(9)に記載すべき事項は何かを、下の枠内の(A)〜(L)から選びなさい。

Bill of Exchange

No. 手形番号   Place and Date: 手形振出地、振出日

For 手形金額（数字）

At ___(1)___ sight of this FIRST Bill of Exchange (SECOND of the same tenor and date being unpaid) Pay to ___(2)___ or order

The sum of ___(3)___

Value received and charge the same to account of ___(4)___

Drawn under ___(5)___

Irrevocable L/C No. ___(6)___ dated ___(7)___

To ___(8)___   (9)
___(Signature)___

(A) 手形期限　(B) 手形金額　(C) 手形番号　(D) 手形振出日
(E) 船積書類引渡方法　　(F) L/C番号　　(G) L/C発行日
(H) L/C有効期限　　(I) 輸出地銀行（買取銀行）
(J) 輸出者（受益者）　　(K) 輸入者（発行依頼人）
(L) 輸入地銀行（信用状発行銀行）

正答 & 解説

問題1

正答

1. ○ 2. ○ 3. × 4. ○ 5. × 6. × 7. ×
8. × 9. × 10. ○ 11. × 12. × 13. ○ 14. ○
15. ○ 16. × 17. × 18. ○ 19. ×

解説

1. **記述のとおり。**L/C原本を輸出者が保管している場合は、輸出地銀行に提示する。なお、L/C原本が銀行に保管されている場合もある。

2. **記述のとおり。**信用状付輸出手形買取依頼書という。

3. 輸出地銀行は買取銀行と呼ばれるが、輸入地銀行はL/C発行銀行（発行銀行）である。

5. 買取銀行指定L/C（Restricted L/C）では、原則として指定された銀行に買取書類を持ち込む。しかし、この指定銀行は、正しくは発行銀行からの代金支払先としての指定であるため、指定銀行以外の銀行が買取りをし、さらに指定銀行に持ち込むことで買取りをしてもらうこともできる。ただし、その場合には手数料（手形割引料）が徴収されるため、輸出者としてはコストがかかる。

6. L/C決済における為替手形の名宛人（＝支払人）は、発行銀行である。これは、買取依頼書も同じである。

7. L/C決済であっても、為替手形の作成通数は2通である。

8. L/C決済での輸出者への輸出代金支払いのタイミングは、原則として買取銀行で買取りが実行されたときである。

9. L/C決済では、輸出地銀行は買取実行前に荷為替手形がL/C条件を満たしているかを審査する。

11. L/C条件に合致しているかどうかは、銀行に持ち込まれた書類の内容でのみ判断され、実際の貨物の状態がどうであるかは考慮されない。これを書類取引の原則（書類取引性）という。

12. 手形金額が信用状金額を超過していれば、「Over Drawing」というディスクレとなるが、過少であることは問題とならない。実際、信用状金額は取引金額ちょうどではなく、少し多めに繰り上げたキリのよい数

227

字にすることが多い。
13. **記述のとおり。アメンド**は、**ディスクレ**の内容に応じた条件変更の発行依頼人、発行銀行の同意であるので、後でトラブルになる可能性がない。
15. **記述のとおり。ケーブル・ネゴ**は、信用状統一規則にもその扱いについての決まりがない。そのため、輸入者側からの承諾があったとしても買取義務や支払義務が生じないため、支払拒否となる可能性が残る。
16. **L/G ネゴ**は、輸入者側にディスクレの内容を知らせずに、輸出地で買取りが実行されるものである。そのため、買取銀行としては、輸入地側から支払拒否される可能性があるので、大きなディスクレがある場合には買取りを行わない。
17. L/G は、輸出者－買取銀行間の約束でしかないため、輸入者側から支払拒否される可能性がある。L/G は、「輸出地銀行が荷為替手形の買取りを行うが、輸入者側から支払拒否があった場合には、輸出者が買い戻す（返金する）」ことを約して差し入れるものである。つまり、買取銀行は連帯責任を負っているわけではなく、全面的に輸出者が責任を負う。
19. L/C は、売買契約や付随の他の契約から完全に独立して取引されることとなっている。設問のように、L/C 条件を充足していれば、この原則において、L/C 取引自体には問題がない。書類上では見つからなかった品質相違などのトラブルがあれば、輸出者－輸入者間で解決するべきものとされており、L/C 当事者としては関知しないこととなっている。これを**独立抽象の原則**という。

L/C 決済における輸出代金決済
・L/C 決済で関係する銀行のそれぞれの呼称に注意。
・L/C 決済では、輸出地銀行に船積書類と為替手形（荷為替手形）を持ち込む。
・輸出地銀行は L/C 条件と荷為替手形の内容との一致を審査し、一致した場合のみ手形の買取りをする。
・L/C 条件と荷為替手形の内容が一致しないと、「ディスクレ」となる。

問題2

▲正答 1.(A) 2.(F) 3.(J) 4.(D) 5.(E) 6.(H)
7.(I) 8.(C) 9.(G) 10.(B)

解説

設問の1～6がディスクレの理由、7～10がディスクレの対処法である。
ディスクレがあった場合、輸出地銀行よりその理由とともに通知されるので、どのような内容なのかを理解することは重要である。

ディスクレとなった場合
・主なディスクレの内容（理由）を理解すること。
・ディスクレへの対処法には「書類の修正・訂正・再作成」、「L/C条件の変更」、「ケーブル・ネゴ」、「L/G ネゴ」、「取立扱い」があり、とった方法によって輸入者側からの拒否の可能性が違う。

問題3

▲正答 1.(A) 2.(I) 3.(B) 4.(K) 5.(L) 6.(F) 7.(G)
8.(L) 9.(J)

解説

(2) は**受取人**、(8) は**名宛人**（Drawee）＝支払人、(9) は**振出人**（Drawer）と呼ばれる。L/C 無荷為替手形決済の場合との違いに注意。

L/C 決済の為替手形には通常、**対価文言**や **L/C に関する情報**が記載されている。これは「任意記載事項」と呼ばれるもので、記載すればその効果が認められるが、記載しなければ効果が生じないものである。

(1) の**手形期限**欄は、一覧払いのときには「×××」として空欄を埋める。

(3) の**手形金額**は数字ではなく、英語で記載する。

為替手形と買取依頼書

◆為替手形
・為替手形の受取人は買取銀行、名宛人はL/C発行銀行となる。
・名宛人が請求するべき先として発行依頼人を、またL/C発行銀行、L/C番号、発行日を記載する。

◆信用状付輸出手形買取依頼書
・通常は、外国為替取扱銀行であれば、どこに買取依頼しても構わない。
・Restricted L/Cの場合、原則として指定銀行に買取依頼をする。

エスクローサービスを利用した決済

　貿易で利用される決済方法には、為替を使わない（銀行を経由しない）ものもあります。

　その代表的なものが「Cash on Delivery（C.O.D.）」、つまり「代金引換え（代引き）」です。日本国内の通販でも一部で使えますが、配達人に代金を支払うのと引換えに商品の引渡しを受けるものです。

　配送と決済が一体で機能しなくてはならないため、貿易取引ではあまり一般的ではありません。しかし、運送会社と提携した海外通販の場合や、消費者向けの通販を行う企業がビジネスベースの取引でも使うことがあります。

　※C.O.D.には「現地での現金購入（現金払い）」という意味もあります。

　また、ITを活用した新しい決済方法として「PayPal」に代表される「エスクローサービス（第三者預託）」が挙げられます。エスクローサービスとは、エスクロー事業者が売手と買手の決済を仲介するもので、以下のような手順となります。

　①エスクロー事業者が、買手（輸入者）から代金を預かる。
　②売手（輸出者）が買手に商品を配送した旨を、エスクロー

事業者に通知する。

③エスクロー事業者は、配送完了を確認し、代金を売手に送金する。

※エスクローサービスの利用料は通常、買手が支払います。

エスクローの利用は、まだ日本企業の貿易取引では一般化していませんが、小口決済の場合を中心に、取引先から提案や要求をされてくることもあるようです。しかし、代金を経由させるエスクロー事業者の信頼性について日本ではまだ確認しづらいので、よく考えて利用してください。

【参考】
・PayPal
　https://www.paypal.jp/
・アリペイ
　https://taobao-support.net/aripei/

代金決済と船積書類の入手の関係を理解しよう！　　→ テキスト P.211 ～

㉗ 輸入代金決済と貨物の引取り（1）
― 通常の場合 ―

問題1　次は、輸入地に到着した船積書類の引取手続きについての記述である。正しいものには○、誤っているものには×をつけなさい。

1. 船積書類が送付されてきた輸入地銀行は、輸入者に対して「着船通知書（Arrival Notice）」を送付する。

2. 送金決済の場合、銀行が用意している「外国送金依頼書」によって、輸出者への送金依頼をする。

3. 後払い送金決済の場合、輸入地銀行は輸入者が代金を支払い次第、当該書類を輸入者に引き渡す。

4. 一覧払D/P手形の場合、輸入者はその手形に対して支払いを行うことで、船積書類の引渡しを受けることができる。

5. 期限付D/P手形の場合、輸入者はその手形の引受けを行うことで、船積書類の引渡しを受けることができる。

6. D/A手形の場合、輸入者は手形引受けの証として、為替手形に引き受けた旨、支払予定日とともにサインをすることで、船積書類の引渡しを受けることができる。

7. L/C決済の場合、送られてきた船積書類や為替手形にディスクレがあった場合は、L/C発行銀行は受取拒否する。

8. L/C決済の場合、船積書類や為替手形のチェックは発行銀行が行ってくれるため、輸入者は書類のチェックをする必要がない。

9. L/C無荷為替手形決済で、輸出地で買取扱いとなった場合、輸入地銀行には書類審査の義務があるが、取立扱いの場合には書類審査義務がなく、契約条件との一致について書類審査をしない。

10. 指図式B/Lの場合、通常、輸入地銀行はB/Lに「輸入者が指図した者」が荷受人となるように裏書きして輸入者に引き渡す。

11. B/Lが指図式である場合、通常、輸入地銀行はB/L以外のすべての

232

船積書類にも裏書をしてから輸入者に引き渡す。
12. 輸入者は、B/L を船会社に提示して D/R を発行してもらい、それを輸入港で提示することで貨物の引渡しを受けることができる。
13. 航空運送されてきた貨物を受け取るには、Air Waybill の航空会社への提示が必要であるため、輸入者は Air Waybill を航空会社や航空貨物代理店、航空混載業者に持ち込む。
14. 送金決済の場合に航空貨物を引き取る際には、航空会社や航空貨物代理店、航空混載業者に自らが Consignee であることを証明すれば、貨物を受け取ることができる。
15. 荷為替手形決済の場合に航空貨物を引き取る際には、輸入者は輸入地銀行に T/R を差し入れて Release Order に銀行の署名を取りつける必要がある。

問題2 次は、海上運送で荷為替手形決済（支払渡し）の場合の、原則的な貨物引取りのステップである。これらを時系列順に並べ替えなさい。

1. 輸入者が、輸入地銀行に代金を支払う。
2. 輸入者が、船会社に B/L を持ち込む。
3. 輸入者が、輸入港で荷渡指図書を提示する。
4. 輸入港で、輸入者に貨物が引き渡される。
5. 輸入地銀行が、輸入者に為替手形を呈示する。
6. 輸出地から輸入地銀行に、荷為替手形が送付されてくる。
7. 輸入地銀行から輸入者に、B/L（他の船積書類含む）が引き渡される。
8. 船会社から輸入者に、荷渡指図書が交付される。

問題3 次は、航空運送で荷為替手形決済（支払渡し）の場合の、原則的な貨物引取りのステップである。これらを時系列順に並べ替えなさい。

1. 空港（航空上屋など）で輸入者に貨物が引き渡される。
2. 航空会社や航空貨物代理店、航空混載業者が、輸入者に荷渡指図書を

交付する。

3. 輸入者が、輸入地銀行に代金を支払う。

4. 輸入者が、空港（航空上屋など）で荷渡指図書を提示する。

5. 輸出地から輸入地銀行に、荷為替手形が送付されてくる。

6. 輸入地銀行が、輸入者に為替手形を呈示する。

7. 輸入者が、航空会社や航空貨物代理店、航空混載業者に Release Order を提示する。

8. 輸入地銀行から輸入者に Release Order が交付され、あわせて他の船積書類も引き渡される。

正答 & 解説

問題1

正答
1. × 2. ○ 3. × 4. ○ 5. × 6. ○ 7. ○
8. × 9. × 10. ○ 11. × 12. × 13. × 14. ○
15. ×

解説

1. 輸入地銀行が送付してくるのは、**書類到着案内**（Arrival Notice of Shipping Documents）である。**着船通知書**（Arrival Notice）は、船会社から貨物の到着予定として送られてくるものである。

3. 送金決済の場合、船積書類は輸出者から輸入者に直送され、代金決済と船積書類の引渡しは連動しないのが一般的である。

5. D/P手形であるので、期限付きであっても船積書類の引渡しは代金決済後である。なお、代金決済は為替手形が呈示されたときでなく、手形期日に行われる。

7. **記述のとおり**。**ディスクレ**の有無のチェックは輸出地の買取銀行だけでなく、輸入地の発行銀行でも行われる。ここでディスクレが発見された場合も、支払拒否がされる。

8. 発行銀行は、ディスクレがないかのチェックを行うが、それでも見逃される場合もある。輸入者は自らの輸入案件であるという自覚を持って、「書類チェック最後の砦」としてチェックをすべきである。

9. L/C無決済の場合は、輸出地銀行での**買取扱い**、**取立扱い**の違いにかかわらず、輸入地銀行は取立てを行うだけである。そのため、自らはリスクを負わないので、書類チェックを行わない。なお、銀行としての「善良な管理者としての注意義務（**善管注意義務**）」はあるが、これは逆にいえば、業務上最低限度のチェックでよいことを意味する。

10、11. **指図式B/L**の場合、輸入地銀行はB/Lに「輸入者が指図した者」が荷受人となるように**裏書**をすることで、B/Lの紛失や盗難に備えるのが一般的である。しかし、それ以外の船積書類に裏書することはない（保険証券にも銀行の裏書は行われない）。

12. 「**D/R**（Dock Receipt）」は、輸出港で貨物の船積みの際に使われる（以

前は）書類である。貨物の引渡しのために船会社から発行されるのは「D/O（Delivery Order、荷渡指図書）」である。

13、14. Waybill は記名式であるので、貨物の引渡しを受ける（D/O の発行を受ける）ために、Waybill の持込みは必要とされない。ただし、実務上は Consignee 本人であることの証明のために、Waybill（もしくはそのコピー）を、その他の証明書類とともに持ち込むことはよく行われている。

15. 輸入地銀行に T/R（輸入担保荷物保管証、Trust Receipt）を差し入れる必要があるのは、船積書類未着（代金決済前）のときに貨物を引き取りたい場合（❷❽輸入代金決済と貨物の引取り(2)—船積書類未着の場合—／参照）、または輸入金融として本邦ローンを利用する場合（❸❺貿易金融／参照）である。代金決済をして Release Order を発行してもらう場合には、T/R の差入れをする必要はない。

輸入代金決済の流れ
- L/C 決済では発行銀行から、L/C 無決済では取立銀行から、輸入者に対して為替手形が呈示される。
- D/P 手形では輸入者が支払えば、D/A 手形では輸入者が引受けをすれば、船積書類が引き渡される。

問題2

▲正答　6. → 5. → 1. → 7. → 2. → 8. → 3. → 4.

解説

設問では支払渡し（D/P）であるので、代金支払（Payment）後に B/L などの船積書類を引き渡す流れ（1. → 7.）になっている。これが引受渡し（D/A）であれば、代金の支払いの代わりに引受け（Acceptance）をすれば、B/L などの船積書類の引渡しをしてもらえる。D/A 手形の手形期日は通常、30 日単位の将来であるので、実際の代金支払いは貨物の引渡しよりも相当後になるのが一般的である。

問題3

正答　5. → 6. → 3. → 8. → 7. → 2. → 4. → 1.

解説

荷為替手形決済で航空運送の場合は、WaybillのConsigneeは輸入地銀行となっているのが一般的であるので、B/LのようにWaybillを引き渡されても、それで貨物の引渡しを受けることはできない。その代わりに、Consigneeである輸入地銀行が「この人に貨物を引き渡すように」と、航空会社や航空貨物代理店、航空混載業者に指示する「Release Order（R/O）」を輸入者に交付することとなる。

R/Oのフォームは通常、航空会社や航空貨物代理店、航空混載業者が用意しているものを使う。なお、航空混載業者のうち、輸入者のところまで配送（Delivery）をしてくれる運送業者を使っている場合には、輸入者は空港（航空上屋など）まで貨物を取りに行く必要はなく、配送先を指示（変更指示）するだけとなる。この場合、D/Oの発行が行われない場合もある。

運送手段と輸入貨物の引渡し

- B/Lの場合、輸入者はB/Lを船会社に提示してD/Oの交付を受け、それによって港で貨物の引渡しを受ける。
- WaybillでConsigneeが輸入者自身である場合（送金決済の場合）、自分がConsignee本人と証明して貨物の引渡しを受けることができる。
- WaybillでConsigneeが輸入地銀行である場合（荷為替手形決済の場合）、輸入地銀行にRelease Order（R/O）を発行してもらい、それを船会社や航空会社、混載業者などに提示する。それによってD/Oの交付を受けて港、空港で貨物の引渡しを受けるか、混載業者であれば輸入者の指定した場所まで配送（Delivery）をしてもらう。

※なお海上貨物の場合、船会社とのやりとりや輸入港での貨物の引渡し作業は、実際には輸入者ではなく、輸入者の委託を受けた海貨業者が行うのが一般的。（次セクション、㉘輸入貨物代金決済と貨物の引取り（2）－船積書類未着の場合－も同じ）

船積書類が未着のケースが増加。しっかり理解しよう！ → テキスト P.216 〜

❷❽ 輸入代金決済と貨物の引取り（2）— 船積書類未着の場合 —

問題 1 次は、船積書類未着の場合の貨物引取りについての記述である。正しいものには○、誤っているものには×をつけなさい。

1. 貨物が輸入港に到着しているのに決済ができず、船積書類が入手できないために貨物の引渡しを受けることができない状況を、「船荷証券の危機」という。

2. 輸入者が着船通知書より書類到着案内を先に受領した場合には、L/G による貨物引取りの必要はない。

3. 航空運送で船積書類が未着の場合には、L/G を航空会社や航空貨物代理店に差し入れて貨物の引渡しを受ける。

4. Waybill が未着の場合、輸入地銀行が輸入者に「貨物の貸し渡しをする」という形を取るため、輸入者はその依頼をする T/R を輸入地銀行に差し入れる。

5. L/G で輸入者は、輸入地銀行に船積書類が到着したら必ず代金決済をすることを約している。

6. 輸入者は、L/G に輸入地銀行の連帯保証をもらったうえで、船会社に差し入れる。

7. L/G や T/R によって貨物を引き取ろうとする場合、輸入者は銀行に、「輸入担保荷物引取保証に対する差入証」と、船積書類到着後の決済期日を支払日とした「約束手形」を差し入れる。

8. L/G によって貨物の引渡しを受けた場合、のちに輸入地に到着した船積書類に含まれる B/L は輸入者が保管しておくものである。

9. L/G による貨物引取りに対して輸入地銀行は、L/G への連帯保証の期間に応じて保証料を徴収する。

10. 輸入者は、L/G や T/R による保証期間に応じて、銀行に保証料を支払わないと貨物の引取りができない。

11. L/G を差し入れて貨物を引き取った場合、後で送られてきた船積書類にディスクレがあっても輸入者は支払拒否ができない。

12. T/R を差し入れて貨物を引き取った場合、後で送られてきた船積書類にディスクレがあっても輸入者は支払拒否ができない。

13. L/G による貨物引渡しが予測される場合には、輸出者に船積書類一式のコピーを FAX するように求めるべきである。

14. L/G が保証している損害の範囲は、船会社に損害が発生した場合の貨物の価額を上限とした損害額全額である。

15. L/G や T/R による貨物引取りは、原則として L/C 決済の場合にしか認めてもらえない。

問題2 次は、海上運送で荷為替手形決済（一覧払い）の場合の、船積書類が未着であったときの貨物引取手続きのステップである。これらを時系列順に並べ替えなさい。

1. 輸入者から船会社に L/G を差し入れる。

2. 輸入地銀行から輸入者に為替手形が呈示され、輸入者は輸入地銀行に代金を支払う。

3. 船会社から輸入者に L/G が返却される。

4. 輸入地銀行が輸入者の与信審査を行った上で、L/G に連帯保証人としてのサインをして返却する。

5. 輸入港で輸入者に貨物が引き渡される。

6. 輸入地銀行が輸入者に、B/L（他の船積書類含む）を引き渡す。

7. 輸出地から輸入地銀行に荷為替手形が送付されてくる。

8. 輸入者から輸入地銀行に L/G を提示し、銀行に保証解除をしてもらう。

9. 輸入者から輸入地銀行に L/G を提示するとともに、「輸入担保荷物引取保証に対する差入証」と「約束手形」を差し入れる。

10. 船会社から輸入者に D/O が交付される。

11. 輸入者が船会社に B/L を持ち込む。

240

> 問題3　次は、航空運送で荷為替手形決済（一覧払い）の場合の、船積書類が未着状態での貨物引取手続きのステップである。これらを時系列順に並べ替えなさい。

1. 銀行から輸入者にRelease Orderが交付される。
2. 航空会社や航空貨物代理店、航空混載業者から、輸入者にD/Oが交付される。
3. 輸入者が輸入地銀行に、T/Rと「約束手形」を差し入れる。
4. 輸入地銀行から輸入者に為替手形が呈示され、輸入者は輸入地銀行に代金を支払う。
5. 輸出地から輸入地銀行に荷為替手形が送付されてくる。
6. 空港（航空上屋など）で輸入者に貨物が引き渡される。
7. 輸入者が、航空会社や航空貨物代理店、航空混載業者にRelease Orderを提示する。
8. 輸入地銀行が、輸入者の与信審査を行う。
9. 輸入地銀行が、輸入者に船積書類を引き渡す。

▲正答 & 解説

問題1

▲正答 1. ○ 2. ○ 3. × 4. ○ 5. × 6. ○ 7. ×
8. × 9. ○ 10. × 11. ○ 12. ○ 13. ○ 14. ×
15. ○

解説

2. **記述のとおり**。**書類到着案内**が先に着いたということは、貨物到着前に決済と船積書類の引渡しができるということなので、L/G による貨物引取りの必要はない。

3. **Air Waybill**、**Sea Waybill** といった運送状は**記名式**であるため、B/L のように第三者が対抗して登場してくることはあり得ない。そのため、運送人に対して L/G を差し入れる必要がない。

4. **記述のとおり**。3 の解説のように、運送人に **L/G** を差し入れる必要はないが、銀行に対しては為替手形未着＝決済前であるため、「貨物の貸し渡し」の依頼をするという意味で、**T/R** の差し入れをしなければならない。

5. L/G は船会社に対して、B/L 無しでの貨物引渡しを依頼するものなので、決済とは直接関係がない。設問のことを約しているのは、輸入地銀行に差し入れる**輸入担保荷物引取保証に対する差入証**である。

6. **記述のとおり**。L/G のフォームは船会社が用意しているので、それを使うのが一般的である。

7. L/G で貨物を引き取ろうとする場合には、**輸入担保荷物引取保証に対する差入証**と**約束手形**を差し入れる。しかし、T/R で貨物を引き取ろうとする場合には、**T/R** と**約束手形**を差し入れる。なお、T/R は**輸入担保荷物保管証**のことで、航空貨物を引き取る場合のものは、とくに **Air T/R** と呼ばれる。

8. 輸入者が決済をして入手した B/L は、船会社に持ち込む必要がある。L/G では、「B/L を必ず船会社に提出する」ことも約しているためである。B/L の提出に対して、船会社は L/G を輸入者に返却する。

9. **記述のとおり**。**保証料**の算出基準となる期間は、輸入地銀行が L/G

242

に対して**連帯保証**を開始したときから、輸入地銀行に L/G を提示して**保証解除**をしてもらうまでである。

10. 貨物の引取りは船積書類到着前であり、保証料の支払いは船積書類が到着した後に保証解除を行う際である。よって、保証料の支払いが貨物の引取りよりも先になることはあり得ない。

11、12. **記述のとおり**。L/G、T/R、いずれの場合もこれによって貨物の引取りを行った場合には、後に到着した船積書類にディスクレがあったとしても、決済を行わなければならないことになっている。また、貨物に瑕疵があった場合でも引取拒否はできないことになっている。

13. **記述のとおり**。上の 11、12 の解説のとおり、L/G や T/R で貨物を引き取った場合には、ディスクレがあっても支払拒否や引取拒否ができない。そのため、輸入者は船積書類一式を FAX で送ってもらい、L/G や T/R で貨物を引き取っても問題がないことを事前に確認するべきである。

14. L/G で貨物の引取りをした場合、会社の損害に対する補償は「無限度・無期限」である。貨物そのものの損害だけでなく、訴訟費用、損害賠償金、金利なども対象となる。

15. **記述のとおり**。原則として L/G や T/R による貨物引渡しができるのは、L/C 決済のときのみである。L/C 無しの場合、輸入地銀行は単なる取立銀行であり、支払いの担保として貨物に権利を持っているわけではないためである。ただし、実務的には L/C 無しの場合でも、輸入者の信用状態や取引の内容によって対応している。

Point

B/L が未着の場合

◆ B/L 入手と代金決済の関係

・輸入者は、船会社に L/G を差し入れ、貨物を引き取る。

・L/G には通常、銀行の連帯保証を付ける。

　※この際に、輸入者が銀行に差し入れる書類を理解すること。

・代金決済後、B/L を船会社に提示し、L/G を返却してもらう。

・L/G で貨物を引き取る場合には、期間に応じて連帯保証をした銀行から保証料が徴収される。

・貨物引取後、荷為替手形が到着したら必ず輸入決済をしなければならないことになっている。後に到着した船積書類や為替手形にディスクレがあったとしても、支払・引取拒否はできない。

◆ L/G の性質

・L/G で引取りをした場合、会社の損害に対する補償は「無限度・無期限」。貨物そのものの損害だけでなく、訴訟費用、損害賠償金、金利なども対象。

・船会社から輸入地銀行への損害賠償は全部、輸入者が保証することになっている。

問題2

正答　9. → 4. → 1. → 10. → 5. → 7. → 2. → 6. → 11. → 3. → 8.

解説

　5 までが船積書類到着前、7 からが船積書類到着後の手続きである。設問は一覧払いの場合であるが、期限払いの場合は、代金の支払いは船積書類入手後の手形期日になる。

問題3

▲正答 　3. → 8. → 1. → 7. → 2. → 6. → 5. → 4. → 9.

解説

　Waybill は流通性がなく記名式であるため、記名された Consignee である輸入地銀行が輸入者に荷渡しするように、Release Order で指示すればそれで済む。そのため、運送人は他の第三者から引渡し請求を受ける可能性がなく、L/G のような保証が不要になる。

　一方、Consignee である輸入地銀行は、輸入者が代金決済をするまでは、輸入者に対して貨物を「貸渡し」するという立場で、担保権を確保している。つまり、T/R による貨物の引渡しは、輸入地銀行−輸入者の関係であって、運送人とは関係がない。

　なお、貸し渡すだけでは、輸入者はその貨物（商品）を「販売できない＝代金回収ができない」ため、T/R では販売（処分）まで認めている。本来、貨物は代金支払いに対する担保であるにもかかわらず、銀行は先に引渡していることになり、これを譲渡担保という。

Waybill が未着の場合
- 輸入者は、輸入地銀行に T/R（航空貨物の場合は Air T/R）を差し入れて、Release Order の発行を受ける。
  ※ T/R とともに輸入者が銀行に差し入れる書類を理解すること。
- T/R は、輸入地銀行が輸入者に「貨物を貸し渡す」形になっている。
- 運送会社への保証は行っていないため、代金決済後の運送会社への手続きは不要。

ホット・デリバリー・サービス（HDS）

　近年、貿易取引では運送に係る「時間」の要素が、非常に重要になってきています。生鮮食品の鮮度確保はもちろんのこと、Just in Time 納品が求められる中で、どこの時間をどのようにしたら削れるかが課題になっているわけです。

　そういった中、近年、コンテナ海上運送で登場したサービスが「ホット・デリバリー・サービス（HDS）」です。これは、中国航路を中心としたコンテナ船において、「輸入地での荷降しを優先的にするサービス」です。HDS を利用することによって、従来は着船の翌日を見込んでいた荷降し（海貨業者への引渡し）までの時間が、当日（2時間後程度）に短縮されます。また、輸出地でも、通関済みのものであれば、出港直前（2時間前程度）にコンテナ・ターミナルへの搬入ができることもあわせたサービスになっています。

　仕組みとしては、コンテナ船に積まれているコンテナのうち、荷降し作業が早く行われる最上面に置くというものです。HDS で先に荷降しするコンテナが決まっているわけですから、船会社側は本船へのコンテナ積付計画において配慮しなくてはいけません。とくに定期船は複数の港に寄港することが多いので、効率的な荷役作業のためには、積付計画は綿密に行われています。そのため、コンテナ搬入は直前でよくても、HDS の申込みは事前に行っておかなければならないということに注意してください。

　HDS サービスの利用には、別料金（原則として成功報酬）がかかりますが、利用を検討する価値はあると思います。詳細は、海貨業者や船会社に相談するのがよいでしょう。

Day 8

輸入通関と荷受け作業

項 目 名	重要度
㉙ 荷降し（荷受け）作業	★★★
㉚ 輸入通関	★★★★★
㉛ 輸出／輸入決済の為替レート	★★★★

コンテナ船と在来船、航空運送、それぞれの流れを把握しよう。　→ テキスト P.226 ～

❷❾ 荷降し（荷受け）作業

問題1　次は、輸入されてきた貨物の荷降し作業についての記述である。正しいものには○、誤っているものには×をつけなさい（輸入者は、海貨業者に荷降し作業を依頼している前提で考えること）。

1. 運送されている貨物の到着が間近になると、船会社から輸入者に「Delivery Order（D/O）」が送られてくる。
2. 輸入者は、「輸入作業依頼書」で海貨業者に荷降し作業を依頼するが、このとき、通関業務も依頼するのが一般的である。
3. コンテナ貨物の場合、船会社は船長宛てのD/Oを輸入者に交付する。
4. FCL貨物は通常、CYに陸揚げされた後、CFSを経由せずに海貨業者に引き取られる。
5. FCL貨物の場合、海貨業者は貨物とともに輸入許可書とDevanning Reportを輸入者に引き渡す。
6. FCL貨物では、CYに陸揚げされた時点でコンテナのシールが開封され、中の貨物の確認が行われる。
7. LCL貨物の入ったコンテナはCFSでDevanningされ、個々の荷主宛てに仕分けられる。
8. LCL貨物ではDevanning時に、検数人がDevanning Reportを作成する。
9. LCL貨物の場合、Devanning Reportには船会社側、輸入者側の双方が内容を確認してサインする。
10. LCL貨物の場合、海貨業者は貨物とともに輸入許可書とDevanning Reportを輸入者に引き渡す。
11. 在来船の荷降し作業において、小口貨物のものを「自家揚げ」、大口貨物のものを「総揚げ」という。
12. 在来船の場合、船会社からのD/Oは、総揚げする貨物の場合は荷揚

248

代理人宛て、自家揚げする貨物の場合は本船船長宛てとなっている。

13. 自家揚げ貨物である場合、荷降し時に船会社側と輸入者側による検数は行われない。

14. 自家揚げ貨物の場合、貨物とともに Devanning Report が海貨業者に引き渡される。

15. 総揚げ貨物は、本船から陸揚げされた後、荷揚代理店（Landing Agent）の倉庫で、検数人による貨物の確認を受ける。

16. 総揚げ貨物の場合、本船の一等航海士が Tally Sheet をもとに、「Boat Note（貨物受渡書）」を作成する。

17. 自家揚げ貨物、総揚げ貨物のいずれの場合も、海貨業者は貨物の受取りを証して、船会社に Boat Note を提出する。

18. 総揚げ貨物の場合、貨物とともに Devanning Report が海貨業者に引き渡される。

問題2 次は、LCL 貨物の場合の、荷降しの手続きのステップである。これらを時系列順に並べ替えなさい（輸入者は、海貨業者に荷降し作業を依頼している前提で考えること）。

1. 海貨業者が CFSO に、D/O を提出する。

2. 検数人が、貨物の状況を確認して Devanning Report を作成し、それに船会社側、輸入者側の双方がチェックのうえ、サインをする。

3. コンテナが Devanning され、個々の荷主（輸入者）宛てに仕分けられる。

4. 海貨業者が、船会社から D/O の交付を受ける。

5. コンテナが本船から CY に陸揚げされ、CYO に引き渡される。

6. コンテナが CY から CFS に搬入され、CFSO に引き渡される。

7. CFSO から海貨業者に、貨物と Devanning Report が引き渡される。

8. 海貨業者が貨物と Devanning Report、輸入許可書を輸入者に引き渡す。

> **問題3** 次は、在来船で総揚げ貨物の場合の、荷降しの手続きのステップである。これらを時系列順に並べ替えなさい（輸入者は、海貨業者に荷降し作業を依頼している前提で考えること）。

1. 本船より総揚げ貨物を陸揚げし、荷揚代理店の倉庫に搬入する。
2. 海貨業者が、船会社から D/O の交付を受ける。
3. 船会社側、輸入者側双方の検数人が検数を行う。
4. 貨物と Boat Note が、海貨業者に引き渡される。
5. 海貨業者が荷揚代理店に、D/O を提出する。
6. 荷揚代理店が、個々の荷主宛てに貨物を仕分けする。
7. 海貨業者が貨物と Boat Note、輸入許可書を輸入者に引き渡す。
8. 検数表をもとに Boat Note が作成され、それに船会社側、輸入者側の双方がチェックのうえ、サインをする。

> **問題4** 次は、航空貨物で、航空混載業者（利用航空運送事業者）を利用した場合の荷降しのステップである。これらを時系列順に並べ替えなさい。

1. 航空会社が、輸入地に到着したコンテナを航空機から降す。
2. 航空混載業者から輸入者に、貨物が引き渡される。
3. 航空混載業者が、航空会社から自社委託分の混載貨物を引き取って自社倉庫に持ち込む。
4. 航空混載業者が混載貨物を Devanning し、個々の輸入者宛てに貨物を仕分ける。
5. 輸入者が、自らが荷受人であることを証明する。

> **問題5** 次は、輸入時の貨物チェックとリマーク（Remark）についての記述である。正しいものには○、誤っているものには×をつけなさい。

1. 検数人は、荷受人が検品・検数した結果を聞き取り、検数結果から

Devanning Report や Boat Note を作成する。

2. LCL 貨物の Devanning Report は、検数人が作成し、船会社側として CFSO が、輸入者側として海貨業者がサインをする。

3. 在来船で運送された貨物に数量不足や損傷等の問題があった場合には、船卸票に「事故摘要（Remark）」が記載される。

4. Devanning Report の事故摘要欄に「Nil」と記載されていた場合、貨物が入っていなかったことを意味する。

5. Devanning Report の「Result Packages」欄には、検数人が数量チェックした結果が記載される。

6. B/L に Remark がなく、Devanning Report に Remark があるならば、その事故等は、必ず運送途上の事故によるものである。

7. FCL 貨物の場合、コンテナに外観上の破損などがないかを輸入者と CYO が確認し、「Devanning Report」にサインをする。

8. FCL 貨物の場合、輸入者が自ら開梱時に検数人や検査機関に検数を依頼し、Devanning Report や検査証明書を作成してもらうべきである。

9. Devanning Report や Boat Note は、クレーム提起や保険求償のための重要な証拠書類である。

251

▲ 正答 & 解説

問題1

▲ 正答

1. ×	2. ○	3. ×	4. ○	5. ×	6. ×	7. ○
8. ○	9. ○	10. ○	11. ×	12. ○	13. ×	14. ×
15. ○	16. ×	17. ×	18. ×			

解説

1. 船会社から貨物の到着予告として送られてくるのは、**着船通知書**（**Arrival Notice**、**A/N**）である。

2. **記述のとおり**。日本では、**海貨業者**は**通関業者**を兼ねていることがほとんどなので、荷降し作業と通関業務の依頼を一緒にするのが多く、**輸入作業依頼書**にも通関作業に関する事項が含まれていることがほとんどである。

3. コンテナ貨物の場合、D/O の宛て先は **FCL 貨物**では **CYO**、**LCL 貨物**では **CFSO** となっている。

4、7. **記述のとおり**。コンテナ貨物の場合、すべてのコンテナは CY に持ち込まれ、そこで FCL 貨物と LCL 貨物に仕分けられる。FCL 貨物はそのまま海貨業者に引き取られ、LCL 貨物は CFS に持ち込まれて、個々の荷主宛てに仕分けられる。

5、6. FCL 貨物は通常、CY では **Devanning** されない。つまり、**シール**も開封されない。Devanning されないので、**Devanning Report** も作成されない。その代わり、コンテナに外観上の破損などがないかを輸入者側（海貨業者）と CYO が確認し、**機器受渡証**（**Equipment Interchange Receipt**、**EIR**、**E/R out**）にサインをする。

8、9. **記述のとおり**。LCL 貨物は CFS で仕分けされるときに、貨物の検数作業が行われる。その結果は Devanning Report に記載され、船会社側（CFSO）、輸入者側（海貨業者）の双方がサインをする。

10. **記述のとおり**。LCL 貨物で輸入者に引き渡されるのは、貨物と Devanning Report および輸入許可書である。

11. 小口貨物のものを**総揚げ**（**Shed Delivery**）、大口貨物のものを**自家揚げ**（**直揚げ**、**Shipside Delivery**）という。

13. FCL 貨物と違い、自家揚げ貨物の場合は荷降し時に船会社側と輸入者側の検数人が検数をし、検数表をもとにして**貨物受渡書**（**船卸票**、**Boat Note**）が作成される。
14. Devanning Report ではなく、Boat Note が引き渡される。
15、16. 総揚げ貨物の場合は、**荷揚代理店**で個々の荷主宛てに仕分けられ、海貨業者に引き渡される際に、本船側と輸入者側双方の検数人が検数を行い、「Boat Note」にサインする。
17. Boat Note を海貨業者が船会社に提出することはない。Boat Note はあくまでも、本船に対する貨物の受渡しと、引渡し時点の貨物の状態を証するものである。
18. 総揚げ貨物の場合も、自家揚げ貨物の場合も、海貨業者に引き渡されるのは貨物と Boat Note である。海貨業者は、これに輸入許可書を加えて輸入者に引き渡す。

荷降し作業
- 到着が近くなると、船会社から輸入者に A/N が送られてくる。
- 輸入者は、海貨業者に荷降し作業と通関業務を依頼するため、「輸入作業依頼書」を提出する。
- 海貨業者に、B/L と輸入通関に必要な船積書類を預けるのが一般的（B/L から D/O への引換えから海貨業者に依頼することも多い）。
- コンテナ船、在来船それぞれで作業をする業者等（CYO、CFSO、ステベドア、荷揚代理店、検数人など）を理解しよう。

問題2

正答　4. → 5. → 6. → 3. → 1. → 2. → 7. → 8.

解説

　実務上のタイミングとしては、前後するものもあるが、おおむねこのような流れとなる。なお、8 の輸入者への貨物の引渡しの前（実際には、保税地域からの搬出の前）に、税関に輸入申告をして輸入許可を受けて

いるのが一般的である（㉚輸入通関／参照）。

なお、FCL 貨物の場合は、6. のステップがなく、1. の D/O 提出先は CYO となる。また、Devanning されないので、Devanning Report が作成されることはなく、実入りコンテナが海貨業者に引き渡される。FCL コンテナはコンテナ・ターミナルの出口（ゲート）で外観のチェックを受け、その時点での状態が E/R out（EIR）に記載されて輸入者に引き渡される。

コンテナ船からの荷降し作業
- D/O の宛て先は、FCL 貨物は CYO、LCL 貨物は CFSO。
- FCL 貨物では、実入りコンテナが輸入者に引き渡される。同時に、コンテナの状態を記した「E/R out」に輸入者と CYO がサインをする。
- LCL 貨物は、CFS で Devanning され、仕分けされた貨物が輸入者に引き渡される。同時に、貨物の状態を記した「Devanning Report」に輸入者と船会社がサインをする。

問題3

正答 2. → 1. → 6. → 5. → 3. → 8. → 4. → 7.

解説

実務上のタイミングとしては、前後するものもあるが、おおむねこのような流れとなる。なお、7 の輸入者への貨物の引渡しの前（実際には、保税地域からの搬出の前）に、税関に輸入申告をして輸入許可を受けているのが一般的である（㉚輸入通関／参照）。

また、自家揚げ貨物の場合は、**荷揚代理店**の倉庫に搬入されず（また仕分けもされず）、本船にて引渡しとなるが、検数と Boat Note の作成は行われ、輸入者には Boat Note も引き渡される。

在来船からの荷降し作業
- 在来船の荷降しには、自家揚げ（直揚げ）と総揚げがある。
- D/Oの宛て先は、自家揚げは本船船長、総揚げは荷揚代理店。
- 自家揚げでは本船上で引渡しが行われ、総揚げでは陸揚げ後の荷揚代理店の倉庫で引渡しが行われる。
- 自家揚げ、総揚げのいずれについても、本船側と輸入者側双方の検数人が検数を行い、「Boat Note」にサインする。

問題4

 1. → 3. → 4. → 5. → 2.

解説

　航空混載業者を利用している場合、2の航空混載業者から輸入者への貨物の引渡しは、航空混載業者の拠点で行われるだけでなく、輸入者のもとに配送（Delivery）される場合もある。

航空貨物の荷降し作業
- 大口貨物の場合
  - … 航空会社の倉庫に運ばれる。輸入者（荷主）は航空会社か、航空会社の代理店にAWBかRelease Orderを提示して貨物の引渡しを受ける。
- 小口貨物の場合
  - … 航空混載業者の倉庫に運ばれ、そこで輸入者（荷主）ごとにDevanningされる。荷主は航空混載業者にAWBかRelease Orderを提示して貨物の引渡しを受ける（配送されることもある）。

問題5

 1. ×　2. ○　3. ○　4. ×　5. ○　6. ×　7. ×　8. ○　9. ○

解説

1. **検数人**は、自ら検数をする。船会社側や輸入者側から結果を聴取しただけで、Devanning Report や Boat Note を作成するわけではない。
3. **記述のとおり**。なお、コンテナ船の場合は、Devanning Report に Remark が記載される。
4. 「Nil」とは記載事項なし、つまり問題はないという意味である。
5. **記述のとおり**。「Packages」欄には CLP に記載されている梱包数、「Result Packages」欄には検数人が数量チェックした結果が記載される。この両者に差があれば、数量に関して問題があることになる。
6. B/L に Remark がない場合であっても、それは輸出地で L/I によって Remark が消されたものである可能性がある。よって、B/L に Remark がないからといって、必ずしも船積前には問題がなく、運送途上の事故であったとはいい切れない。
7. Devanning Report ではなく、機器受渡証（E/R out）である。
8. **記述のとおり**。FCL 貨物は実入りコンテナが輸入者に引き取られるため、船から降された時点で検数が行われていない。よって、貨物のチェックを行う場合には、輸入者自らが検数業者を手配することになる。義務ではないが、トラブルがあった場合の問題の切分けというリスク回避のためには重要である。

受領した貨物のチェックと Remark

- Devanning Report や Boat Note に Remark が記載されていたら、何らかの事故が発生していることを意味する。
  FCL 貨物の場合は、E/R out に記載されたコンテナの損傷状況も重要。
- Remark の記載内容は、今後の輸出者へのクレーム提起や、貨物保険の保険金請求のための重要な証拠となる。
- 記載漏れや間違いがないか、輸入者は十分に注意すること。

貨物の引取りは迅速に！

　コンテナ貨物で気をつける必要があるのが、貨物引取りやコンテナ本体の借受けにかかる期間です。

　すでに荷降しされたコンテナや貨物が滞留すると、CYやCFSが混雑し、他の貨物の引取りに支障を来たします。そうなると、コンテナ運送の迅速性を損なうことになります。その対策のため、FCL貨物の場合はコンテナをCYに、LCL貨物の場合は仕分けされた貨物をCFSに、一定期間を超えて滞貨させると、「コンテナ・デマレージ（Container Demurrage）」という超過保管料（留置料）が船会社から課されてしまいます。この「一定期間」を「フリータイム（Free Time）」といい、通常は6日間、リーファー（冷蔵）コンテナや、タンク・コンテナなどの特殊コンテナだと3日程度です。

　また、FCL貨物の場合、輸入者は船会社にコンテナを返却しなければなりませんが、やはりこれも一定期間を超えてから返却すると、「ディテンション・チャージ（Detention Charge）」という延滞料が船会社から課されます。こちらのフリータイムは通常、5～6日間です。コンテナは運送用機具であって倉庫代わりではないので、開梱して貨物を取り出したら早く返却するように課している返還遅延料ということです。

　コンテナ・デマレージ、ディテンション・チャージに係る金額、フリータイムの期間は、船会社のウェブサイトに掲載されていることもあります。輸入者は、貨物の引取り計画をきちんと立て、余計な費用がかかるのを避けるように気をつけなければなりません。

輸入申告と納税申告のシステムを整理しよう！　　→ テキスト P.234 ～

❸⓪ 輸入通関

問題1　次は、原則的な輸入通関についての記述である。正しいものには○、誤っているものには×をつけなさい。

1. 輸入申告は、原則的には保税地域に搬入してから行うこととされている。

2. 輸入通関の際には、原則として「Export Declaration」を、また、必要な場合は通関用書類を併せて税関に提出する。

3. 通関用書類として、原産地証明書は必ず提出が必要である。

4. 輸入取引の貿易条件によっては、通関用書類として運賃明細書や保険料明細書の提出が求められることもある。

5. 輸入通関にあたって、輸入者は送り状を通関用書類として提出しなければならない。

6. 日本の関税制度では、原則として関税額は輸入者が自ら計算して申告することとなっている。

7. 輸入通関時に、輸入申告書に記載すべき価額は CIF ベースである。

8. 貨物保険を付保していない場合には、通常見込まれる保険料の額を加えて輸入申告価格とする。

9. サンプル輸入のように無償で輸入される場合には、輸入申告書に記載すべき価格は 0 円である。

10. Invoice に記載されている価格が外貨建である場合、輸入申告日の対顧客 T.T.B. レートで日本円に換算したうえで、申告価格とする必要がある。

11. 税関は、輸入申告をされた貨物について許可、承認等が必要なものについてはその取得、検査や条件の具備が必要なものについては、検査の完了や条件の具備ができているかを審査する。

12. 違法な物品の輸入を水際で食い止める必要性や、テロ対策のため、輸入されようとする貨物については全量、現物検査が行われる。

258

13. 原則として輸入が許可された後に、関税を納付することになっている。

14. 輸入者は、関税とあわせて消費税を納付しなければならないが、納付すべき関税がない（０円）の場合は、消費税も納付する必要がない。

15. 関税の納付は、日本銀行とその国税収納を行う代理店か、関税の収納を行う税関職員に行うことになっている。

16. 原則として輸入が許可されないと、外国から到着した貨物を保税地域から搬出して日本国内に持ち込むことはできない。

17. 現在、輸入申告書の提出、輸入の許可は、ほとんど NVOCC 経由で行われている。

問題2 次は、輸入通関に関する審査の内容である。（１）～（７）に当てはまるものを、下の枠内の（A）～（I）から選びなさい。

【（ １ ）審査】
・輸入申告書の内容審査
・その他の輸入通関用書類の内容審査
　・書類の記載内容チェック。
　・輸入に関して許可、承認等が必要なものには、その（ ２ ）が証明できているか。
　・検査や条件の具備が必要なものについては、（ ３ ）や（ ４ ）が証明されているか。
・場合によって、貨物の（ ５ ）

【（ ６ ）審査】
・申告税額が正しいかどうか
・関税が（ ７ ）済みかどうか

（A）税的　（B）関的　　（C）申告　　（D）納付　（E）検査の完了
（F）取得　（G）条件の具備　（H）現物検査　（I）自主検査命令

問題3 次は、日本の関税制度についての記述である。正しいものには〇、誤っているものには×をつけなさい。

1. 関税額は、一般的に「課税標準×関税率」で算出される。

2. 日本では、各物品は「商品の名称及び分類についての統一システムに関する国際条約（HS条約）」に基づく「HS Code」のみによって分類されている。

3. 輸入する貨物の数量、重量、容積などを課税標準として課税するものを「従量税」という。

4. 従価税ではCIFベースの申告価格を、従量税では申告数量・重量・容積などをベースとして関税額が計算される。

5. WTO加盟国からの輸入の場合、必ず協定税率が適用される。

6. 原産地が、一般特恵対象国の場合に適用される関税率を「LDC特恵税率」という。

7. 基本税率、暫定税率、協定税率の3つが適用できる場合には、協定税率が優先的に適用される。

8. 経済連携協定（EPA）を締結した国を原産地として輸入された物品については、特別特恵税率が適用されることになっている。

9. 国定税率以外の適用を受けようとする場合は、原則として輸入（納税）申告時に原産地証明書の提出が必要となる。

10. 総額20万円以下の貨物については、別に法律で指定のある品目でない限り、必ず簡易税率が適用される。

11. 総額20万円以下であっても、本邦（日本）の産業に対する影響等を考慮して、簡易税率によることを適当としない品目もある。

12. 一定の輸入数量の枠内に限り、無税または低税率（一次税率）を適用し、それを超える輸入分には高税率（二次税率）を適用する制度を「関税割当制度」という。

13. 関税割当制度は、後発開発途上国とされている国から輸入される一定の物品を対象に適用される。

260

問題4 次は、日本の関税制度における関税の種類についての記述である。それぞれ何について述べたものかを、次の枠内の（A）～（F）から選びなさい。

1. WTO加盟国を原産地とする輸入貨物に適用される税率。WTO協定で定められている。

2. 特別な事情がない限り、長期適用される基本的な税率。関税定率法で定められている。

3. 日本とEPAを締結した特定国を原産地とする輸入貨物に適用される税率。条約ごとに定められている。条約の関税撤廃スケジュールに従って、関税の引下げや撤廃が行われる。

4. 開発途上国のうち、指定された国（特恵受益国）を原産地とする輸入貨物に適用される税率。関税暫定措置法で定められている。

5. 特恵受益国のうち、後発開発国（LDC）を原産地とする輸入貨物に適用される税率。関税暫定措置法で定められている。

6. 特定品目に、一時的に基本税率に代わって適用される税率。関税暫定措置法で定められている。

（A）基本税率	（B）暫定税率	（C）協定税率
（D）特恵税率	（E）LDC特恵税率	（F）経済連携協定税率

261

問題5 関税率が下表のとおり定められている特恵適用国である中国を原産地とする1から5までの貨物がある。中国から協定税率適用国である韓国に輸出された後、何も加工などがされず、そのままの状態で韓国を仕出地として日本に輸入される場合、それぞれの貨物について適用される関税率はどれか（※必要な原産地証明書はあるものとする）。

	基本税率	協定税率	特恵税率	暫定税率
1.	5%	10%	－	－
2.	5%	4%	無税	－
3.	10%	5%	－	3%
4.	20%	10%	3%	15%
5.	5%	－	－	7%

問題6 次の1、2の場合に適用される関税率はどれかを答えなさい（※必要な原産地証明書はあるものとする）。

1. 課税価格が4,870,000円、正味重量30トンの鉛の塊で、協定税率適用国で生産されたもの。
・基本税率：5.0%または4.64円/kgのうちいずれか高い税率
・協定税率：4.0%または4.18円/kgのうちいずれか高い税率
・暫定税率：3.0%または3.64円/kgのうちいずれか高い税率

2. 課税価格が1,560,000円、数量が1,200㎡の毛織物で、協定税率適用国（特恵受益国ではない）で生産されたもの。
・基本税率：8.0%または145円/㎡のうちいずれか高い税率
・協定税率：10.0%または160円/㎡のうちいずれか高い税率
・特恵税率：5.0%または90円/㎡のうちいずれか高い税率

正答 & 解説

問題1

正答
1. ○ 2. × 3. × 4. ○ 5. × 6. ○ 7. ○
8. × 9. × 10. × 11. ○ 12. × 13. × 14. ×
15. ○ 16. ○ 17. ×

解説

1、16. **記述のとおり**。外国から到着した貨物は、**保税地域**に搬入されてから**輸入申告**を行い、輸入が許可されてから保税地域より搬出して日本国内に持ち込むのが原則である。

2. 輸入通関時に提出するのは、「**Import Declaration（I/D、輸入申告書）**」である。「**Export Declaration（E/D）**」とは、**輸出申告書**のこと。

3. **原産地証明書**は、特恵関税などの適用を求める際に提出するものである。そういった制度の適用を受けない場合には、提出の必要はない。

4、7. **記述のとおり**。**輸入申告価格**は **CIF ベース**である。しかし、取引価格が FOB ベースなどの場合には、Invoice も CIF ベースでは記載されていないことが多い。その場合には、CIF ベースで記載した申告価額が正しいことを証明するために、**運賃明細書**や**保険料明細書**の提出が求められる。

5. 輸入通関用書類としての Invoice（日本の法律では「**仕入書**」）は、2012 年 7 月より、「税関長が提出を求めた場合」のみの提出となっている。

6. **記述のとおり**。これを**申告納税制度**という。そのため、輸入申告書は納税申告書と一体となっており、**輸入（納税）申告書**となっている。

8. 輸入申告価格は CIF ベースとすることになってはいるものの、付保していない貨物保険の保険料を加算するようには求められていない。もちろん、貿易保険（㊱貿易保険／参照）の保険料も加算しない。

9. 取引価格が 0 円もしくは著しく低廉な価格であっても、申告価格は 0 円や低廉な価格にはできず、「有償で輸入される場合の価格」で申告しなければならない。この他にも、輸入者側が部材などを輸出者に提供してできた製品を輸入する場合などにも、単純に取引価格を輸入申

告価格とすることができない。こういった場合には、所定の加算・減算を行うことになっており、これを**関税評価**という。
10. 円価に換算する際に適用されるレートは、**税関長が毎週公示する相場**である。
12. **現物検査**は、すべての貨物に行われているわけではない。むしろ、輸入通関の迅速化の要請や、AEO制度（❸**輸入通関の迅速化、効率化**／参照）の導入によって、輸入時の審査は簡素化の方向にある。
13. **関税**は、原則として輸入許可前に納付しなければならないことになっている。なお、実務的には輸入申告は通関業者が行うことがほとんどであるので、輸入者が納付すべき関税は通関業者が立て替えて支払う場合も多い。
14. 輸入される貨物に係る消費税は、「貨物の価格＋関税額」を課税標準として課される。関税額が０円であっても、貨物の価格が０円になることはあり得ないので、消費税を納付する必要がある。なお、消費税は国税の消費税7.8％＋特別地方消費税の2.2％である。
15. **記述のとおり**。**国税収納を行う日本銀行の代理店**とは、市中銀行のことである。代理店となっている銀行店舗には、その旨を示す看板がある。
17. 通関業務に関する電子システムは**NACCS**である。**NVOCC**は「Non Vessel Operating Common Carrier」の略で、自らは国際輸送手段を持たない利用運送事業者のこと。

輸入通関

◆輸入通関の流れ
・輸入申告は保税地域への搬入後に行う。
・輸入申告は関税の納税申告とともに行い、輸入（納税）申告書と輸入通関書類を税関に提出することで行う。
・税関は関的審査と税的審査を行う。
・原則として関税が納付されなければ、輸入は許可されない。
◆輸入通関に必要な書類（税関長が求めてきた場合に提供）
・Invoice（日本の法律では「仕入書」と呼ばれる）
・P/L（梱包明細書）

- 原産地証明書
- 許可証、承認証、証明書など
- 商品のパンフレットなど
- 運賃証明書、保険料証明書

問題2

 1.（B） 2.（F） 3.（E） 4.（G） 5.（H） 6.（A） 7.（D）

 輸入通関における税関の審査内容

【関的審査】
- 輸入申告書の内容審査
- その他の輸入通関用書類の内容審査
  - 書類の記載内容チェック。
  - 輸入に関して許可、承認等が必要なものには、その取得が証明できているか。
  - 検査や条件の具備が必要なものについては、検査の完了や条件の具備が証明されているか。
- 場合によって、貨物の現物検査

【税的審査】
- 申告税額が正しいかどうか
- 関税納付済みかどうか

問題3

 1.○ 2.× 3.○ 4.○ 5.× 6.× 7.×
8.× 9.○ 10.× 11.○ 12.○ 13.×

2. 日本の関税率表で示されている**関税分類**は、10桁のCodeとなっており、**税番**と呼ばれる。このうち、上6桁が**HS条約**で定められている世界共通のCode（**HS Code**）、下4桁が日本独自のもの（下1桁は

NACCS 用コード）である。よって、HS Code のみで分類されている わけではない。厳密に HS Code といえば上 6 桁のことであるが、10 桁を総称して、そう呼ぶこともある。

5、7. **WTO 協定税率**が適用できる場合には、**基本税率** or **暫定税率**と比較して低いほうが適用される。必ずしも WTO 協定税率となるわけではない。また、WTO 加盟国であっても、**特恵税率**や **LDC 特恵税率**、**EPA 税率**が適用できる国であれば、そちらも適用できるので、必ずしも WTO 協定税率が適用されるわけではない。なお、WTO 協定税率との比較において、暫定税率が設定されている場合には、基本税率より暫定税率が優先となる。

6. **一般特恵対象国**を原産国とする物品に適用される関税率は、「特恵税率」である。「LDC 特恵税率」は、**後発開発途上国**である**特別特恵対象国**を原産国とする物品に適用されるものである。

8. **EPA 締結国**を原産地として輸入された物品に適用される税率は、「経済連携協定税率（EPA 税率）」である。

9. **記述のとおり**。基本税率 or 暫定税率以外の軽減税率の適用を受けようとする際には、原則として原産地を証明する必要がある。**原産地証明書**には種類があり、適用させようとする関税の種類によって提出すべきものも変わる。WTO 協定税率のときは一般の原産地証明書でよいが、特恵税率のときは **Form A** と呼ばれるもの、経済連携協定税率のときは協定別にそれぞれ専用のものがある。

10. **簡易税率**は、品目を大別した 6 区分＋アルコール飲料の区分で税率を設定することで、20 万円以下の少額貨物の輸入通関を容易にしたものである。簡易税率の適用は輸入者の任意であり、一般税率のほうが関税が安くなるならば、そちらで申告しても構わない。

11. **記述のとおり**。皮革製品、ニット製衣類、タバコなど、簡易税率が適用できない物品もある。

13. **関税割当て**の対象となっている物品には、皮革製品など原産地や輸出国を限定しないものもある。

問題4

▲正答 1.(C) 2.(A) 3.(F) 4.(D) 5.(E) 6.(B)

解説

　協定税率は、WTO加盟国を原産地とする輸入貨物に対してだけでなく、WTO非加盟国であっても日本との二国間条約で**最恵国待遇**を約束している国や、日本に対して実質的に最恵国待遇と同様の取扱いをしている国・地域についても、適用されることがある。

> **日本の関税制度**
> ・関税額の算出の原則は、「関税額＝課税標準×関税率」。
> ・「品目分類」と「関税の種類」で関税率が決まる。
> ・関税の種類には6種類あり、輸入しようとする物品の原産地によって、どれを適用するのかが変わる。
> 　※基本税率 or 暫定税率と協定税率の優先順位に注意。
> ・従価税、従量税、混合税（従価従量税）の3種類がある。
> ・課税標準となる申告価額はCIFベース。
> 　※外貨建の場合は、税関長の公示相場で円価に換算。
> ・少額輸入貨物の特例（簡易税率）、関税割当制度の内容、適用対象品目を理解すること。

問題5

▲正答 1.5%　2.無税　3.3%　4.3%　5.7%

解説

　韓国では何も加工などがされていないので、設問の貨物の原産地は中国ということになる。そのため、特恵適用国を原産地とする貨物であるので、特恵税率が設定されていれば、それを使うことができる。

　基本税率と暫定税率がある場合には、税率がどうであろうと暫定税率が優先されることに注意。

問題6

正答 1. 3.0%　2. 145円/㎡

解説

1. 基本税率と暫定税率がある場合は、暫定税率が優先されるので、この場合は基本税率を考慮する必要がない。
    ① 協定税率
        4.0%としたら194,800円、4.64円/kgとしたら139,200円。
        高い税率が適用されるので、4.0%（194,800円）。
    ② 暫定税率
        3.0%としたら146,100円、3.64円/kgとしたら109,200円。
        高い税率が適用されるので、3.0%（146,100円）。
    協定税率と暫定税率を比較すると、暫定税率のほうが低いので、暫定税率の3.0%が適用される。

2. 特恵受益国ではないので、この場合は特恵税率を考慮する必要がない。
    ① 基本税率
        8.0%としたら124,800円、145円/㎡としたら174,000円。
        高い税率が適用されるので、145円/㎡（174,000円）。
    ② 協定税率
        10.0%としたら156,000円、160円/㎡としたら192,000円。
        高い税率が適用されるので、160円/㎡（192,000円）。
    基本税率と協定税率を比較すると、基本税率のほうが低いので、基本税率の145円/㎡（174,000円）が適用される。

「関税評価」と「評価申告書」

　従価税の対象となる品目の課税価格（申告価格）は、必ずしもInvoiceに記載されている金額（CIFベース）になるとは限りません。取引の形態によっては、様々な要素が加算・減算される場合があります。
　例えば、加算するものとしては「輸入貨物の生産および輸入取引に関連して、買手により無償でまたは値引きをして直接または間接に提供された物品または役務に要する費

用」、「輸入貨物に係る特許権等の使用に伴う対価で、その輸入貨物の輸入取引の条件として支払われるもの」などです。減算するものとしては「その輸入貨物の輸入申告がなされた日以後に行われる、その輸入貨物に係る据付け、組立て、整備または技術指導に要する役務の費用」、「その輸入貨物に係る輸入取引が延払条件付取引である場合における延払金利」などです。

　また、輸入貨物の輸入取引の条件として、Invoice価格とは別に債務の弁済がなされている場合や、輸出者と輸入者の間に親族関係などの特殊関係がある場合にも、Invoice価格をそのまま申告価格にすることはできません。

　こういったルールに従って、課税価格を関税定率法などの法令の規定に基づいて計算・決定することを「関税評価」といいます。

　上記のような事情がある場合には、Invoiceや運賃明細書などだけでは、課税価格を明らかにすることができません。そのため、こういった場合には輸入申告の際に、課税価格の計算の基礎等を記載した「評価申告書」を税関に提出する必要があります。関税評価と評価申告については、税関のウェブサイトに詳しい説明があります。

　「輸出入手続」（税関ホームページ）

　https://www.customs.go.jp/tsukan/

　税関による事後調査で申告漏れが指摘される割合は、約8割（平成30事務年度）にも上り、そのなかにはこういった事情を勘案せずに輸入申告している例が多く含まれているようです。

　単純な商品の輸入取引でなく、こういったルールが「よくわからない」という場合には、迷わず税関相談官に相談するか、事前教示制度を利用しましょう。

金利とリスク料は、どのようなときにかかるのか？　　→ テキスト P.245 ～

㉛ 輸出 / 輸入決済の為替レート

問題1　次は、輸出代金決済時の通貨転換と為替相場についての記述である。正しいものには○、誤っているものには×をつけなさい。

1. 適用される為替レートに「立替期間」の金利分として引かれるのは、「メール金利」と「ユーザンス金利」である。

2. 適用される為替レートに「リスク料」として引かれるのは、資金の移動についての運送リスクに対するものである。

3. 輸出地銀行から輸入地銀行への為替手形の郵送期間（メール期間）について、輸出地銀行の資金立替えにかけられる金利を「メール金利」といい、原則 12 日分が徴収される。

4. 送金決済の場合に適用されるレートは、「Cash Buying Rate」である。

5. 取立扱い手形決済の場合、電信相場からメール金利とリスク料が引かれたレートが適用される。

6. L/C 無 D/P 手形が買取扱いとなる場合に適用される為替レートは、金利やリスク料が引かれ、T.T.B. レートより円安方向のレートとなっている。

7. L/C 無一覧払手形決済の場合に適用されるレートは、必ず「Without L/C At Sight Buying Rate」となる。

8. L/C 付一覧払手形決済の場合には、「At Sight Buying Rate」で為替予約する。

9. L/C 付期限付手形の買取相場は、「At Sight Buying Rate」に手形期間の金利を加えたものとなる。

10. 銀行が、輸出者から L/C 付期限付手形を買取りする場合に適用する相場は、「Usance Bill Buying Rate」である。

11. 「At Sight Buying Rate」と「Usance Bill Buying Rate」では、「At Sight Buying Rate」のほうが円高となる。

270

12. 「T.T.B. Rate」と「At Sight Buying Rate」では、「T.T.B. Rate」のほうが円高となる。

13. L/C 決済の場合に、輸出地で為替手形を買取扱いにせず、取立扱いとすることを「P.P. ネゴ（プリテンド扱い）」という。

14. 輸出者としては、資金に余裕がない場合には P.P. ネゴ扱いとすることも検討する価値がある。

15. L/C 付一覧払手形を P.P. ネゴ扱いとしたときに適用される相場は、「At Sight Buying Rate」である。

16. 為替予約をしている場合には、決済方法による適用為替相場の違いを気にすることなく、予約した相場で通貨転換できる。

問題2 次の表は、輸出手形が買取扱いとなる場合に適用されるレートである。（1）～（6）に当てはまるものを、次の枠内の（A）～（J）から選びなさい。

【買取の場合に適用されるレート】

		金利		リスク料	適用レート
		メール金利	ユーザンス金利		
L/C付き	一覧払い（回金方式）	原則 12 日分	（1）	なし	（3）
	期限付き	原則 12 日分	ユーザンス期間の長さに応じて	なし	（4）
L/C無し	一覧払い	原則 12 日分	なし	（2）	（5）
	期限付き	原則 12 日分	ユーザンス期間の長さに応じて	あり	（6）

271

(A) T.T.B. 　　(B) T.T.S. 　　(C) Cash Selling Rate

(D) Cash Buying Rate 　　(E) Usance Bill Buying Rate

(F) Without L/C Usance Buying Rate 　(G) At Sight Buying Rate

(H) Without L/C At sight Buying Rate 　(I) なし 　(J) あり

問題3 次の表は、輸出手形が取立扱いとなる場合に適用される
レートである。(1) ～ (6) に当てはまるものを、下の
枠内の (A) ～ (K) から選びなさい。

【取立の場合に適用されるレート】

		金利		リスク料	適用レート
		メール 金利	ユーザンス 金利		
D/A D/P	一覧払い	なし	なし	なし	(3)
	期限付き	(1)	なし	なし	(4)
P.P. ネゴ	一覧払い	なし	(2)	なし	(5)
	期限付き	なし	なし	なし	(6)

(A) T.T.B. 　　(B) T.T.S. 　　(C) Cash Selling Rate

(D) Cash Buying Rate 　　(E) Usance Bill Buying Rate

(F) Without L/C Usance Buying Rate 　(G) At Sight Buying Rate

(H) Without L/C At sight Buying Rate 　(I) Acceptance Rate

(J) なし 　　(K) あり

> **問題 4** 次は、輸入代金決済で適用される為替レートについての記述である。正しいものには○、誤っているものには×をつけなさい。

1. 送金決済に使われる為替レートは、T.T.S. レートである。
2. L/C 無一覧払手形決済の場合、輸出地で買取扱いになっていれば「Without L/C At Sight Selling Rate」が、取立扱いになっていれば「T.T.S. レート」が適用される。
3. L/C 無期限付手形決済の場合、D/P 手形、D/A 手形のいずれであっても、T.T.S. レートにメール金利、ユーザンス金利、リスク料が加味されたレートで通貨転換される。
4. L/C 付一覧払手形の決済でデビット方式の場合に適用される為替レートには、原則 12 日分のメール金利が乗せられることになる。
5. L/C 決済の場合に輸入地銀行が負うリスク料については、L/C 発行手数料に含まれているため、為替レートでは考慮しない。
6. L/C 付一覧払手形の決済に適用されるレートは、「At Sight Rate」と呼ばれる。
7. L/C 付期限付手形の場合、手形期間が長くなれば、それだけ輸入者にとって不利なレートが適用される。
8. L/C 付一覧払手形が輸出地で P.P. ネゴ扱いになっている場合、輸入者に適用されるレートは「T.T.S. レート」である。
9. 為替予約をしている場合で、L/C 付一覧払手形の決済をする際には、予約相場よりも必ず円貨の支払額は多くなる。
10. 為替予約をした外貨で決済する場合、予約した相場から決済手段に応じてレートを引き直すことになる。

> **問題 5** 次のような決済条件である場合、輸入者の通貨転換に適用されるレートはどのようになるか。次の枠内の（A）〜（I）から選びなさい。

1. 送金決済
2. L/C 無一覧払手形決済

3．L/C 無期限払 D/P 決済

4．L/C 無 D/A 決済

5．L/C 付一覧払手形決済（リンバース方式）

6．L/C 付期限払 D/P 決済

7．L/C 付 D/A 決済

8．L/C 付一覧払手形決済（デビット方式）で、輸出地で P.P. ネゴ扱い
　されているもの

（A）T.T.B.　　（B）T.T.S.　　（C）Cash Selling Rate

（D）Cash Buying Rate　　（E）Usance Bill Buying Rate

（F）Without L/C Usance Buying Rate　（G）At Sight Buying Rate

（H）Without L/C At sight Buying Rate　（I）Acceptance Rate

正答 & 解説

問題1

正答

1. ○   2. ×   3. ○   4. ×   5. ×   6. ×   7. ×
8. ×   9. ○   10. ○   11. ×   12. ×   13. ○   14. ×
15. ×   16. ×

解説

2. 為替レートで勘案される**リスク料**とは、輸入者からの支払拒否があった場合の信用リスク料である。外国為替取引において、実際に現金を動かすことは滅多にないため、貿易決済で通常、使われるレートに運送リスクを勘案することはあまりない。なお、銀行窓口で現金を通貨転換する場合に適用される**現金相場**（Cash Rate）の場合は、銀行への運送リスク、保管リスクを織り込んだ相場となっている。

3. **記述のとおり**。**メール金利**は「最低12日分」であるので、それより早く為替手形が到着しても安くはならない。しかし、郵送に12日以上かかった場合には、その期間に応じて金利が徴収される。

   一方、**ユーザンス金利**は**期限付手形**など、輸入者に支払猶予が与えられている場合の猶予期間（**ユーザンス期間**）分の金利であるので、金利もユーザンス期間の長さに応じて変わる。

4. Cash Rate は、現金の通貨転換を行う場合の相場である。送金決済で輸出者に適用されるレートは、**T.T.B. レート**である。

5. **取立扱い**の場合は、輸出地銀行は輸入者からの代金支払いがあってから輸出者に支払うことになるため、立替期間は生じない。よって金利もリスクもかからないため、T.T.B. レートが適用される。これは手形期間にかかわらず同じ。

6. この場合に引かれるものは、メール金利とリスク料であり、この点は正しいが、これによって T.T.B. レートより円高方向のレートになる。

7. **一覧払い**であるので、**D/P 手形**である。これが**買取扱い**となれば、メール金利とリスク料が引かれて Without L/C At Sight Buying Rate となるが、**取立扱い**であれば **T.T.B. レート**となる。よって、必ずしも設問のとおりにはならない。

8、16. 為替予約の場合のレート（**先物レート**）は、T.T.相場しかない。そのため、輸出者は T.T.B. レートで予約をする。そして、為替予約していても、その予約相場がそのまま適用されるわけではなく、決済方法によって金利、リスク料を勘案した**レートの引き直し**が行われる。

9、10. **記述のとおり**。L/C 付きであるため、買取銀行には代金回収リスクがなく、リスク料が引かれない。金利については一覧払いはメール金利分、期限払いの場合はさらにユーザンス金利が引かれる。

11. ユーザンス金利が引かれている分、**Usance Bill Buying Rate** のほうが円高となる。

12. メール金利分が引かれている分、**At Sight Buying Rate** のほうが円高となる。

14、15. **P.P. ネゴ扱い**にすると、為替手形は取立扱いとなるので、輸出者への入金は輸入者が代金を支払ってからということになる。よって、資金繰りが厳しいときには好ましくない方法といえる。その期間分を待つメリットは、取立扱いであることから金利もリスク料も引かれないので、T.T.B. レートで通貨転換できる点である。

※「At Sight Buying Rate」は「At Sight Rate」または「A/S Rate」、「Usance Bill Buying Rate」は「Time Bill Buying Rate」ともいう。

決済レート

◆レートに加味される要因
- 銀行が資金を立て替えている間の金利
  └ メール金利
      … 輸出地の銀行から輸入地の銀行に、為替手形が郵送される間（メール期間）の金利。原則 12 日分。
  └ ユーザンス金利
      … 期限付手形など、輸入者に支払猶予が与えられている場合の猶予期間（ユーザンス期間）分の金利
- リスク料 … 買取銀行が代金回収リスク分を徴収するもの

◆為替予約と決済レートの関係
- 為替予約している場合は、予約レートにマイナス／プラスする

問題2

正答 1. (I)　2. (J)　3. (G)　4. (E)　5. (H)　6. (F)

解説

　L/C 無しの期限付手形決済については、実務的には輸出地銀行のリスク期間が長く、かつ大きいので、通常は一定のレートが立てられず、個別の案件のリスク度によって設定される。むしろ、買取扱いを認めず、取立扱いとするように要求されるほうが多い。

　L/C 付一覧払手形決済では、銀行間決済の方法によって輸出者に適用されるレートが変わる。**レミッタンス方式（回金方式、Remittance Base）** と **リンバース方式（Reimbursement Base）** では A/S Rate、**デビット方式（Debit Base）** では T.T.B. レートとなる。

問題3

正答 1. (J)　2. (J)　3. (A)　4. (A)　5. (A)　6. (A)

解説

　取立扱いでは、いずれの場合も輸出地銀行は輸入者からの代金支払いがないと輸出者に支払いをしない。よって、立替えをしないので金利もリスク料もかからないため、すべて T.T.B. レートになる。

輸出者に適用される決済レート

- 送金決済、取立扱い D/P、D/A 決済：T.T.B. レート
- 買取扱い D/P 決済：Without L/C At Sight Buying Rate
- 一覧払 L/C 決済
　　レミッタンス方式（回金方式、Remittance Base）：At Sight Buying Rate（A/S Rate）
　　デビット方式（Debit Base）：T.T.B. レート
　　リンバース方式（Reimbursement Base）：A/S Rate
- 期限払 L/C 決済：Usance Bill Buying Rate
　　　　　　　（Time Bill Buying Rate）

問題4

正答 1. ○ 2. × 3. × 4. ○ 5. ○ 6. × 7. × 8. ×
9. ○ 10. ○

解説

2、3. **L/C 無荷為替手形決済**の場合、輸入地銀行（取立銀行）は、輸入者からの代金入金があってから、輸出地銀行に銀行間決済を行う。よって、輸入地銀行は立替えを行っていないので、金利もリスク料も加味されない。これは輸出地で買取扱いとなっている場合も、取立扱いになっている場合も、また一覧払い、期限払いである場合も同じである。よって、いずれの場合も **T.T.S. レート**となる。

4、6. L/C 付一覧払手形決済では、銀行間決済の方法によって輸入者に適用されるレートが変わる。**レミッタンス方式**（**回金方式、Remittance Base**）では T.T.S. レート、**リンバース方式**（**Reimbursement Base**）と**デビット方式**（**Debit Base**）では Acceptance Rate となる。Acceptance Rate は、T.T.S. レートからメール金利が加えられたもの。輸出地での買取後すぐに買取銀行や補償銀行にある発行銀行のデポジット口座から引き落とされることにより生じた発行銀行の立替払い期間がメール期間に相当する。

5. **記述のとおり**。4、6のように、発行銀行の口座からは先に引き落とされているので、発行銀行は輸入者（発行依頼人）からの代金回収リスクを負っていることになるが、これは L/C 発行手数料に含まれている。

7. **L/C 付期限払い**の場合は、一覧払いのように買取銀行にある発行銀行の口座から買取銀行に代金が即時引落としはされない。輸入者からの代金入金があってから、輸出地銀行に銀行間決済を行う。そのため、立替期間が生じないので、いくら手形期間が長くなっても関係なく、**T.T.S. レート**が適用される。

8. 輸出地で P.P. ネゴ扱いをされたとしても、それは輸出地銀行と輸出者の間だけのことである。L/C 付一覧払いの場合、発行銀行の口座からの引落としは即時行われていることがあり、その際は、発行銀行はメール期間、立替えを行っている。よって、T.T.S. レートにメール金

利を加味したもの、つまり Acceptance Rate が適用される。

9、10. **記述のとおり**。輸入者が為替予約をした場合の予約レートは、T.T.S. レートである。これに、決済方法によって金利やリスク料を加味する。これを「レートを引き直す」という。L/C 付一覧払手形決済の場合で、メール期間分の金利が加味された Acceptance Rate になると、T.T.S. レートよりも円安方向のレートになる。よって、円貨での支払額は多くなる。

輸入者に適用される決済レート
・送金決済、D/P、D/A 決済、期限払 L/C 決済：T.T.S. レート
・一覧払 L/C 決済
　　レミッタンス方式（回金方式、Remittance Base）：T.T.S. レート
　　デビット方式（Debit Base）：Acceptance Rate
　　リンバース方式（Reimbursement Base）：Acceptance Rate

問題5

 1. (B)　2. (B)　3. (B)　4. (B)　5. (I)　6. (B)　7. (B)
8. (I)

解説

輸入者の通貨転換において、原則として輸入地銀行が立替えを行っているのは、L/C 付一覧払手形決済でデビット方式またはリンバース方式のときのみである。よって、それ以外は T.T.S. レートとなる。

様々な為替相場
貿易で用いられる為替相場は、輸出者／輸入者が銀行との間で通貨転換する際に適用されるものだけではありません。これ以外にも官公庁が示すレートがいくつかあります。
◆価格の換算に用いる外国為替相場（公示レート）
　これは財務省が公示するもので、輸出申告書、輸入申告

書に記載する際に使います。契約書や Invoice が外貨建の場合には、それらを円貨に換算しなくてはいけませんが、その換算レートを毎週公示するものです。

「外国為替相場（課税価格の換算）」（税関ホームページ）

https://www.customs.go.jp/tetsuzuki/kawase/

◆基準外国為替相場及び裁定外国相場

これは、財務大臣が日本銀行本店において公示しているものです。貿易取引に関して、経済産業省に対する各種許認可申請書類に金額を記載する場合に、このレートを適用するものがあります。

例えば、輸入割当品目の中には金額で割当てをするものがあり、割当てを受けた分を1回で全量輸入せずに、複数回に分けることもあります。こういった場合、輸入のつど、輸入承認申請をするわけですが、その際の輸入実績を記載するフォームで換算に用いるレートが、これです。

また、輸出貿易管理令別表1の品目（武器・兵器関連）における「少額特例」の適用可否の判定に使われます。少額特例では、100万円または5万円以下（品目による）の場合は許可不要となりますが、契約額が外貨建の場合には、輸出時点におけるこの相場で換算して判定することになります。

このレートは毎月20日前後に、翌月分に適用されるものが公示されます。

「基準外国為替相場および裁定外国為替相場一覧」（日本銀行）

https://www.boj.or.jp/about/services/tame/tame_rate/kijun/

この他の様々な他法令で、取引通貨が日本円以外であるときに、日本円に換算するルール、適用相場があるので、疑問に思った場合は監督官庁に照会してください。

Day 9

クレームへの対応とリスクの回避策

項 目 名	重要度
㉜ トラブルへの対応 　　－運送トラブルと保険クレーム－	★★
㉝ トラブルへの対応 　　－取引クレーム、市場クレームへの対応－	★
㉞ トラブルへの対応 　　－PL責任への対応、紛争解決の手段－	★★
㉟ 貿易金融	★★★
㊱ 貿易保険	★★

保険求償の手続きはどうなっている？　　　　　　　→ テキスト P.256 ～

㉜ トラブルへの対応
　― 運送トラブルと保険クレーム ―

問題1 次は、貿易取引で発生する様々なクレームについての記述である。これらが意味しているものを、それぞれ下の枠内の（A）～（H）から選びなさい。

1. 取引に係る不払い、金額不足等に対するクレーム。
2. 運送事故による商品の不足、損害等に対するクレームで、運送人に対して提起されるもの。
3. 市況の変動などに起因する、正当な理由のない不当なクレーム。
4. 運送事故による商品の不足、損害等に対するクレームで、保険会社に対して提起されるもの。
5. 製造物責任（PL責任）に対するクレーム。
6. 運送事故以外の商品の不足、破損、品質不良等に対するクレーム。

（A）商品クレーム	（B）カントリー・クレーム	（C）決済クレーム
（D）運送クレーム	（E）PLクレーム	（F）裁判クレーム
（G）マーケット・クレーム		（H）保険クレーム

問題2 次は、運送クレーム、保険クレーム、および運送途上の事故防止についての記述である。正しいものには○、誤っているものには×をつけなさい。

1. 運送事故を発見した場合には、運送会社に7日以内に「事故通知書（Notice of Claim）」を提出する必要がある。
2. 運送クレームを提起できる期間は、海上運送の場合は貨物の受取り後2年以内、航空運送の場合は貨物の受取り後1年以内である。

282

3. 運送人が運送事故の責任を認めた場合には、弁済金額と支払日を記載した「Rejecting Letter」が運送人から輸入者に送られてくる。
4. 運送人が運送事故の責任を認めることはまれなので、「運送クレーム」は保険会社にクレーム提起をして、運送会社との交渉は保険会社に任せる「保険クレーム」に切り替えるのが一般的である。
5. 単独海損である分損事故に対する保険金請求時には、輸入者は保険会社に対して、保険金請求書とともに送り状やB/Lのオリジナル等を提出する。
6. 輸入者は、保険金の受領と引換えに、保険会社に「権利移転書（Letter of Subrogation）」を提出する。
7. 単独海損が発生した場合に、貨物に生じた損害を鑑定する者（業者）を「鑑定人（Surveyor）」という。
8. 単独海損の場合、保険会社は輸入者の代理人として、運送会社と損害賠償請求交渉をする。
9. 保険付保をしていない場合、共同海損の発生に対して「共同海損分担供託金（G.A. Deposit）」を運送人に拠出しないと、輸入者は運送人から貨物の引渡しを受けることができない。
10. 保険付保をしている場合、共同海損の発生に対して、輸入者は「共同海損分担保証状（G.A. Guarantee）」を作成して、運送人に差し入れることで、貨物の引渡しを受けることができる。
11. 保険会社は輸入者の代理人として、運送会社との間で共同海損に対する精算と支払いをする。
12. 共同海損発生時に、自社の貨物が犠牲になったことによる損害も、「共同海損分担保証状」に基づいて支払いを受けることになる。
13. 途上国では道路や鉄道の質が悪く、揺れ、振動が大きい場合があるため、運送経路として組み込んでも大丈夫か、現地事情をよく検討しなければならない。
14. 航空運送はエアーポケットに巻き込まれるなど、揺れ、振動が大きい運送手段なので、精密機械の運送の場合には使うべきではない。
15. 積替えは、途中港での貨物の積降し時の事故や、陸上にある間に盗難に遭ったり、暴動に巻き込まれる可能性があるなど、リスクが高まるものとの意識を持つ必要がある。

16. 貨物の取違えがないように荷印の記載内容に気をつけ、中の商品について詳細な内容を書くべきである。

17. 不完全梱包、貨物固有の欠陥・性質に起因した滅失・損害は、貨物保険でも担保されないので、輸出者がとくに気をつけなければならない。

18. 運送事故による損害と、不完全梱包、貨物固有の欠陥・性質に起因する損害は、原因の切分けが難しいので、運送人、保険会社と揉めることも多い。

問題3 次は、運送クレーム、保険クレームの際に登場する書類についての記述である。これらが意味するものを、次の枠内の①（日本語）、②（英語）からそれぞれ選びなさい。

1. 運送人が、輸入者に対して賠償を拒否するために送るもの。

2. 貨物の損害を発見した輸入者が、事故の発生を運送人に通知するもの。「予備クレーム」ともいう。

3. 輸入者が、保険会社に対して損害賠償請求権を譲渡することを証して提出するもの。

4. 共同海損処理について同意することを求めて、運送人から輸入者に送られるもの。

5. 共同海損に対して、輸入者が保険会社に対して分担の保証を依頼して発行を依頼するもの。

6. 運送人が、共同海損事故の発生を知らせるために輸入者に送付するもの。

7. 輸入者が運送人に対して、損害賠償の請求をする本クレーム時に提出するもの。

8. 共同海損の分担額算定のベースとするために、輸入者が運送人に対して自社貨物の価格を明らかにするために提出するもの。

9. 共同海損に際して損害額を算出し、各々の荷主の分担額と精算結果を報告するもの。

①
(A) 損害鑑定書　　(B) 損害賠償請求書　(C) 事故通知書
(D) 弁償拒否状　　(E) 権利移転書　　　(F) 積荷価格告知書
(G) 共同海損精算書 (H) 共同海損盟約書　(I) 共同海損供託金
(J) 共同海損宣言状 (K) 共同海損分担保証状

②
(a) Average Bond　(b) Rejecting Letter
(c) G.A. Guarantee　(d) Notice of Claim
(e) Survey Report　(f) Claim Note
(g) G.A. Declaration Letter　(h) Letter of Subrogation
(i) G.A. Deposit　(j) Valuation Form　(k) Statement of G.A.

問題4 次は、単独海損発生時の、保険求償の各ステップである。これらを時系列順に並べ替えなさい。

1．輸入者が、保険会社へ保険金請求を行う。
2．保険会社が、運送会社に損害賠償請求（交渉）をする。
3．輸入者が、事故の発生を保険会社と運送人に通知する。
4．運送会社への損害賠償請求権を保険会社に譲渡する。
5．運送人から輸入者に、賠償を拒否するレターが送付される。
6．輸入者が、保険会社に損害鑑定を依頼する。
7．輸入者が、保険会社から保険金を受領する。
8．保険会社が損害鑑定をし、損害額や損品処理方法などを決定する。

問題5 次は、共同海損発生時の、保険求償の各ステップである。これらを時系列順に並べ替えなさい。

1．輸入者が、運送人に共同海損分担保証状を差し入れる。
2．運送人による損害の鑑定が行われる。
3．輸入者から保険会社に共同海損発生を通知する。

4. 輸入者が、保険会社に共同海損の分担を保証するように依頼する。
5. 運送人から輸入者へ、共同海損宣言状が送られてくる。
6. 運送人と保険会社の間で鑑定と精算、支払いが行われる。
7. 運送人から輸入者への共同海損処理への同意が要求され、輸入者がそれに同意する。
8. 輸入者が、保険会社より共同海損分担保証状を受領する。

> **問題6** 次は、保険期間の終期、および単独海損発生時のクレーム提起をすることができる期間についての記述である。(1) ～ (7) に当てはまる期間を答えなさい。

1. 保険期間の終期
  ①海上保険、ストライキ保険の保険期間
     目的地に貨物が到着したときに終了（特約を除く）。
     ただし、次の場合には到着前でも終了。
     ・運送の都合による一時保管以外の目的で、貨物が保管状態に置かれた場合
     ・区分けや分配が行われた場合
     ・船舶からの荷降し完了から（ 1 ）後
       航空機からの荷降し完了から（ 2 ）後
  ②戦争保険の保険期間
     貨物が船上にある間のみ。ただし、船上にあっても仕向港到着後（ 3 ）を経過すると終了。
2. 事故通知書の提出期限
     輸入者は、次の期間内に「事故通知書」を提出する必要がある。
     ・海上運送の場合：貨物の受取り後（ 4 ）以内
     ・航空運送の場合：貨物の受取り後（ 5 ）以内
3. 運送クレームの提起ができる期間
     輸入者は、次の期間内に「損害賠償請求書」を提出して、運送クレームを提起しなければ求償権を失う。
     ・海上運送：貨物の受取り後（ 6 ）以内
     ・航空運送：貨物の受取り後（ 7 ）以内

正答 & 解説

問題 1

正答 1. (C)　2. (D)　3. (G)　4. (H)　5. (E)　6. (A)

解説

商品クレームと決済クレーム、船積遅延や船積相違などの「その他の契約クレーム」を加えて、取引クレームという。

問題 2

正答
1. ×　2. ×　3. ×　4. ○　5. ×　6. ○　7. ○
8. ×　9. ○　10. ×　11. ×　12. ×　13. ○　14. ×
15. ○　16. ×　17. ○　18. ○

解説

1. **事故通知書**の提出は、海上運送の場合が貨物の受取り後3日以内、航空貨物の場合が貨物の受取り後14日以内にしなければならない。これを**予備クレーム**ともいう。

2. **運送クレーム**を提起できる期間は、海上運送の場合が貨物の受取り後1年以内、航空運送の場合が貨物の受取り後2年以内である。これを**本クレーム**ともいう。

3. Rejecting Letter は**弁償拒否状**のことであり、事故について運送人には責任がないとして、輸入者に送ってくるものである。

5. **分損**であれば、損害を被っていない貨物があるため、それをB/Lで引き取らなくてはならない。もしくは引き取った後に事故が発見されていることになる。そのため、輸入者はB/Lオリジナルを保険会社に提出せず、B/Lコピーを提出することになる。一方、**全損**の場合は貨物の引き取りようがなく、B/Lが宙に浮いていることになるため、オリジナルを保険会社に提出することになる。

6. **記述のとおり**。保険金の支払いと引換えに、輸入者は保険会社に**権利移転書**を提出するが、この権利とは貨物損害に対する**損害賠償請求権**のことで、それを保険会社に「譲渡」することを意味する。これを**代**

位請求権といい、保険会社はこの権利を持った「本人」として運送人と交渉、損害賠償請求を行っていく。

8、11. 単独海損の場合も、共同海損の場合も、保険会社は「代理人」ではなく、「本人」として運送会社と交渉し、精算や支払いを行う。

9、10. 共同海損による犠牲にならなかった荷主が、共同海損分担金の負担から逃げないように、分担金の支払いに対する同意と、共同海損供託金の拠出をしないと貨物の引渡しがなされないことになっている。貨物保険を付保している場合には、輸入者が供託金を拠出する代わりに、保険会社が「分担金の請求があった場合には支払う」と保証した共同海損分担保証状を差し入れる。

12. 共同海損で自社が犠牲になった損害（共同海損犠牲損害）は、共同海損の保険求償とは別に、単独海損の保険求償と同じ手続きを行う。その結果、輸入者は損害に対する保険金を受け取り、代位請求権を得た保険会社は、運送人から精算後の共同海損分担金を受け取ることができるようになる。

13、14. 運送による貨物への振動は、商品によっては致命的な場合がある。とくに、陸上運送部分については気をつける必要がある。一方、航空運送はエアーポケットに遭遇することはあるものの、一般的に海上運送よりも揺れが少ないと考えられており、精密機械のようなセンシティブなものの運送に向くといわれている。なお、取引相手国の陸上運送の状況が悪い場合には、相手国内でのリスクを自社が被らないような貿易条件にすることが望ましい（例えば、輸出者としてはDDP、内陸で引き渡すDPU、DAPにしないなど）。

15. 記述のとおり。設問のようなリスクの他、陸上で陽ざらし、雨ざらしに遭う可能性などのリスクもある。

16. 荷印や梱包に商品名を詳しく書くと、とくに工業製品や高額商品の場合には、盗難を誘発する可能性がある。当事者間だけでわかり、かつ取違えがない程度の記載とするように注意する。

17、18. 記述のとおり。不完全梱包や貨物固有の性質に起因する損害は、貨物保険で担保されないが、いざ事故が発生したときには問題の切分けが難しい。事故が起こらないようにするためのみならず、運送事故が起こった場合に支払拒否事由とされないためにも、貨物の梱包には

気をつける必要がある。

運送クレームと保険クレーム
◆保険求償時には、各種の書類を提出しなければならない。
・提出書類の内容、目的を理解すること。
◆運送クレームに関係する期間・期限に注意！
・運送クレームの提起ができる期間、事故通知書（Notice of Claim）の提出期限
・海上保険・ストライキ保険の保険期間、戦争保険の保険期間
※海上運送と航空運送の違いについて区別をつけておくこと。

【問題3】

正答
1. (D) － (b)　2. (C) － (d)　3. (E) － (h)
4. (H) － (a)　5. (K) － (c)　6. (J) － (g)
7. (B) － (f)　8. (F) － (j)　9. (G) － (k)

【問題4】

正答
3. → 5. → 6. → 8. → 1. → 7. → 4. → 2.

解説

　3から5までが**運送クレーム**の段階である。ここで運送人が責任を認めて賠償に応じてくれるならば、そこでクレーム処理は終わるが、通常は様々な免責約款を盾に認めることはない。そこで双方の主張を戦わせて賠償交渉をすると、時間も手間もかかるので、6以降の**保険クレーム**の段階に移すのが一般的である。当然、保険付保をしていなければ、保険クレームへの移行はできない。

単独海損の保険求償
- 運送クレームを提起できる期間には制限がある。
- 運送クレームを提起しても運送人に弁償拒否されるので、保険クレームに切り替えるのが一般的。
- 保険クレームを提起できる事故は、保険期間内でなければならない。
- 共同海損と単独海損の処理の流れを理解すること。

問題5

 5. → 3. → 7. → 4. → 8. → 1. → 2. → 6.

解説

　本来であれば、共同海損処理に同意して**共同海損供託金**を拠出しないと輸入者は貨物を引き取れないものを、保険会社が精算後に共同海損分担金を支払うことを保証する**共同海損分担保証状**を差し入れるのが、共同海損の保険求償の流れである。保険付保をしていると、4以降が**保険クレーム**となるが、付保をしていないと「共同海損供託金」を運送人に供託しなければならないため、輸入者が長期・高額の資金負担をしなければならないことになる。

共同海損の保険求償
- 共同海損が発生すると、荷主は共同海損供託金を拠出しないと、貨物の引取りをすることができない。
- 供託金の負担は長期に及ぶことがあり、資金繰りが厳しくなる。
- 保険付保をしていると、保険会社に供託金の肩代わり（共同海損分担保証）をしてもらえる。
- 分担保証の依頼時には、各種の書類を提出しなければならない。

問題6

▲正答 1. 60日 2. 30日 3. 15日 4. 3日 5. 14日 6. 1年
7. 2年

マニュアル的な解決法がないため、予防することが大切！ → テキスト P.264 〜

㉝ トラブルへの対応 ― 取引クレーム、市場クレームへの対応 ―

問題1 次は、取引クレームとその対策についての記述である。正しいものには○、誤っているものには×をつけなさい。

1. 貿易取引における「クレーム（Claim）」とは、取引上で生じたトラブルについて相手先に言い訳の隙を与えずに、自社の権利の確保を図るために、強い姿勢で苦情や非難を行うことをいう。

2. 商品クレームの主な内容としては、「品質に対するクレーム」と「数量に対するクレーム」が挙げられる。

3. 商品クレームの最善の解決策は、商品の返送と代金の返金である。

4. 納期のある商品や季節商品について、数量不足や品質不良があった場合、輸入者は運賃がかかっても航空運送を行い、納期などに間に合わせなければならない場合もある。

5. 送られてきた商品の品質や数量が契約と相違していた場合、輸入者はクレームの権利を確保するために、即時返送を行うべきである。

6. 品質クレームを回避するため、契約交渉時から品質に関する双方の考え方や意識の違いに気をつけることが大事である。

7. 品違い、品質相違などがあった場合、輸入者は即時に返送して代替品を手に入れ、国内販売先への納期に間に合わせなくてはいけない。

8. 決済クレームは通常、輸出者から貿易保険機関や信用保険会社に提起されるものである。

9. 輸出者にとって支払督促は重要なもので、かつ自社に権利があるものなので、最初から強い調子でのレターでクレーム提起をするべきである。

10. 決済トラブル発生のリスクは、L/C 付荷為替手形決済では少なく、前払い決済、後払い決済は高い。

11. 決済クレームが生じた場合、最終的には輸出者はすでに出荷した商品を取り戻す必要がある場合もある。

12. インコタームズでは、取引クレームのために商品を返品や返送する費用、輸入地で廃棄する費用は、商品の売手（輸出者）が負担するものと定めている。

> **問題2** 次は、取引クレームとして提起される内容である。それぞれクレーム提起の英文レターではどのように表現されるかを下の枠内の（A）～（J）から選びなさい。

1. 着荷不足
2. 船積遅延
3. 品質不良
4. 不完全梱包
5. 船積相違
6. 契約不履行
7. 解約
8. 品質相違
9. 破損
10. 法令違反

（A）Different Quality　　（B）Illegal Shipment　　（C）Default
（D）Shortage　　（E）Different Shipment　　（F）Breakage
（G）Cancellation　　（H）Insufficient Packing
（I）Inferior Quality　　（J）Delayed Shipment

> **問題3** 次は、市場クレームとその対策についての記述である。正しいものには○、誤っているものには×をつけなさい。

1. 正当な理由のない不当なクレームのことを、一般に「市場クレーム（マーケット・クレーム）」という。
2. 商品の市場価格の下落傾向は、輸入者の市場クレーム提起の動機になる。
3. 輸出者は、市場クレームを提起して支払遅延要求をしてくることがある。
4. 通常、為替予約によって為替変動リスクは回避済みなので、為替相場の変動は市場クレームの原因となることは少ない。
5. 市場クレームによる買渋り（引取拒否）については、その商品の返送、転売をすればよいため、現実の損失があるわけではない。

6. 市場クレームを避ける最善策は、契約書から梱包に至るまで注意を
払ってミスをなくすことであって、その他に決定的な対策方法はない。

7. L/C無決済の場合には、代金支払遅延に対して利息を課す決済条件に
することも、市場クレーム対策の1つとなる。

8. 市場クレーム提起の目的は、譲歩を引き出すことがほとんどなので、
事前に予防できなければ、相手の要求をのむしかない。

正答 & 解説

問題1

正答 1. × 2. ○ 3. × 4. ○ 5. × 6. ○ 7. ×
8. × 9. × 10. × 11. ○ 12. ×

解説

1. 「クレーム」とは、単なる苦情や非難ではなく、問題の解決を図るために冷静かつ理路整然と、「正当な権利の主張」をすることである。

3. **商品クレーム**の解決策は、商品を揃えること、納期に間に合わせること、返金することなど、状況によって様々に優先順位が変わる。返送と返金が最善とは限らない。

4. **記述のとおり**。追加、交換の発送を航空運送で行うと、運賃がかかる。これを誰が負担するのかが、クレーム処理の交渉では1つのポイントとなる。しかし、設問のように時間が優先される場合には、運賃の負担者を誰にするかを決める前に、航空運賃を輸入者がいったん負担し、その後に交渉せざるを得ない場合もある。

5、7. 返送する運賃などを誰が負担するのかの問題や、輸入地で廃棄したほうが安く上がる可能性があることから、輸出者の同意のない返送はさらなるトラブルとなる可能性がある。まずは、輸出者は返送を望むのか、輸入地での廃棄や他者への転送を望むのかを聞く必要がある。返答があるまで保管しておくべきだが、保管に費用がかかる場合には、その費用負担についても輸出者側に求めることを検討する必要がある。

8. **決済クレーム**は通常、輸出者から輸入者に提起されるものである。ただし、輸入者の倒産といった**信用危険**や、輸入国政府での外貨持出し禁止などの**非常危険**が発生した場合には、輸入者に対して提起できなくなり、**貿易保険機関**、**信用保険会社**に**保険クレーム**として提起するようになる場合もある。

9. 支払督促はデリケートなものであり、相手の気分を害するとこじれる可能性があることから、最初から強い調子のレターを出すことはまれである。むしろ、相手（輸入者）が失念しているのではないかといっ

たニュアンスで出すのが普通である。
10. 決済クレームの回避策で最善のものは、決済条件を輸出者側のリスクの少ないものとすることである。前払い、L/C付荷為替手形決済、D/P決済はリスクが少なく、D/A決済、後払いはリスクが大きい。
11. **記述のとおり**。いくら督促しても支払いを行わない輸入者に対しては、輸出者が現地に赴くなどして商品を取り戻す必要がある場合もある。しかし、その時点ですでに転売されている可能性や、輸出地への返送費用の負担など、問題点に注意しなければならない。
12. インコタームズでは、返送や廃棄に関する費用負担者を定めていない。当事者間で交渉して決めなければならない。

取引クレーム

◆商品クレーム
・返品や交換、返金で必ずしも問題が解決するとは限らない。
・取引の目的や状況によって「商品確保」、「時間」、「コスト」などの要因に優先順位をつけて臨機応変に問題解決に臨む。

◆決済クレーム
・前払い決済、L/C決済、D/P決済
　… 代金回収リスクが低い → 決済トラブル発生の可能性が低い
・後払い決済、D/A決済
　… 代金回収リスクが高い → 決済トラブル発生の可能性が高い

問題2

 正答　1.(D)　2.(J)　3.(I)　4.(H)　5.(E)　6.(C)
　　　　7.(G)　8.(A)　9.(F)　10.(B)

解説

設問のうち、着荷不足、品質不良、不完全梱包、品質相違、破損は**商品クレーム**に、船積遅延、船積相違、契約不履行、解約、法令違反は**契約クレーム**に分類される。

※ Cancellation、Default は市場クレームの場合もある。

問題3

正答 1.○ 2.○ 3.× 4.× 5.× 6.○ 7.○ 8.×

解説

2. **記述のとおり**。将来、輸入国内市場で価格が下落することが予想される場合には、見込んでいた価格で売ることができなくなってしまう。また、国際市場で価格の下落が予想されるならば、今は買い控えるほうが利益となる可能性がある。よって、現時点で取引するのを拒否しようという動機が起こることになる。
3. 支払遅延要求をしてくるのは、輸入者側である。
4. 貿易を行う者は、常に為替予約をするわけではなく、予約をしていない場合には、想定していた利益が確保できないために**市場クレーム**を提起してくる可能性がある。
5. 返送するにも費用がかかり、また輸入国内で転売先を探すにしても足元を見られて買い叩かれる可能性がある。よって、たとえ引取り拒否された商品を自社が確保できたとしても、現実の損失が生じる可能性が高い。
6. **記述のとおり**。市場クレームは、そもそもゴネるのが目的であるので、決定的な対策方法はなく、相手に付け入る隙を与えないのが最善策である。
7. **記述のとおり**。代金決済時に、期日以降の支払いには利息を課す条項を契約時に盛り込むことで、無用な支払遅延は損失になるようにするのも一手である。ただし、国によっては利率に上限があることもあり、それを超えてその条項自体が無効にならないように注意する必要がある。
8. 無条件に相手の要求をのむと、次回以降の取引に支障が生じる。ギリギリまで当初の契約どおりに取引を行うように交渉をすべきである。場合によっては、法的手段に出ることもある。

市場クレーム
・市場クレームとは、「正当な理由のない不当なクレーム」のこと。
・市場クレームの決定的な解決方法はないのでミスをなくし、相手に付け入る隙を与えないことが重要。

日本と海外での対応の違いを理解しよう！

→ テキスト P.273 〜

㉞ トラブルへの対応 ─ PL責任への対応、紛争解決の手段 ─

問題1 次は、PLクレームとその対策についての記述である。正しいものには○、誤っているものには×をつけなさい。

1. 日本では製造物責任について、製造者に過失がなくとも、製品に欠陥があれば責任が問われる「無過失責任主義」を採っている。
2. 日本の製造物責任法（PL法）では、製造物責任は製造業者だけでなく、輸入者にも課されることになっている。
3. 日本のPL法の対象は、「製造または加工された動産」となっており、サービスや不動産、米や生鮮食品は対象外である。
4. 取引契約の約款に、「輸入地で起きたPLクレームは輸入者が解決する」旨を盛り込めば、輸出者にPLクレームが提起される心配は完全になくなる。
5. 日本のPL法では、輸入者が製造物責任を負うことになっているので、取引契約の約款に「輸入者がPL訴訟を起こされたら、輸出者にPL責任が遡及／転嫁できる」旨を盛り込んでも無意味である。
6. 輸出PL保険では、被害者に支払うべき懲罰的賠償を含めた損害賠償金だけでなく、損害拡大防止のための応急・緊急費用、弁護士費用を含めた訴訟費用などが付保対象となっている。
7. 輸出PL保険では、訴訟費用も付保対象となっているが、自社が輸出した商品とは関係がないものや、根拠のない理由で訴えられたものであっても訴訟費用をカバーしている。
8. 輸出PL保険を付保した輸出者は、船積書類としてPL保険の保険証券を輸入者に送付する。
9. 「生産物賠償責任保険（以下、国内PL保険）」の対象は、「製造または加工された動産」となっており、サービスや不動産、米や生鮮食品は対象外である。
10. 国内PL保険の保険期間は通常1年で、事故日がこの期間内であるも

のに対して保険金が支払われる。

11. 国内 PL 保険では、「事故発生日」を事故日とするのが一般的であるが、一部の商品については「損害賠償請求日」を事故日とすることもある。

12. PL 予防策として、取扱説明書や警告ラベルに注意を払えば、PL 訴訟に対する完全な対抗要件になる。

13. PL リスク回避のため、玩具に関する取扱説明書や注意ラベルは、玩具を使う子供ではなく、その保護をする親に向けた記述とするべきである。

14. PL 対策は、PL 保険の付保で安心することなく、PL 事故が起こらないように事前の防止策が大切となる。

15. 業界団体が安全性を認定した製品に PL 損害が発生した場合に、当該業界団体が損害賠償金を補償する制度がある製品については、その認定をとることを検討するべきである。

問題2 次は、PL 対策として考えられるものである。（1）〜（6）に当てはまるものを、次の枠内の（A）〜（K）から選びなさい。

1. 安全な製品の製造、輸入
   ・安全な製品の製造、（ 1 ）。
   ・成分、素材、構造の確認。
   ・（ 2 ）基準に合致しているかの確認。

2. PL 予防策の導入
   ・（ 3 ）、カタログ記載内容のチェック。
   ・（ 4 ）の表示。

3. PL 訴訟への対策
   ・契約に PL 責任の（ 5 ）条項を盛り込む。
   ・（ 6 ）の付保。
   ・PL 専門家の育成。

(A) 取扱説明書	(B) PL 保険	(C) 貨物保険
(D) 信用保険	(E) 免責／転嫁	(F) 国際
(G) 品質・安全	(H) 警告ラベル	(I) 輸入の計画
(J) 製造業者	(K) 原産地・原産国	

問題3 次は、貿易取引における紛争解決手段についての記述である。これらが意味するものを、下の枠内の①（日本語）、②（英語）からそれぞれ選びなさい。

1. 輸出者、輸入者のいずれかの国の裁判所に提訴する方法。
2. 輸出者と輸入者が、トラブルの内容について契約書や、成約に関わる通信文などを照らし合わせながら、解決方法、損害賠償等について合意を形成していくもの。
3. 輸出者、輸入者の一方もしくは双方が依頼した第三者機関が作成した斡旋案に、双方が合意するもの。
4. 輸出者、輸入者の双方が合意した仲裁機関に仲裁を依頼し、解決方法について裁定してもらうもの。
5. 輸出者、輸入者の双方が選んだ調停人が作成した調停案に、双方が合意するもの。

①
(A) 裁判　　(B) 斡旋　　(C) 和解　　(D) 調停　　(E) 仲裁

②
(a) Arbitration　　(b) Conciliation　　(c) Lawsuit
(d) Compromise　　(e) Mediation

301

問題4 次は、貿易取引における紛争解決手段についての記述である。正しいものには○、誤っているものには×をつけなさい。

1. 複数国間の商業紛争（国際商事紛争）を解決するための国際的な裁判所として、ジュネーブの国際商事裁判所がある。

2. 「和解」とは、第三者や第三者機関を入れずに、当事者同士で合意を形成していくものである。

3. 「和解」、「斡旋」、「調停」による紛争解決案には法的強制力がないため、取り決められても実効性に懸念が残る。

4. 「裁判」は、自国での判決結果を取引相手国でも適用し、拘束、執行させるための手続きである。

5. 貿易における紛争解決手段として、法的強制力を含めていちばん実効性があるのが「仲裁」である。

6. 日本では、（一社）日本商事仲裁協会が仲裁手続きを行っている。

7. 仲裁による裁定は二審制で時間がかからず、審理が非公開という特徴がある。

8. 仲裁による裁定結果は、モントリオール条約の批准国であれば、どの国であっても法的強制力がある。

9. 「仲裁」を最終的な紛争解決手段にするには、契約書の裏面約款にその旨を盛り込むのが一般的である。

10. 裁判によらない紛争解決のことを「ADR」という。

正答 & 解説

問題 1

正答 1.○ 2.○ 3.○ 4.× 5.× 6.× 7.○
8.× 9.× 10.○ 11.○ 12.× 13.× 14.○
15.○

解説

3、9. **PL法**では、米や生鮮食品などの加工されていない動産は対象外だが、**国内PL保険**では付保対象に含まれている。なお、ソフトウェアは事故の内容によって対象になったり、ならなかったりする。

4. 取引内容の約款は、輸出者－輸入者間の取決めでしかない。輸入国の消費者から輸出者に訴訟を起こされる場合や、輸入国の法令で輸出者の**PL責任**が回避できない場合があるので、設問のような約款を盛り込んでも、輸出者に**PLクレーム**が提起される心配が完全になくなるわけではない。

5. **PL訴訟**を起こされて賠償金などを輸入者が支払わなければならなくなった場合、その埋め合わせを輸出者に行わせるように求める約款を盛り込むことには意味がある。

6. **輸出PL保険**では、**懲罰的賠償**は付保対象としていない。

8. 輸出PL保険は、輸出者が自らにクレーム提起された場合に備えるものであるので、輸入者に保険証券を送るようなことは通常行わない。

10. **記述のとおり**。販売時ではなく、**事故日**が保険期間内でなければならない。販売してから数年たった後に事故が発生することも考えられるため、1年ごとに保険を更新するのが一般的である。

11. **記述のとおり**。一般的な商品は、「事故発生日を事故日とする（**オカレンス・ベース**）」ことに、医薬品のように、事故発生日の特定が困難な商品は、「損害賠償請求日を事故日とする（**クレームメイド・ベース**）」ことになっている。

12. 設問のようなPL予防策をとることは、裁判の際の対抗要件にある程度はなるものの、それで完全というわけではない。

13. PL対策としての取扱説明書や警告ラベルは、その商品に直接接する

者が理解できるようにしなければ、対策となり得ない。よって、子供用玩具であれば、子供でも理解できるものにする必要がある。
15. **記述のとおり**。業界団体の安全認定マークは、PL保険とは性格は違うが、ある程度同じ効果を持つ（ただし、日本国内での事故しかカバーしない場合も多い）。なお、こういった安全認定マークを取得するには、取得費用や認定費用がかかることがほとんどだが、安全認定マークがついていることがPRとなる点も考慮する。

輸出者のPL対策
・PL責任を輸入者に留める条項を裏面約款に入れる。
・輸出PL保険で賠償請求に備える。
　　輸出PL保険でカバーされるものの重要ポイント
　　　－被害者に支払うべき損害賠償金
　　　　ただし「懲罰的賠償」は対象外。
　　　－訴訟費用（弁護士費用等のクレーム解決に要した費用）
　　　　訴えられた訴訟が、輸出した商品と関係のないものや根拠のないものであっても対象。
　　※輸出PL保険は英文約款。また保険期間は損害賠償ベース。

輸入者のPL対策
・PL責任を輸出者に転嫁できる条項を裏面約款に入れる。
・国内PL保険で賠償請求に備える。
　　国内PL保険でカバーされるものの重要ポイント
　　　－被害者に支払う損害賠償金
　　　　（日本には「懲罰的賠償」の考え方はない）
　　　－訴訟になった場合の訴訟費用（弁護士費用等）
　　※国内PL保険は和文約款。また、保険期間は事故発生ベース（一部商品は損害賠償ベース）

問題2

　1. (I)　2. (G)　3. (A)　4. (H)　5. (E)　6. (B)

解説

1. 日本では、PL責任は輸入者に課されることになるため、輸入の計画時から安全な製品であるかどうかの見極めが必要となる。また、品質基準・安全基準は国によって違うため、自社が販売しようとする国の基準と合致しているかどうかを確かめなければならない。
2. 取扱説明書や警告ラベルの記載内容については、使用が想定される対象のみならず、使用はしないが接触が想定される対象も、考えなければならない。
3. 輸出者は、輸入国でのPL損害が免責となるように、輸入者は自国でのPL損害を輸出者に転嫁できるように契約書（通常は裏面約款）に盛り込むことが望ましい。また、PL損害が発生した場合は、損害賠償も含めて大きな賠償額が請求されることがあるので、PL保険の付保は大切である。

PLトラブルの予防策
・安全な製品の製造、輸入
・PL予防策の導入
・PL専門家の育成

問題3

 1. (A) － (c)　2. (C) － (d)　3. (B) － (e)
4. (E) － (a)　5. (D) － (b)

問題4

 1. ×　2. ○　3. ○　4. ×　5. ○　6. ○　7. ×　8. ×
9. ○　10. ○

解説

1. 国際的な商事紛争を解決するための裁判所というものは存在しない。
4. 裁判の判決の法的拘束力は、判決が下された国の中でしかない。その

ため、相手国での拘束、執行には難がある。
5. **記述のとおり。**和解、斡旋、調停には法的強制力がなく、裁判では相手国での強制力に難がある。そのため、ニューヨーク条約加盟国であれば、裁定に法的強制力がある仲裁がいちばん実効性があるといわれている。
6、9. **記述のとおり。**仲裁機関は、それぞれの国にある。日本では(一社)日本商事仲裁協会が仲裁を行っている。仲裁を最終的な紛争解決手段にするには、契約書の裏面約款にその旨を盛り込むのが一般的であるが、そこにはどこの国の仲裁機関で行うかも盛り込む。
7. 仲裁は一審制である。審理が非公開というのは設問のとおりで、そのため原則公開である裁判と違い、営業上の秘密を守ることができるという点も特徴である。
8. モントリオール条約ではなく、ニューヨーク条約である。なお、ニューヨーク条約の加盟国は現在約150ヵ国である。未加盟の国、加盟していても国内法未整備の国もあるので、すべての国で強制執行力があるわけではない。

紛争解決手段

・紛争解決手段には、和解（Compromise）、斡旋（Mediation）、調停（Conciliation）、仲裁（Arbitration）、裁判（Lawsuit）がある。
・最善の方法は仲裁。「ニューヨーク条約」（正式名称：外国仲裁判断の承認及び執行に関する条約）の加盟国（約150ヵ国）で法的強制力がある。
・仲裁を最終的な紛争解決手段にするよう、契約書の裏面約款に盛り込むのが一般的。

誰が猶予を与えているのか？　　　　　➡ テキスト P.281 〜

㉟ 貿易金融

問題 1 次は、貿易金融の手段についての記述である。これらが意味するものを下の枠内の①から、誰から誰に与える金融なのかを②から、それぞれ選びなさい（複数回使用可）。

1. 輸出地銀行が L/C 無 D/A 手形を買取扱いにして、輸入者に支払期限の猶予を与え、かつ代金回収のリスクを負うもの。

2. 輸出契約成立後の当該輸出契約に基づいた前貸し金融。

3. 本邦ローンと輸入跳返り金融の 2 段階にせず、最初から円貨で輸入代金の融資を受けるもの。

4. 一覧払手形決済の場合に、輸入地銀行が輸出者（輸出地銀行）に決済をし、その一方で輸入者には支払期間の猶予を与えるもの。

5. 販売先からの売掛代金の入金が遅延し、本邦ローンで受けたユーザンス（Usance）期日になっても代金回収ができない場合の、代金回収までのつなぎ融資。

6. 輸出契約前の見込生産や集荷のための資金を融資するもの。

7. 後払送金や L/C 無 D/P、D/A 決済のように支払猶予（Usance）を与え、かつその間の代金回収リスクを負うもの。

---

①
(A) 輸出前貸し金融　　　(B) つなぎ融資
(C) シッパーズ・ユーザンス　　　(D) B/C ディスカウント
(E) 本邦ローン　　　(F) 輸入跳返り金融　　　(G) 直ハネ

②
(a) 輸出者から輸入者　　　(b) 輸入者から輸出者
(c) 輸出地銀行から輸出者　　　(d) 輸出地銀行から輸入者
(e) 輸入地銀行から輸出者　　　(f) 輸入地銀行から輸入者

307

問題2 次は、貿易金融についての記述である。正しいものには○、誤っているものには×をつけなさい。

1. 貿易のために資金の融通をしてもらうことを「貿易金融」といい、融資を受けるタイミングによって「船積前金融」と「船積後金融」に分類される。

2. 輸出者は、輸入者からの代金入金よりも、商品の調達や商品製造のための原料調達の費用の支払いが先になる場合に、貿易金融を利用することがある。

3. 輸出者は、資金繰りが厳しくなることを避けるために、商品調達先、製造のための原料調達先から支払期日を早めてもらうことがある。

4. 輸出者が受けるつなぎ融資は、具体的に輸出契約が締結されていないと利用できない。

5. 輸出前貸し金融には、銀行小切手を輸出者に渡す（輸出者はその小切手を調達先に渡す）方法と、手形貸付による方法がある。

6. 輸出者のためのつなぎ融資、輸出前貸し金融は円貨で融資されるのが一般的である。

7. 輸入者は、商品販売先からの代金支払いを輸出者への代金支払前にしてもらうことで、資金繰りが厳しくなるリスクを解消することができる。

8. シッパーズ・ユーザンスでは、銀行が輸入金融に介在しない代わりに、輸入者が代金回収リスクを負うことになる。

9. シッパーズ・ユーザンスでは、輸入者は輸入地銀行に約束手形を差し入れる。

10. 輸出地銀行がL/C無D/A手形を買取扱いにして、輸入者に支払期限の猶予を与え、かつ代金回収のリスクを負うものを「B/Cユーザンス」という。

11. 一覧払手形決済の際に、輸入地銀行が立替払いで対外的には決済をし、輸入者に支払期間の猶予を与えることを本邦ローンという。

12. 本邦ローンでは、輸入地銀行はB/L（と貨物）を担保として貨物の貸渡しという形をとるため、利用をする際には、輸入者は銀行に「丙号T/R」および「外貨建約束手形」を差し入れなければならない。

13. 本邦ローンは、貨物代金の支払いに対してだけでなく、輸入者が支払うべき運賃や輸入者が支払うべき保険料の支払いに対しても利用することができる。

14. 本邦ローンで受けたユーザンス期日になっても、輸入商品の売行きが思わしくなく代金回収ができない場合には、輸入跳返り金融でつなぎ融資を受けることを検討する。

15. 輸入者が販売代金回収の遅延などの理由により、手形期限まで決済できない場合に、銀行が円貨で金融を行うことを直ハネという。

16. 本邦ローン、輸入跳返り金融は外貨で融資されるが、直ハネは円貨で融資される。

309

正答 & 解説

問題1

正答　1. (D) － (d)　　2. (A) － (c)　　3. (G) － (f)
　　　　4. (E) － (f)　　5. (F) － (f)　　6. (B) － (c)
　　　　7. (C) － (a)

解説

　「つなぎ融資」「輸出前貸し金融」は、輸出者に対する**船積前金融**、「シッパーズ・ユーザンス」「B/Cディスカウント」「本邦ローン」「輸入跳返り金融」「直ハネ」は、輸入者に対する**船積後金融**ということになる。

　これらが、よく用いられる**貿易金融**である。

問題2

正答　1.○　　2.○　　3.×　　4.×　　5.○　　6.○　　7.○
　　　　8.×　　9.×　　10.×　　11.○　　12.×　　13.○　　14.×
　　　　15.×　　16.×

解説

2、3. 輸出取引では、輸入者からの代金入金よりも、商品や原料の調達のための支払いが先になることが往々あり、そうなると資金繰りが厳しくなる。そのため、支払いを遅らせてもらうように調達元に依頼するか、銀行融資を受ける。

4. 輸出者が受ける**つなぎ融資**は、具体的な輸出契約が締結される前に見込みで生産や集荷をする資金のために融資を受けるものである。一方、**輸出前貸し金融**では、具体的な輸出契約の締結後に融資を受けることができるもので、L/Cが輸出者に届いたことをもって融資条件とする（L/Cに基づく代金を担保とする）こともある。

5. **記述のとおり**。輸出前貸し金融には2つの方法があり、設問文中の前者を**輸出当座貸越し**、後者を**輸出前貸関係準商業手形**という。

6. **記述のとおり**。基本的には、日本国内の商品や原料の調達元に支払うものなので、円貨で融資されるのが一般的である。

310

7. **記述のとおり。** 輸入取引では、販売先からの代金入金よりも輸入のための支払いが先になることが往々にあり、そうなると資金繰りが厳しくなる。そのため、支払いを早め、輸出者への支払前にするように販売先に依頼するか、銀行融資を受ける。

8. **シッパーズ・ユーザンス**は、輸出者が輸入者への支払猶予を与えるものなので、リスクを負うのは輸出者である。

9. シッパーズ・ユーザンスに約束手形の差入れの必要はない。

10. 設問の記述は、**B/C ディスカウント**である。**B/C ユーザンス**とは、本邦ローンのうち、L/C無D/P手形の際にとくに呼ばれるものである。

12. **本邦ローン**を利用する際に差し入れる T/R は、**甲号 T/R** である。**丙号 T/R** は、航空貨物で船積書類未着の場合に使われるものである（❷❽輸入代金決済と貨物の引取り(2)―船積書類未着の場合―／参照）。

13. **記述のとおり。** 貨物代金以外にも本邦ローンを使うことができる。輸入者が支払うべき運賃に対するものを**フレートユーザンス**、輸入者が支払うべき保険料に対するものを**保険料ユーザンス**という。

14. **輸入跳返り金融**（**ハネ金**）は、販売先からの売掛代金の入金が遅延し、本邦ローンで受けたユーザンス期日になっても代金回収ができないなど、輸入者に代金回収の見込み（約束手形を含めた債権）がある場合しか利用できないのが原則である。単に売行きが悪く、資金繰りに問題があるという場合には使えない。

15. 設問の記述は、**輸入跳返り金融**のものである。**直ハネ**とは、本邦ローンと輸入跳返り金融の２段階にせずに、最初から円貨で輸入代金の融資を受けることである。

16. 本邦ローンは外貨で、輸入跳返り金融と直ハネは円貨で融資される。

311

貿易金融

・輸出者は船積前輸出金融、輸入者は船積後輸入金融を利用するのが一般的。

◆船積前輸出金融

・つなぎ融資と輸出前貸し金融がある。

◆船積後輸入金融

・輸出者が、支払猶予を与えるものをシッパーズ・ユーザンスという。
・輸出地銀行からのものは、B/C ディスカウントという。
・輸入地銀行からのものには、本邦ローン、B/C ユーザンス、輸入跳返り金融、直ハネがある。
　―本邦ローンには、貨物代金の支払い（一般的な用途）目的以外に、フレートユーザンス、保険料ユーザンスもある。
　※本邦ローンを利用する際に、輸入者から輸入地銀行に提出する書類について理解すること。

主要な保険種類の利用条件、手続きを理解しよう！　　→ テキスト P.287〜

㊱ 貿易保険

問題1 次に示した状況は、それぞれ（株）日本貿易保険（NEXI）の貿易保険が担保する「（A）信用危険」と「（B）非常危険」のどちらにあたるかを答えなさい。ただし、いずれにもあたらない場合は、「（C）担保対象とならない」としなさい。

1. 輸出契約等の相手方（輸入者）の破産により、船積みができなくなった。
2. 日本の法令改正によって、船積みができなくなった。
3. 輸入国政府の輸入制限・禁止、戦争、革命、内乱、テロなどで船積みができなくなった。
4. 外国政府等が相手の場合に、一方的に契約を破棄された。
5. 船積みした貨物が、運送途上で船員により盗難された。
6. 輸入国までの経路で戦争、革命が発生したことによって航路や到着港を変更したため、増加費用が発生した。
7. 代金を前払いしたものの、輸出者の資金繰り悪化や破産等、貨物を輸入することができない状況が発生し、かつ前払金の返却もしてもらえない。
8. 輸入国までの経路で戦争、革命、内乱が発生し、それらの当事者によって輸出した商品が破壊された。

問題2 次は、NEXIを利用した貿易保険についての記述である。正しいものには○、誤っているものには×をつけなさい。

1. 貿易は自己責任で行うため、取引相手先の倒産や不誠実が理由となる代金回収リスクや、商品が送られてこないといったリスクは、保険の担保対象にならない。

313

2. 取引当事者には責任のない、政治・経済情勢的な理由による代金回収等に対する危険を「非常危険」という。

3. 船積前に取引不能や中止になった場合、輸出者は商品を保持しており損失がないため、NEXI の貿易保険では保険付保の対象としていない。

4. 貿易一般保険の被保険者は、輸出者である。

5. 貿易一般保険では、輸出者が被った損害が 100％てん補される。

6. 輸出手形保険とは、輸出者の振り出した荷為替手形に対して、その手形が不渡りとなった場合の損害を担保するものである。

7. 輸出手形保険は、L/C 付荷為替手形決済に利用するもので、L/C 無荷為替手形決済には利用できない。

8. 輸出手形保険の被保険者は輸出者であり、輸出者は保険料を NEXI に支払うことで保険契約が成立する。

9. 輸出手形保険のてん補率は最大 95％であり、輸出手形保険でてん補しきれなかった損害については、その手形の買取りを行った銀行から輸出者に償還請求が行われる。

10. 輸出手形保険では、実際の損害額にかかわらず、手形金額をベースに支払われるべき保険金の金額が算定される。

11. 輸出手形保険では、買取銀行が輸入者の信用状況の判断をして手形の買取りを行っているので、NEXI は輸入者の格付について審査を行わない。

12. B/L や Air Waybill の Consignee 欄が輸入者となっている場合には、輸出手形保険を付保することはできない。

13. 輸出手形保険の対象となる荷為替手形は、船積後 7 日以内に輸出地銀行に買い取られていなければならない。

14. 輸出手形保険の付保条件として通常、戦争保険とストライキ保険を含む、海上保険が付保されていることが求められる。

15. 貿易一般保険の付保申込みは、自社の所属する業界団体や商工会議所に対して行うことになっている。

16. 輸出者が輸出手形保険の付保手続きをする場合には、為替手形の買取銀行に付保を依頼する。

17. 外国政府機関も貿易保険の付保対象となる取引相手となっており、NEXI の与信管理区分では S グループに属する。

18. 取引相手企業が NEXI の「海外商社名簿」に登録されており、また一定以上の格付があり、かつ NEXI が企業ごとに設定している与信枠が残っていなければ、貿易保険は付保できない。
19. 貿易保険を付保する際には、取引相手先だけでなく、自社も「海外商社名簿」に登録されていなくてはならない。
20. NEXI は国ごとに引受方針を設定しており、貿易保険の引受けを行わない国もある。

問題3 次は、NEXI で貿易保険を付保する際のステップである。これらを時系列順に並べ替えなさい。

1. 取引相手企業の「海外商社名簿」への登録（未登録の場合）
2. 取引相手企業の信用格付の確認
3. 「貿易保険利用者」として登録（「シッパーコード」を取得）
4. 「保険申込書」の提出と保険料の支払い
5. 取引相手国について引受方針、国カテゴリーの確認

問題4 次は、貿易保険や海外取引信用保険などの信用リスク回避策についての記述である。正しいものには○、誤っているものには×をつけなさい。

1. 貿易保険の民間開放の結果、NEXI とほぼ同じ条件、保険種類で海外取引信用保険をかけることができる。
2. 海外取引信用保険とは、民間保険会社が NEXI の代理店となって締結している貿易保険のことである。
3. 貿易保険や海外取引信用保険は、インコタームズなどで付保が義務づけられているものではないが、通常は取引契約の中に付保の要否を盛り込む。
4. 貿易保険、海外取引信用保険によって、輸出者は輸入者側の L/C 発行に依らず、自身で代金回収リスクの回避を講じることができる。
5. 信用調査の結果は完全ではないので、貿易保険、海外取引信用保険の付保の要否はリスク回避の視点からしっかり考えるべきである。

6. 海外取引信用保険では、保険会社が信用調査会社や債権回収サービス専門会社（サービサー）と連携して、債権回収のネットワークを構築し、保険契約者の事務手続きを軽減している。

7. 輸出企業が買戻し義務を負わない形で、銀行が為替手形の買取りを行うものを「国際ファクタリング」といい、これを利用すると、輸出者は原則として100％のリスク回避ができる。

正答 & 解説

問題1

正答 1. (A)　2. (B)　3. (B)　4. (A)　5. (C)　6. (B)　7. (A)
　　　8. (C)

解説

2. 日本政府の法令改正によって船積みができなくなった場合も、**貿易保険**の対象となる。
4. 外国政府が関係しているが、この場合はその政府は取引当事者なので**信用危険**となる。
5. 船員による盗難など、貨物そのものに損害が生じた場合には貿易保険ではなく、**貨物保険**の対象である。
6. 設問のような、**非常危険**が原因となる増加費用も非常危険の一種とされており、これも貿易保険の対象となる。
7. 貿易保険のほとんどは輸出者向けのものであるが、設問のように輸入者の前払金回収不能も貿易保険の対象となる。NEXIには、こういった危険をカバーする**前払輸入保険**という保険種類がある。
8. 戦争、革命、内乱などで船積不能や代金回収不能になった場合は貿易保険の対象となるが、商品そのものが破壊されたことによる損害は、貨物保険の対象である。

非常危険と信用危険

・信用危険
　　… 取引当事者の責任による危険。輸入者の倒産、L/C 発行銀行の破綻、一方的な契約破棄など。

・非常危険
　　… 取引当事者に責任がない、政治・経済情勢的な理由による危険。輸入国政府の輸入制限・禁止、戦争、革命、内乱、テロなど。

問題2

正答

1. × 　2. ○ 　3. × 　4. ○ 　5. × 　6. ○ 　7. ×
8. × 　9. ○ 　10. × 　11. × 　12. ○ 　13. × 　14. ○
15. × 　16. ○ 　17. × 　18. ○ 　19. × 　20. ○

解説

1. 貿易保険は、設問のような状況を担保して保険金を支払うものである。

3. 契約後であれば、輸出する商品の製造、調達にかかっているために**費用損害**のリスクがある。よって、貿易保険は船積みや出荷前であっても、輸出契約締結以降であれば保険の担保対象としている。

5. 貿易一般保険では、損害が必ずしも100％てん補されるわけではない。船積前で貨物のFOB価格の60〜95％、船積後で契約上の代金額の90〜100％が、保険金額（保険金として支払われる最高限度額）となっている。

7. L/C付荷為替手形決済であれば、輸入地のL/C発行銀行からの支払保証があるので、通常は**輸出手形保険**を付保する必要がない。輸出手形保険の付保が必要になるのは、L/C無荷為替手形決済で買取扱いとなる場合である。むしろ、輸出地銀行は輸出手形保険を付保しないと手形の買取りをしない場合が多い。

8. 輸出手形保険の被保険者は、輸出者の振り出した手形の買取銀行であり、保険料の支払者も同様である。ただし、保険料は手形買取時に輸出者が買取銀行に支払い、それがNEXIに支払われるという形になっている。

9. **記述のとおり**。手形が不渡りになった場合、通常は銀行から輸出者に手形の買戻しの請求が行われる（**償還請求**、**Recourse**。㉕輸出代金決済(1)─送金決済、D/P、D/A決済─／参照）。この時、輸出手形保険を付保していれば、その損害額の95％までを補填してもらえる。ただし、残りの5％分については、輸出者に償還請求されるため、100％担保されるわけではない。

10. 輸出手形保険で支払われる保険金は、実際の損失額に保険金額とされている手形金額（95％）に対する割合をかけて算出される。

11. 輸出手形保険でも、NEXIは輸入者の**格付審査**をする。具体的には、G、

SA 格、NEXI の個別保証枠の確認を受けた EE、EA、EM、EF 格で
なければならない。

12. **記述のとおり**。輸出手形保険の付保条件は、「船荷証券、航空運送状、郵便小包受取証等によって手形上の権利が担保されていること」となっている。運送書類の Consignee 欄が輸入者名で記名式にされていると、この権利が担保できないので付保できない。つまり、B/L では指図式、Air Waybill では輸入地銀行名になっていなければならない。

13. 「船積後 7 日以内」ではなく、「船積日の翌日を起算日として 3 週間以内」である。さらに、買取銀行は、買取日から起算して 5 営業日以内に NEXI に買取通知をしなければならない。

15. **貿易一般保険**の付保申込みは、通常は NEXI に対して行う。一部業界団体では、NEXI と包括契約を締結し、会員向けに有利な条件で引き受けているが、そこを経由することは義務ではない。

16. **記述のとおり**。輸出手形保険の被保険者は買取銀行であるので、輸出者は銀行に付保を申し込んで、保険料も支払うことになる。通常は、**輸出手形買取依頼書**に付保するかどうかの記載欄がある。

17. 政府機関は G グループである。S グループは銀行などの金融機関。

19. **海外商社名簿**に登録されるのは、海外の取引相手である。日本の企業はシッパーコードを取得しなくてはいけないが、「海外商社名簿」に登録される必要はない。

Point

貿易保険

◆貿易一般保険

・貿易一般保険の保険契約者、被保険者は輸出者。

・非常危険、信用危険による契約後の船積前および船積後の、輸出不能、代金回収不能、増加費用による損害を担保する。

・必ずしも損害額の100%がてん補されるわけではない。

◆輸出手形保険

・輸出手形保険の保険契約者、被保険者は輸出者の荷為替手形の買取銀行。保険料は、買取銀行が輸出者から徴収する。

・荷為替手形の支払拒否や不渡りによる買取銀行の損害をてん補する。

・保険金額は手形金額の95%。残額は輸出者に償還請求される。

問題3

正答 3. → 5. → 1. → 2. → 4.

解説

3. NEXIの貿易保険の利用には、まずは自社が**シッパーコード**を取得する必要がある。これによって、自社が利用できる保険種類が変わるためである。ただし、これは最初の1回だけでよい。

5. 国によっては引受制限がある場合があるので、利用できるかどうかを照会する必要がある。

1、2. 取引相手の信用格付状況によって付保の可否が変わるために、それをNEXIの「海外商社名簿」で調べる必要がある。登録されていなければ、登録申請をする必要がある。

貿易保険を付保するための条件
- 貿易保険利用者として登録し、「シッパーコード」を取得している。
- 国ごとに設定されている引受方針、国カテゴリーで、取引相手国が引受可能国となっている。
- 取引相手企業が、「海外商社名簿」に登録されている。
- 保険料を支払っている。

問題4

 1.× 2.× 3.× 4.○ 5.○ 6.○ 7.×

解説

1、2. **海外取引信用保険**は従来、NEXI の独占事業であった貿易保険が、民間開放された結果、登場したものである。外資系信用保険会社や、それらと提携した国内損害保険会社が独自に付保している。つまり、NEXI の代理店ではない。ただし、すべてが民間開放されたわけではなく、現在のところ、短期、年間包括契約が主となっている。

3. 貿易保険は、自らのために付保するものであり、インコタームズで義務づけられているものでもなければ、取引契約に盛り込むものでもない。

4. **記述のとおり**。L/C は、輸入者と輸入地銀行に発行依頼するものなので、輸入国側当事者の信用力に依ることになる。しかし、貿易保険や海外取引信用保険を利用すると、輸出者が自社でリスク回避手段を講じることができる。

7. 設問の内容は、**フォーフェイティング**についてのものである。**国際ファクタリング**とは、ファクターと呼ばれる債権買取会社による輸出手形債権の買取り（輸出者視点では売却・譲渡）の仕組みである。

「簡易通知型包括保険」

　NEXIでは、様々な貿易保険商品を取り扱っていますが、そのうちのひとつに「簡易通知型包括保険」というものがあります。

　従来からの貿易一般保険には、「貿易一般保険（個別保険）」と「貿易一般保険（企業総合保険）」があります。前者は、個々の契約ごとに保険をかけるもので、後者は1年間の契約について包括的に保険をかけるものです。企業総合保険では、取引相手の与信枠の確認をすることは必要でなく、特約締結・更新時に与信枠が設定されるので、手続きにかかる時間が短くなります。

　簡易通知型包括保険は、この企業総合保険に似ていますが、大きく違う点があります。企業総合保険では、輸出契約が行われるたび（つまり船積前）に保険の申込みを行う必要がありますが、簡易通知型包括保険では、毎月の船積実績額などを船積月の翌月末まで（つまり船積後）にまとめて通知すると、遡及して保険関係が成立します。これによって事務手続きが簡素化されるので、複数の取引相手に反復継続的に輸出を行う輸出者には、非常に便利といえるでしょう。

　さらに、債権の回収（※）についても、サービサー（債権回収会社）を利用することを前提としているので、輸出者の代金回収の手間も大きく省けることになります。

　※NEXIでは、保険金を支払った場合、支払いを受けた会社に当該保険金支払いの理由となった債権について、その回収と回収された金銭のNEXIへの納付を義務づけています。

Day 10

より効率的な貿易取引をするために

項　目　名	重要度
㉜ 輸出通関の迅速化、効率化	★★★★
㉝ 輸入通関の迅速化、効率化	★★★★
㉞ 貿易の様々な形態	★
㉟ 貿易マーケティング	★★

輸出通関の原則と例外、特例の違いを理解しよう。　　➡ テキスト P.296 〜

㊲ 輸出通関の迅速化、効率化

問題1　次は、様々な輸出通関の例外、特例の制度である。それ
ぞれの場合において、下の枠内の各手続き・状況はどの
ような流れになるのかを、例の「原則的な輸出通関」の
ように並べ替えなさい。

例. 原則的な輸出通関

　　　(B) → (D) → (H) → (A) → (C) → (F)

1. 特定輸出申告制度
2. 特定委託輸出申告制度
3. 特定製造貨物輸出申告制度

(A) 保税地域に搬入　　　　　　(B) 輸出申告　　　(C) 輸出許可

(D) 税関による審査・検査　　　(E) 予備申告　　　(F) 船積み

(G) 認定製造者から貨物を取得　(H) 輸出者拠点から出荷

問題2　次は、輸出通関を迅速化、効率化できる各種制度につい
ての記述である。正しいものには○、誤っているものに
は×をつけなさい。

1. 税関長に届け出ることで、貨物を輸出する船舶に置いた状態で輸出申
告をし、輸出許可を受けることができる「本船扱い」の制度を利用す
ることができる。
2. 本船扱い、艀（ふ）中扱いは、長大物や腐敗、変質の可能性があるな
ど、保税地域に搬入することが不適当な貨物についてのみ認められる。
3. 保税地域への搬入前に輸出申告を行った貨物は、保税地域に搬入する
ことなく、船積みをすることができる。

問題3 次は、輸出通関に係る AEO 制度についての記述である。正しいものには○、誤っているものには×をつけなさい。

1. コンプライアンスに優れた事業者を承認や認定し、当該事業者の通関手続きを簡素化・迅速化を図る制度を「AEO 制度」という。

2. どんな種類の貨物であっても、輸出申告の特例制度の適用を受けることができ、特段の制限はない。

3. 特定輸出者は、輸出貨物を保税地域に搬入せず、輸出者の工場や倉庫等にある状態で輸出申告を行い、輸出許可を受けることができる。

4. 特定輸出者となるには、過去の一定期間、不行跡がない「法令遵守に優れた輸出者」である等の要件を満たして、財務大臣より承認を受ける必要がある。

5. 特定輸出申告を行う場合は、原則として仕入書（Invoice）の提出は不要である。

6. 特定輸出申告によって、輸出者拠点で輸出の許可を受けた場合、船積みする前に保税地域に搬入しなければならないが、輸出者拠点から保税地域までの運送については、保税運送の承認を受ける必要がある。

7. 特定委託輸出者は、輸出貨物を保税地域に搬入せず、輸出者の工場や倉庫等にある状態で輸出申告を行うことができるが、輸出許可を受けることができるのは、当該貨物を保税地域に搬入した後となる。

8. 特定委託輸出者となるには、過去の一定期間、不行跡がない「法令遵守に優れた輸出者」である等の要件を満たして、税関長より承認を受ける必要がある。

9. 特定委託輸出申告を行う場合は、原則として仕入書（Invoice）の提出が必要である。

10. 特定委託輸出申告を行う場合は、輸出申告などの通関業務を認定通関業者に委託しなければならない。

11. 特定委託輸出申告を行う場合は、輸出申告をした輸出者拠点から保税地域までの運送を輸出者自らが行うことはできず、認定通関業者に運送を委託しなければならない。

12. 特定委託輸出申告を行う場合、輸出申告をした輸出者拠点から保税地域までの運送について、保税運送の承認を受ける必要がある。

13. 特定製造貨物輸出申告制度とは、認定製造者が製造した貨物を取得した特定製造貨物輸出者が、輸出貨物を保税地域に搬入せず、特定製造貨物輸出者の工場や倉庫等にある状態で輸出申告を行うことができる制度である。

14. 特定製造貨物輸出者は、認定製造者が製造した貨物以外の貨物についても、特定製造貨物輸出申告制度を利用することができる。

15. 認定製造者は、自ら製造した貨物について自ら特定製造貨物輸出申告制度を利用して輸出することができる。

16. 特定製造貨物輸出者は、輸出貨物を保税地域に搬入せず、輸出者の工場や倉庫等にある状態で輸出申告を行うことができるが、輸出許可を受けることができるのは、当該貨物を保税地域に搬入した後となる。

17. 特定製造貨物輸出申告制度を利用するには、過去の一定期間、不行跡がない「法令遵守に優れた輸出者」である等の要件を満たして、税関長より認定製造者、特定製造貨物輸出者として、ともに認定を受けている必要がある。

18. 特定製造貨物輸出申告を行う場合は、原則として仕入書（Invoice）の提出は不要である。

19. 特定製造貨物輸出申告を行う場合は、輸出申告などの通関業務を認定通関業者に委託し、輸出の許可を受けた輸出者拠点から保税地域までの運送を、特定保税運送者に委託しなければならない。

正答 & 解説

問題 1

正答
1. (B) → (D) → (C) → (H) → (A) → (F)
2. (B) → (D) → (C) → (H) → (A) → (F)
3. (G) → (B) → (D) → (C) → (H) → (A) → (F)

解説

輸出申告は輸出者拠点（※）に貨物が置かれている状態で行える。つまり、保税地域に貨物を搬入しなくても行える。また、保税地域に搬入後に申告することもできる。（設問の流れでは、(H) → (A) → (B) → (D) → (C) → (F)）　ただし、通常の輸出通関では、輸出許可を受けることができるのは、保税地域に搬入された後である。

※必ずしも輸出者の建物や倉庫などを意味せず、貨物が揃っている状態であれば運送中や運送業者の倉庫でもよい。

これに対して、**特定輸出申告制度、特定委託輸出申告制度、特定製造貨物輸出申告制度**を利用する場合は、輸出者拠点で輸出申告をし、そこで輸出許可まで受けることができる。これらを「**輸出申告の特例制度**」（**輸出 AEO 制度**）といい、この制度を利用する貨物は「特例輸出貨物」と呼称される。

なお、輸出 AEO 制度を利用する場合、貨物が置かれている場所や船積みしようとする港・港湾の所在地に関わらず、いずれの税関長に対しても行うことができる。（**申告官署の自由化**）

問題 2

正答　1. ×　2. ○　3. ×

解説

1. **本船扱い、艀（ふ）中扱い**のいずれについても、税関長の「承認」が必要。「届出」ではない。
3. 輸出申告は保税地域に搬入前、搬入後のいずれのタイミングでも行う

ことができる。ただし、搬入前に輸出申告したものについては、保税地域に搬入後でなければ輸出の許可を受けることができないのが原則である。

輸出通関を迅速化、効率化できる各種制度
・税関長より本船扱い、艀（ふ）中扱い、搬入前申告扱いの承認を受けると、保税地域に搬入しないで輸出申告をすることができる。

問題3

 1.○ 2.× 3.○ 4.× 5.○ 6.× 7.×
8.× 9.× 10.○ 11.× 12.× 13.○ 14.×
15.× 16.× 17.○ 18.○ 19.×

解説

1. 記述のとおり。AEO とは、「Authorized Economic Operator」の略である。
2. 輸出申告の特例制度は、どんな貨物にも適用できるわけではない。輸出貿易管理令によって許可や承認が必要となる貨物の一部については、この制度を利用できないことになっている。
3、7、13、16. 輸出 AEO 制度のいずれにおいても、輸出しようとする貨物を保税地域に搬入せずに輸出者拠点で輸出申告をして、税関の審査を受け、さらに輸出許可まで受けることができる。
4. 特定輸出者の承認を受けるには、コンプライアンス（法令遵守）に優れた者でなければならない。しかし、この承認をするのは、税関長であって財務大臣ではない。
5、9、18. 輸出 AEO 制度を含めて輸出申告においては Invoice（日本の法律では「仕入書」）の提出は原則不要（税関長が求めたときのみ提出）である。
6、12. 輸出 AEO 制度で許可を受けた場合、当該貨物は輸出者拠点で外国貨物になる。外国貨物であるので、通常であればそこから保税地域までの運送は、保税運送の承認を受けて行わなければならない。しか

し、この制度では、効率化のために保税運送の承認を不要としている。

8. 特定委託輸出申告制度は、コンプライアンスを輸出者ではなく、通関業者や運送人に担わせる制度である。そのため、輸出者自身がコンプライアンスに優れていると認められる必要はない。

10. **記述のとおり**。特定委託輸出申告制度では、輸出申告などの通関業務を認定通関業者に行わせなければならない。**認定通関業者**は、コンプライアンスに優れた者として、税関長より認定を受けた通関業者である。

11. 特定委託輸出申告制度では、輸出者がコンプライアンスを担保していないので、輸出申告後の運送中のコンプライアンスを担保する者として、**特定保税運送者**（認定通関業者ではない）に運送させなければならないことになっている。

14、15. 特定製造貨物輸出申告制度は、「認定製造者から特定製造貨物輸出者が取得した貨物を輸出する場合」の制度である。よって、**認定製造者**が製造した貨物以外の貨物を**特定製造貨物輸出者**が輸出する場合でも、認定製造者自らが輸出する場合でも、この制度を利用することはできない。

17. **記述のとおり**。特定製造貨物輸出申告制度では、認定製造者、特定製造貨物輸出者の両者がセットで認定を受ける必要がある。具体的には、製造業者が認定製造者の認定を申請する際に、相方となる輸出者を特定製造貨物輸出者として指定する必要がある。それぞれ別個に認定や承認を受けて、相手を自由に選べるわけではないので注意。

19. 特定製造貨物輸出申告制度では、コンプライアンスを特定製造貨物輸出者が担保しているので、特定保税運送者に運送を委託する必要はない。また、他の輸出 AEO 制度と同じく、保税運送の承認は不要である。なお、認定製造者から特定製造貨物輸出者が貨物を取得する際には、まだ内国貨物であるので、やはり保税運送の承認は不要である。

輸出に係る AEO 制度（輸出申告の特例）

・輸出申告の特例には、特定輸出申告制度、特定委託輸出申告制度、特定製造貨物輸出申告制度がある。
・輸出申告は、いずれも輸出者拠点ででき、輸出者拠点で許可まで受けることができる。
・特定輸出者、特定製造貨物輸出者、認定製造業者となるには、コンプライアンスに優れた者として税関長に認められる必要がある。
・特例の3種についてその違い、要件を理解すること。

不服申立制度

　輸出入通関を行っていると、関税に関するものに限らず、あらゆることで、税関（正しくは税関長）が下した処分について納得がいかないことがあります。そういったときには「不服申立て」を起こすことができます。日本では税関長の処分に係る不服申立ては、3段階になっています。

　第1段階は、税関長の処分に対する「異議申立て」で、これは処分があったことを知った日の翌日から起算して2ヵ月以内に税関長に対して行うことができます。申立てに対して税関は調査をし、その結果を「決定書謄本」で申立人に通知します。

　なお、この決定に不服がある場合には、第2段階として「審査請求」を行うことができます。これは、決定書謄本の送達を受けた日の翌日から1ヵ月以内に財務大臣に申し立てるものです。請求を受けた財務大臣は調査・審理し、その結果を「裁決書謄本」で請求人に通知します。

　さらに、この裁決に不服がある場合、第3段階は裁判所への訴えです。訴える先はいうまでもなく裁判所で、訴えは原則として裁決書謄本の送達を受けた日から起算して6ヵ月以内に起こすこととなっています。

　税関の処分に対しては、どんなときでも唯々諾々と従わなければならないというわけではなく、不服があるときに

はこのような制度を利用できることを覚えておいてください。

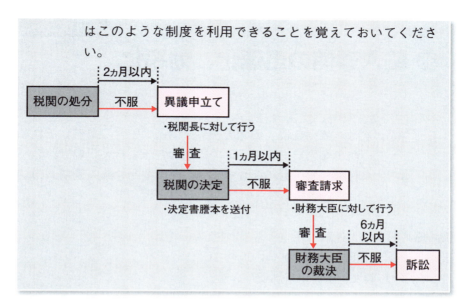

輸入通関の原則と例外、特例の違いを理解しよう。 → テキスト P.301〜

❸❽ 輸入通関の迅速化、効率化

問題1 次は、様々な輸入通関の例外、特例の制度である。それぞれの場合において、下の枠内の各手続き・状況はどのような流れになるのかを、例の「原則的な輸入通関」のように並べ替えなさい。

例. 原則的な輸入通関

(A) → (B) → (K) → (D) → (C) → (H)

1. 予備申告制度（事前申告制度）
2. 輸入許可前貨物の引取承認制度（BP 承認制度）
3. 関税の納期限の延長
4. 特例申告制度（特例輸入者が保税地域に搬入後に申告する場合）
5. 特例申告制度（特例輸入者が保税地域に搬入前に申告する場合）
6. 特例申告制度（特例委託輸入者が保税地域に搬入後に申告する場合）
7. 特例申告制度（特例委託輸入者が保税地域に搬入前に申告する場合）

(A) 荷降し・保税地域に搬入　　(B) 輸入（納税）申告

(C) 輸入許可　　　　　　　　(D) 税関による審査・検査

(E) 予備申告　　　　(F) 納税申告　　　(G) 引取申告

(H) 保税地域から搬出　　(I) BP 承認申請　　(J) BP 承認

(K) 関税納付　　　　(L) 納期限の延長申請

問題2 次は、輸入通関を迅速化、効率化できる各種制度についての記述である。正しいものには○、誤っているものには×をつけなさい。

1. 税関長に承認を受けることで、貨物を保税地域に搬入する前に輸入申

332

告ができる「搬入前申告扱い」の制度を利用することができる。
2. 本船扱いと艀（ふ）中扱いは、長大物や腐敗、変質の可能性があるなど、保税地域に搬入して輸入申告することが不適当な貨物についてのみ認められるが、搬入前申告扱いは、いかなる貨物についても認められる。
3. 搬入前申告扱いとなった貨物であっても、輸入の許可を受けることができるのは、保税地域に搬入した後である。
4. 予備申告制度とは、輸入しようとする貨物について保税地域搬入前に申告し、輸入の許可を受けることができる制度である。
5. 予備申告制度を利用することができる貨物は、生鮮食品など迅速に輸入しなければならない理由があるものに限られる。
6. 予備申告を行うと、現物検査を受けることはなくなる。
7. 予備申告を行い、NACCSを利用して本申告した場合には、「到着即時輸入許可扱い」を受けることができる。
8. 税関長よりコンテナ扱いの承認を受けると、LCL貨物をコンテナ詰めされた状態で輸入申告をし、許可を受けることができる。
9. コンテナ扱いの承認を受けていても、コンテナを保税地域に搬入してから輸入申告をしなければならない。
10. コンテナ扱いを受けて輸入申告をする場合には、税関に担保の提供をしなければならない。

問題3　次は、BP承認制度と納期限の延長制度についての記述である。正しいものには○、誤っているものには×をつけなさい。

1. 到着した貨物の輸入審査に時間がかかる場合に、税関長の承認を受けて輸入の許可前に直ちに引き取ることのできる制度を、「輸入許可前貨物の引取承認制度（BP承認制度）」という。
2. 新規輸入品であるために、関税額の確定に時間がかかり、商機を逃しかねないと思われる場合には、BP承認を受けて貨物を引き取ることができる。
3. BP承認制度を利用する場合、輸入申告時は引取申告のみを行い、納

税申告は行わなくてよい。
4. BP承認は、輸入者の資金繰りが厳しい場合に、税関長が関税納付に猶予を与えるために承認することもある。
5. 輸入通関書類のうち、原産地証明書が未着であることによって関税額が確定できないという場合には、BP承認を受けることはできない。
6. 原産地を偽った表示をしている貨物である場合、輸入の許可が下りるまでに当該表示を削除や消去するという約束をすれば、BP承認を受けて貨物の引取りをすることができる。
7. BP承認を受けて貨物の引取りを行った場合には、後に必ず関税を納付して輸入許可を受けなければならない。
8. BP承認制度を利用する場合には、関税額に相当する担保を提供しなければならない。
9. 納期限の延長制度を利用すると、関税納付前に輸入許可を受けることができ、一定期間後に関税を納付すればよい。
10. 納期限の延長の適用を受けるには、その輸入者は過去3年間において、輸入に関して一定の不行跡があってはならない。
11. 納期限の延長制度を利用する場合、輸入申告時は引取申告のみを行い、納税申告は延長後の実際に納税する際に行えばよい。
12. 納期限の延長を受けることができる期間は、原則として3ヵ月以内である。
13. 納期限の延長制度を利用する場合には、輸入しようとする貨物の価額に相当する担保を提供しなければならない。
14. 納期限の延長制度には、個別の輸入に対して納期限を延長する「個別延長方式」と、特定月のすべての輸入に対して一括で延長する「包括延長方式」がある。
15. BP承認制度と納期限の延長制度を重複して利用する場合には、各制度で求められる担保を、それぞれ納め（二重担保）なければならない。

問題4 次は、輸入通関に係るAEO制度についての記述である。正しいものには○、誤っているものには×をつけなさい。

1. 特例申告制度とは、輸入（納税）申告を行うものの、関税の納付を行

334

わなくても輸入の許可を受けることができ、関税の納付は一定期間後に行うことができるものである。
2. どんな種類の貨物であっても、特例申告制度の適用を受けることができ、特段の制限はない。
3. 特例申告制度を利用しようとする場合に、輸入しようとする貨物についてあらかじめ税関に申告し、指定を受ける必要はない。
4. 特例申告制度には、特例輸入者が行うものと、特例委託輸入者が行うもの、そして特例製造貨物輸入者が行うものがある。
5. 特例申告制度を利用して輸入の許可を受けた貨物を引き取る場合、関税の納付がまだであったならば、当該貨物の運送には保税運送の承認を受けることが必要である。
6. 特例申告制度を利用して個別申告を行う場合は、貨物の輸入許可の日の属する月の翌月末日までに特例申告書を提出し、納税もその時点で行えばよい。
7. 特例申告制度では、特定月中に輸入の許可を受けた貨物の分について、当該特定月の翌月末日までに一括して特例申告書を提出し、納税もその時点で行う一括申告が認められている。
8. 特例申告制度を利用しようとする特例輸入者または特例委託輸入者は、輸入申告時に税関に対してこの制度を使って関税の納付を輸入許可後にすることの申請を行い、承認を受けなければならない。
9. 特例輸入者となるには、過去の一定期間、不行跡がない「法令遵守に優れた輸入者」である等の要件を満たして、税関長より承認を受ける必要がある。
10. 特例輸入者が輸入申告（引取申告）をする場合、原則として仕入書（Invoice）の提出は不要である。
11. 特例輸入者が、NACCSを使って輸入申告（引取申告）を行う場合、貨物を保税地域に搬入する前に、当該申告を行うことができるが、当該貨物を保税地域に搬入した後でないと輸入の許可を受けることはできない。
12. 特例輸入者が特例申告制度を利用する場合には、原則として担保の提供は不要である。
13. 特例委託輸入者となるには、「法令遵守に優れた輸入者」として税関

長より承認を受ける必要はないが、あらかじめ特例申告制度を利用する者として登録をする必要がある。

14. 特例委託輸入者が輸入申告をする場合、原則として仕入書（Invoice）の提出は不要である。

15. 特例委託輸入者は、NACCS を使って輸入申告（引取申告）を行う場合であっても、貨物を保税地域に搬入する前には当該申告を行うことはできない。

16. 特例委託輸入者が特例申告制度を利用する場合には、必ず担保の提供が必要である。

17. 特例委託輸入者が特例申告制度を利用する場合は、輸入申告などの通関業務を認定通関業者に委託し、保税地域から輸入者拠点までの運送を、特定保税運送者に委託しなければならない。

18. 特例申告をし、かつ特恵関税の適用を受けようとする場合、特例申告者、特例委託申告者のいずれであっても、原則として原産地証明書の提出は不要である。

19. 特例申告制度と納期限の延長制度を併用する場合、関税の納付は、貨物の輸入許可の日の属する月の翌月末日から 3 ヵ月後でよくなる。

20. 特例申告制度を利用する場合で担保の提供が命じられ、かつ納期限の延長制度を併用する場合には、担保を二重に提供しなければならない。

問題5 次は、主な関税の減免制度についての記述である。該当するものをそれぞれ次の枠内の（A）～（E）から選びなさい。

1. 輸入申告後で、輸入許可前または輸入許可後保税地域にある間に、変質や損傷して経済的価値が減少した貨物について、関税の軽減や払戻しをするもの。

2. 加工や修繕のため日本から輸出し、1 年以内に再輸入される貨物について関税を軽減するもの。

3. 日本から輸出されたもので、輸出時の性質および形状のままで 1 年以内に再輸入される貨物について関税を免除するもの。

4. 日本へ輸入されたもので、輸入時の性質および形状のままで 1 年以内

に再輸出される貨物について関税の払戻しをするもの。

5. 違約品であるなどのため、再輸出・廃棄される貨物について関税の払戻しをするもの。

(A) 輸入時と同一状態で再輸出される場合の戻し税（関税定率法19条の3）

(B) 加工または修繕のため輸出された貨物の減税（関税定率法11条など）

(C) 再輸入免税（関税定率法14条10号）

(D) 違約品等の再輸出または廃棄の場合の戻し税（関税定率法20条）

(E) 変質・損傷等の減税・戻し税（関税定率法10条）

▲正答 & 解説

問題1

▲正答

1. (E) → (D) → (A) → (B) → (K) → (C) → (H)
2. (A) → (B) → (I) → (J) → (H) → (D) → (K) → (C)
3. (A) → (B) → (L) → (D) → (C) → (H) → (K)
4. (A) → (G) → (D) → (C) → (H) → (F) → (K)
5. (G) → (D) → (C) → (A) → (H) → (F) → (K)
6. (A) → (G) → (D) → (C) → (H) → (F) → (K)
7. (G) → (D) → (A) → (C) → (H) → (F) → (K)

解説

1. **予備申告制度**では、保税地域搬入前に**予備申告**を行うが、保税地域に搬入後、改めて輸入（納税）申告（**本申告**）を行わなければならない。しかし、予備申告時に税関が審査をしているので、原則的には本申告後即時輸入許可が下りる。そのため、保税地域の混雑を避けられる。

2. **BP承認制度**では、輸入（納税）申告は行わなければならない。しかし、税関が関税額を確定させるのに時間がかかるので、先に引取りできるようにするものである。利用には、BP承認申請を行って税関長より承認を受ける必要がある。引取りの時点では、輸入許可は下りていないので外国貨物のままであるが、国内流通させることはできる。輸入許可はあくまでも、関税納付後となることに注意。

3. **納期限の延長制度**では、輸入（納税）申告は行わなければならない。しかし、本来は輸入許可を受けるには関税の納付をしなければならないところを、輸入許可後の一定期間後に納付すればよくなる。

4、6. 輸入通関の原則は、輸入申告と納税申告を同時に行い、関税納付後に輸出許可が下りる。しかし、**特例申告制度**は、この輸入申告と納税申告を分けるものである。この場合の輸入申告は**引取申告**といわれ、納税申告は**特例申告**と呼ばれる。引取申告に対して輸入許可が下りるので、関税納付前は輸入許可後ということになる。

5、7. 特例申告制度において、**NACCS**を利用して申告を行う場合は、貨物を保税地域に搬入する前に引取申告を行うことができる。しかし、

338

特例輸入者が保税地域に搬入する前に輸入が許可される一方、**特例委託輸入者**は、輸入が許可されるのは保税地域に搬入された後という違いがある。

特例申告制度における輸入申告(**引取申告**)は、荷降しをした海港や空港の所在地や、輸入しようとする貨物が置かれている場所に関わらず、いずれの税関長に対しても行うことができる。ただし、**特例申告**は輸入を許可した税関に対して行う必要がある。(**申告官署の自由化**)

問題2

▲ 正答　1. ○　2. ×　3. ○　4. ×　5. ×　6. ×　7. ○　8. ×
9. ○　10. ×

解説

1、2. **本船扱い**、**艀(ふ)中扱い**、**搬入前申告扱い**のいずれについても、税関長の「承認」が必要である。これらの規定はいずれも、保税地域に搬入して輸入申告することが不適当な貨物についてのみ認められる。

3. **記述のとおり**。本船扱いと艀(ふ)中扱いでは、本船やはしけに置いた状態で輸入の許可を受けることができるが、搬入前申告扱いについては、保税地域への搬入後の輸入許可となる。

4. **予備申告制度**は、予備申告を行うことで先に税関に審査をしてもらい、貨物の保税地域搬入後に本申告を行うことで、迅速に貨物の引取りができるようにする制度である。

5. 予備申告制度には、利用者や貨物に制限や要件はない。

6、7. 予備申告を行うと、原則として本申告後にすぐ輸入の許可が下りる。しかし、NACCSを利用した場合であっても、申告即時許可は絶対ではなく、また現物検査も必ずしも免れることができるわけではない。

8. **コンテナ扱い**は、混載貨物には認められない。よって、LCL貨物ではコンテナ扱いとすることはできない。

10. コンテナ扱いを受ける際に、担保の提供を義務づける規定はない。

Day10

❸❽ 輸入通関の迅速化、効率化

339

輸入通関を迅速化、効率化できる各種制度

・輸出の場合と同じく、保税地域に入れずに輸入申告、予備申告、コンテナ扱いを受けることができる。
・予備申告制度と NACCS での輸入申告を併用すると、「到着即時輸入許可扱い」を受けることができる。

問題3

 正答
1. ○ 2. ○ 3. × 4. × 5. × 6. × 7. ○
8. ○ 9. ○ 10. × 11. × 12. ○ 13. × 14. ○
15. ×

解説

2、4、5．**BP 承認制度**は、輸入審査、とくに税的審査に時間がかかるために商機を逃しかねない場合に利用される制度である。税的審査に時間がかかる理由としては、新規輸入品であるとか、輸出地からの船積書類が未着であるといった場合である。未着の船積書類として代表的なものは、特恵税率の適用を受けるための原産地証明書である。その一方、関税納付を遅らせる目的では利用することができない。

3．BP 承認制度においては、承認申請前に輸入申告と納税申告をともに行わなければならない。その申告内容に対して、承認の可否の審査を行うからである。

6．BP 承認を受けることのできる貨物は、当然として輸入してはならない貨物であってはならない。よって、承認を受ける前に原産地を偽った表示は、削除や消去されていなければならない。なお、輸入に際して許認可等の取得が必要なものについては、それらを税関に証明等をしなければ、同じく BP 承認を受けることができないので注意。

10．**納期限の延長**の規定において、利用者や貨物に制限や要件はない。

11．納期限の延長制度においては、利用申請前に輸入申告と納税申告をともに行わなければならない。確定した税額に対して納期限の延長が行われるからである。

13．納期限の延長の規定の適用を受けようとする場合には、**担保**を提供し

340

なければならない。その担保の額は「輸入しようとする貨物の価額に相当する額」ではなく、「関税額に相当する額」である。
15. BP承認制度は、輸入の許可を受ける前の貨物に係る制度であり、納期限の延長は輸入の許可を受けた貨物に係る制度である。よって、両制度が同時に適用されることはないため、二重担保の状態そのものがあり得ない。なお、BP承認制度で引取りをした後、税額が確定したものについて納期限の延長を受けることはできる。その場合は担保が引き継がれることになる。

BP承認制度と納期限の延長

◆BP承認制度
- 税関長の承認を受けて到着した貨物を、輸入の許可前に直ちに引き取ることができる。
- 関税額に相当する担保を提供しなければならない。
- 輸入に他法令による許可、承認等を要する貨物で取得等ができていない貨物、原産地を偽った貨物には、本制度は利用できない。

◆納期限の延長
- 輸入（納税）申告をし、将来の関税支払いを約束することで関税納付前に輸入許可を受けることができる。
- 猶予期間は3ヵ月以内で、個別延長方式と包括延長方式がある。
- 関税額に相当する担保を提供しなければならない。

問題4

正答
1. ×　2. ×　3. ○　4. ×　5. ×　6. ○　7. ○
8. ×　9. ○　10. ○　11. ×　12. ○　13. ×　14. ○
15. ×　16. ×　17. ×　18. ○　19. ×　20. ×

1. **特例申告**制度は、輸入申告を**引取申告**として**納税申告**と切り離すものである。納税申告は輸入許可の後、関税の納付時に行う。よって、「輸入（納税）申告」と同時に申告している本設問は誤り。

2. すべての貨物について特例申告制度が利用できるわけではなく、関税暫定措置法 別表第一の六に掲げる物品など、一部の貨物については適用除外となっている。

3. **記述のとおり**。特例申告をする貨物について指定を必要とするような規定はない。

4. 特例申告制度には、特例製造貨物輸入者という規定はない。輸出申告の特例の特定製造貨物輸出者と混同しないこと。

5. 輸入の許可を受けているので「内国貨物」である。それは、たとえ関税納付がまだであっても同じ。よって、保税運送の承認を受ける必要なく運送をすることができる。

8. 特例申告を行う際に、特段の申請は必要ない。輸入申告に併せて納税申告を行わなければ、自動的に特例申告を行うことを選択したものとみなされる。

10、14. **記述のとおり**。通常の場合と同じく**特例輸入者**も**特例委託輸入者**も、原則として Invoice を提出する必要がない。

11、15. NACCS を使用して輸入申告（引取申告）を行う場合には、保税地域に搬入前に当該申告をすることができる。これは特例輸入者、特例委託輸入者のいずれについても同じ。しかし、特例輸入者は保税地域搬入前に輸入の許可を受けることができるが、特例委託輸入者が輸入の許可を受けることができるのは、保税地域搬入後という違いがある。

12、16. 特例輸入者、特例委託輸入者のいずれについても、担保の提供は義務づけられていないので、原則的には担保の提供は不要。しかし、関税等の保全のために必要があるときは、税関長は担保の提供を命じることができる。とくに、特例委託輸入者の場合、輸入申告に係る貨物の価格の合計額が 20 万円を超える場合には、担保の提供が必要とされている。

13. 特例委託輸入者は、輸入者自身がコンプライアンスを担保しない。そのため、税関への登録なども不要。

17. **特例委託輸入者**は、輸入申告などの通関業務を**認定通関業者**に委託しなければならないことになっている。しかし、輸入許可後の運送については内国貨物の運送に過ぎず、特定保税運送者に委託しなければな

らないという定めはない。
18. **記述のとおり**。特恵関税の適用を受けようとする場合で、原産地証明書の提出が不要な場合は、以下の3つ。
    ・税関長が物品の種類または形状により、その原産地が明らかであると認めた物品
    ・課税価格の総額が20万円以下の物品
    ・特例申告貨物である物品
    よって、原産地証明書の提出は不要。ただし、特恵受益国原産品であることを確認するために、原産地証明書の提出の必要があると税関長が認める場合には、提出が必要。
    なお、提出は引取申告時である。
19. 輸入許可の属する月の翌月末日から3ヵ月後ではなく、**特例申告書**の提出日から2ヵ月後である。
20. 設問の場合であっても、担保の二重提供の必要はなく、1つの担保が2つの規定の担保の役割を果たすことになる。これを「併用担保」という。

特例申告制度
・特例申告制度では、引取申告と納税申告が分離されている。そのため、関税納付前に貨物を引き取ることができる。
・納税申告は特例申告といい、輸入の許可の日の翌月末日までに、特例申告書を提出して納税をすればよい(延長もできる)。
・特例輸入者によるものと、特例委託輸入者によるものがある。
・特例の2種についてその違い、要件を理解すること(輸入申告の時期、輸入許可のタイミングなど)。

問題5

 1.(E)　2.(B)　3.(C)　4.(A)　5.(D)

「税関発給コード」

　輸出入通関を迅速化するには、「税関発給コード」の取得も1つの方法です。これは、日本の輸出入者、海外の仕向人・仕出人を識別するためのコードです。輸出入者コード、仕向人・仕出人コードがあり、税関が無償で発給しています。

　12桁の数字またはアルファベットの組合わせとなっているコードを取得し、NACCSでの輸出入申告時に入力すると、輸出入者や仕向人・仕出人に係る多くの情報が自動的に出力されるようになるので、入力・作業ミスが軽減されます。これは、NACCSと連動している各種の官公庁のシステムについても同じです。

　また、税関としても、輸出入者の同一性が確認できるため、的確な審査が実施できます。また、コードを使って輸出入通関手続きを行えば、税関のデータに通関実績が蓄積されるので、信頼度が増加し、結果として迅速な通関が行われるというわけです。

　その他にも、NACCSによる輸出入申告に関連して包括評価申告や関税・消費税等の口座振替納付ができるようになるなど、様々なメリットがあります。

　従来から似たようなものに、（一財）日本貿易関係手続簡易化協会が発給する「日本輸出入者標準コード（JASTPROコード）」がありますが、これは税関発給コードの輸出入者コードに該当するので、ほぼそのまま使うことができます（ただし、仕向人・仕出人コードはありません）。

　詳細や取得方法については、税関のウェブサイトをご覧ください。

　「税関発給コード」（税関ホームページ）
https://www.customs.go.jp/zeikan/seido/zeikancode.htm

状況に応じた貿易取引のやり方を理解しよう！　　→ テキスト P.309 〜

❸❾ 貿易の様々な形態

問題1　次は直接貿易、間接貿易のメリット、デメリットとして
考えられるものである。それぞれ、どれに当てはまるか
を分類しなさい。

1. 中間マージン分のコストがかからない。
2. 中間マージン分のコストがかかる。
3. 取引相手と直接交渉をすることにより、信頼関係が醸成できる場合が
   ある。
4. 自社の意思を明確に指示でき、また迅速な取引ができる。
5. 自社の意思が明確に伝わりにくい可能性があり、また迅速性に欠ける。
6. 取引数量が少ないことが多く、取引価格で不利になることがある。
7. 取引数量が増えることにより、取引価格で有利になることがある。
8. 貿易に係る各種の手続き、また貿易実務の知識や経験、語学力を肩代
   わりしてもらえる。
9. 自社で貿易実務の知識、経験、語学力を持つ人材の確保が必要。
10. 運送や為替変動に係るリスクを自社が直接負担しなくてはならない。
11. 取引相手と直接交渉していないので、不利な取引条件をのんでいる場
    合がある。
12. 商社のネットワーク等を使って取引先の開拓をすることができる。

	メリット	デメリット
直接貿易		
間接貿易		

Day10

❸❾ 貿易の様々な形態

345

問題2 次は、取引の当事者の立場についての記述である。正しいものには○、誤っているものには×をつけなさい。

1. 「本人（Principal）」の立場で取引をする場合、自己の計算で、責任、リスクを負って取引することとなる。

2. 「代理人（Agent）」とは、自己で計算をせず、責任、リスクも負わないで取引をする立場で、本質的には代理人に帰属する売上の中から「本人」に代理店手数料を支払うことになる。

3. 販売店契約を締結している場合、輸入者である販売店の販売等の商行為によって生じた売上、損失はいずれも輸入者に帰属する。

4. 代理店契約を締結している場合、輸入者である代理店の販売等の商行為によって生じた売上は輸出者に帰属するが、損失は輸入者に帰属する。

5. 一定地域内で独占的に販売する権利を認められている輸入者を「総輸入元（Sole Distributor）」といい、立場としては「代理人」として輸入・販売を行うものである。

6. 総輸入元は多ければ多いほど、その国での販路が広がるので、輸出者は輸出先の可能な限り多くの企業と契約を結ぶのがよい。

7. 総輸入元の立場は、1国に1社にしか与えられない。

8. 輸入者としては、総輸入元となる契約は契約上の縛りが大きく、活動が阻害されるので好ましくない。

9. 総輸入元と総代理店は名称が違うだけで意味は同じなので、契約内容は変わらない。

10. 輸出者と総代理店の関係は、「本人－代理人」の関係となる。

11. 輸出者にとって、その国からの利益は総代理店の働きにかかっているので、総代理店として認める相手の選定は慎重にしなくてはならない。

12. 輸入者が総代理店となることは、輸出者の名前によるイメージアップにつながることがある。

問題3 次は、様々な貿易の形態についての記述である。正しいものには○、誤っているものには×をつけなさい。

1. 仲介貿易や中継貿易のように、輸出国、輸入国以外の第三国が介在する貿易形態を、三国間貿易や多国間貿易という。

2. 仲介貿易では、商品は仲介貿易者のいる第三国を経由せずに輸出国から輸入国に直送されるが、この場合、仲介貿易者は輸出地、輸入地双方で間接貿易を行っている。

3. 加工貿易における再輸出先は、必ず原料などを輸入した元の国となる。

4. 外国の委託者から原料・部品を輸入して製造・加工を行い、できた製品を委託者に輸出する形態を「逆委託加工貿易」といい、外国の受託者に原料・部品を輸出して製造・加工を行わせ、できた製品を委託者が輸入する形態を「順委託加工貿易」という。

5. ある国から輸入し、それを再輸出する貿易形態を「中継貿易」といい、そのうち、自国で加工や製造を行うものを「中継加工貿易」という。

6. 並行輸入とは、ある製品に相当似せているものの、模倣品とまではいわないレベルの類似品を輸入することである。

7. 並行輸入に向く商品は、一般に内外価格差の大きなものだといわれている。

8. 一手販売権を持つ総販売店や総代理店は、並行輸入品を発見した場合には税関に輸入差止めを要求することができる。

9. 他国の製造者に自社ブランドをつけたオリジナル商品の製造を委託し、それを全量輸入する形態を「OEM輸入」という。

10. 法人化していない個人事業主が、商用で少量・少額の物品を輸入し、販売することを「個人輸入」という。

11. 近年、スーパーマーケットなどの流通業者が海外で牧場を作り、そこで委託生産された牛肉を輸入する事例があるが、こういった形態を「開発輸入」という。

347

正答 & 解説

問題1

正答

	メリット	デメリット
直接貿易	1．3．4．	6．9．10．
間接貿易	7．8．12．	2．5．11．

解説

　輸出入取引を、製造業者や小売業者等が商社のような第三者を通さずに自ら行う形態を**直接貿易**といい、製造業者や小売業者等が自らは行わず、商社のような第三者を通して行う形態を**間接貿易**という。

　それぞれ長所・短所があり、どちらがよいというものではない。自社の状況に合わせて直接貿易をするか、間接貿易にするかの選択をするのが一般的で、1社で併用されることもある。

問題2

正答　1．○　2．×　3．○　4．×　5．×　6．×　7．×
　　　　8．×　9．×　10．○　11．○　12．○

解説

2. **代理人（Agent）** とは、自己で計算をせず、責任、リスクも負わないで取引をする立場である。代理店の売上は、本質的には本人に帰属し、代理人は**代理店契約**で取り決めた代理行為に対して**代理店手数料（コミッション）** を受け取る。しかし、実務的には、代理人が売上の中からコミッションを差し引いて、本人に送ることも多い。
3. **記述のとおり**。**販売店**は、**本人**としての立場で取引をしている。そのため、売上も損失も販売店に属する。
4. 代理店契約に取り決めた範囲において、代理店の売上、損失はいずれも本人に帰属する。
5. **総輸入元**は**総販売店**ともいい、立場としては「本人」である。

6. 総輸入元は、一定地域での独占的な販売権（**一手販売権**）を与えるものである。地域を重複して与えることはできないため、「可能な限り多くの企業」と契約を結ぶことはできない。
7. 日本では、日本全国での一手販売権が与えられることが多いものの、「東日本総販売店」、「西日本総輸入元」という与えられ方をすることもあり、必ずしも1国単位であるとは限らない。
8. 輸入者としては、総輸入元となることはある程度の縛りにはなるが、他社を排除しての販売権を得ることができる点から、メリットがより大きい。
9. **総輸入元、総販売店**と**総代理店**は混用されていることがよくあるが、総輸入元、総販売店は「本人」、総代理店は「代理人」としての取引であるので、おのずから契約内容も変わってくる。

直接貿易と間接貿易、本人と代理人
- 直接貿易、間接貿易、それぞれに長所、短所がある。
  ※それぞれ、どのようなものかを把握すること。
- 本人としての取引では自社が計算し、責任、リスクを負担する。
  代理店としての取引では、自社はコミッションを受け取るのみ。
  計算し、責任、リスクを負担するのは代理店契約先となる本人。
- 本人には販売店、総販売店、代理人には総代理店という立場もある。
  総販売店、総代理店には一手販売権が付与されている。

問題3

 1. ○ 2. × 3. × 4. × 5. ○ 6. × 7. ○ 8. ×
9. ○ 10. × 11. ○

解説

2. **仲介貿易**の場合、仲介貿易者の国を経由せずに商品が運送されるが、契約上は仲介貿易者は輸出者から直接購入し、輸入者に直接販売するという形で、それぞれに対して直接貿易を行っている。
3. **加工貿易**の加工・製造後の輸出先は、輸入元国である必要はなく、別

の国に輸出される場合もある。
4. 設問は、**逆委託加工貿易**と**順委託加工貿易**の説明が逆。
6. 並行輸入とは、あくまでも真正品を輸入することであって、類似品を輸入することではない。むしろ、元の真正品に極度に似せた商品の場合は、商標権や意匠権の侵害や不正競争防止法違反になりかねない。
7. 記述のとおり。並行輸入品は一般に、内外価格差を利用しているといえる。同じ商品でありながら、価格の安い国（製造国や税金の安い第三国など）から輸入することで、運賃などを加味しても真正品に対して価格競争力を持つだけの内外価格差があることが望ましい。
8. 国内の一手販売権を持つ場合でも、税関等に対して申し立てる形で並行輸入品の流入を妨げることはできない。これは、一手販売権を持っていても競合者が現れる可能性が残ることを意味するので、並行輸入品の流入動向には注意する必要がある。
10. **個人輸入**とは、個人が自己使用目的で輸入することをいい、販売目的のものではない。むしろ、個人使用目的の輸入は法的規制が緩い場合があり、それを販売すると違法となる場合もあるので注意。設問のような少量・少額の輸入販売は**小口輸入**と呼ばれる。
11. 記述のとおり。**開発輸入**とは、他国に資金・技術などを投入して鉱物資源や農水産資源などを開発・生産し、できたものを輸入することをいう。大手商社の鉱山開発や、流通業者が規格、品質などの仕様を決めて委託生産したものを輸入する形態がこれにあたり、設問のものもその一例。

様々な貿易の形態と、その違いについて理解しよう！
・仲介貿易
・加工貿易 … 順委託加工貿易、逆委託加工貿易
・中継貿易、中継加工貿易
・並行輸入
・開発輸入、OEM輸入、個人輸入、小口輸入 など

原産地基準

特恵受益国や EPA 締結国などからの輸入では、原則として関税率が低く（関税が安く）なります。しかし、これは、それらの国（受益国）から輸入された貨物であれば、無条件でその有利な関税率が適用されるということではありません。その貨物が受益国で生産されたものであることが必要です。

この「受益国で生産されたもの」の意味を「原産地認定基準（原産地基準）」といい、以下のような条件を満たしたものです。

(1) 完全生産品
　・受益国で原材料からすべて採掘・生産・育成・収穫・採取された物品（鉱物、農水産物など）
(2) 原産材料のみから生産される産品（これも完全生産品）
　・受益国で生産された部品（原産部品）のみから生産された物品
　・受益国以外から輸入した原材料から受益国で生産された部品を含む物品
(3) 非原産材料を用いて生産される物品
　・受益国以外からの輸入部品・材料を一部、または全部用いたもので、その輸入部品・材料に実質的な変更をもたらし、新しい特性を与える行為が行われた物品

このうち、(1)、(2) はわかりやすいと思いますが、(3) の「実質的な変更をもたらし、新しい特性を与える行為」というのは少し難しいかもしれません。これは、簡単にいうと、関税率表の関税番号が 4 桁レベルで変わるような加工・製造が行われることを意味します。関税番号の 4 桁レベルの変更ですから、包装容器への封入はもちろんのこと、輸送や保存のための冷凍、塩漬け、乾燥や、単なる切断もこの範疇には入りません。

※物品によっては、4 桁レベルの変更では実質的な変更と

はみなされないものや、EPAによってはまた別のルールがあるものもあります。

なお、日本から輸出された部品・原材料が使用された場合、完全生産品100％で受益国で生産された原材料、原産部品によるものにはなりませんが、当該国の原産品として認められます。こういったものを「自国関与品」といいます（ただし、皮革、履物など一部の物品には適用されません）。

こういった原産地基準を満たしている、と証明する書類が「原産地証明書」「原産地申告書」となるわけです。

より効率よくビジネスをするためには何を考えればよいか？　→ テキスト P.316～

㊵ 貿易マーケティング

問題1 マーケティング戦略の要素として4Psといわれるものを、下からすべて選びなさい。

(A) Product　　(B) Passion　　(C) Price　　(D) Public
(E) Performance　(F) Potential　(G) Presence
(H) Promotion　(I) Place　　(J) People

問題2 次は、マーケティング・ミックスの各戦略についての記述である。正しいものには○、誤っているものには×をつけなさい。

1. Product戦略とは、輸出者は自国での製品仕様で、輸入者は輸入元での製品仕様で、そのまま取引できる方法を検討することである。
2. Product戦略における「標準化戦略」では、最初から海外展開を視野に入れて、自国市場での開発・販売時から全世界共通の仕様で製品設計をする。
3. Product戦略において、自国仕様に海外市場に合わせた仕様変更を加えたものを「現地適応化戦略」という。
4. Product戦略では、その商品が販売しようとする国で定められている法制度や規格（Regulation）、標準（Standard）に適合しているかどうかを検証する必要がある。
5. 国際標準化機構が定めるISO規格は国際標準規格であり、これに準拠した製品であれば、どの国の法規制もクリアしていると考えられるため、個々の国の法規制について検証する必要がなくなる。
6. EU域内での環境規制を、Reach規制という。
7. 米国に生鮮食品を除く食品を輸出しようとする場合には、必ず「HACCP（危害分析重要管理点）」基準を満たした製造ラインで製造

されたものでなければならない。

8. 中国で適用される安全規制は、中国強制認証制度（CCC）と呼ばれる。

9. 製品に関する国家規格には、米国の ANSI、英国の BS、フランスの NF などがあるが、それらの国に輸出しようとする場合には、それぞれの国の検査機関で規格に準拠している旨の認定を受ける必要がある。

10. 日本の鉱工業品の規格を JIS 規格という。

11. Price 戦略では、輸出国での商品出荷価格のみを考えればよい。

12. 貿易採算は、従来は輸入採算でより利用されてきたが、近年では輸出採算においても重視されるようになっている。

13. コスト志向型の価格設定方法では、まず競合となる製品の市場での価格を参考にし、そこから自社販売以降の経費や他社の利益を差し引いたものを、販売価格として設定する。

14. ブレークダウン方式の価格設定方法は、競争志向型価格設定の一種で、競合となる製品の価格を最優先に考慮して販売価格を設定する。

15. 需要志向型価格設定には、「上澄吸収型価格設定」や「市場浸透型価格設定」といったものがあるが、これらは目的に合わせて価格設定を行うため、経費の積上げを考慮する必要がない。

16. Place 戦略とは、商品を販売する店舗や販売方法を考えるものである。

17. 輸入者の Place 戦略では、消費者が自社の輸入品をインターネット通販で直接購入することが可能になっていることから、電子商取引に関する法規制についても配慮が必要である。

18. Place 戦略は販路を考えるものであって、国際間運送に係る運送手段については考える必要はない。

19. 不適切な広告表現は、不買運動や国際問題に発展することがあるので、Promotion 戦略では自国と取引相手国との文化や習慣の違いをとくに意識しなくてはいけない。

20. Promotion 戦略における表現に関するもので、とくに注意する要素は、言語・慣習的なもの、宗教的なもの、政治的なものの 3 つである。

21. 今やどの国でも人々がいちばんアクセスしやすいメディアは、インターネットとなっているので、Promotion 戦略ではインターネット広告を主軸として考えるのが一般的である。

問題3 次は、マーケティング調査（市場調査）の内容、手法についての記述である。正しいものには○、誤っているものには×をつけなさい。

1. 市場調査の内容としては、大きく「一般的情報」と「商品に関する情報」の2つに分けられる。
2. 市場調査で得る情報には、統計のような「フロー情報」と、ニュースのような「ストック情報」がある。
3. 市場調査の内容として地理的状況は、考慮しなくてもよい。
4. 貿易は国際取引であるため、取引相手国の国内運送事情については考慮しなくてもよい。
5. 競合製品については、その国での生産状況だけでなく、輸入状況も見なくてはいけない。
6. 現地商習慣の調査は、マーケティング調査の範囲ではない。
7. インターネット上の情報はすべからく更新頻度が高く、入手できる情報は常に最新のものなので利用価値が高い。
8. 調査方法として、各国の貿易促進機関や業界団体などにインタビューをしたり、コンサルティングを受けることも考えられる。
9. 新聞や雑誌、テレビ等の商業マスメディアには一定の思想的傾向があるので、市場調査には使えない。
10. マーケティング調査の内容として、FTAやEPAの締結状況のような通商政策も対象となる。
11. 消費者の購入意欲は自社商品によって喚起するものなので、市場調査の対象項目とはならない。
12. 政治体制や形態は、商品販売とは関係しないので、マーケティング調査の対象とならない。
13. 一国分の取引すべてが危機にさらされるリスクを、「カントリー・リスク（Country Risk）」という。
14. 政権交代、政変による法制度の変更、外資の国有化・凍結、貸出制限、為替制限などの外交・通商政策、経済政策の変動を「ポリティカル・リスク（Political Risk）」という。
15. カントリー・リスクが高まったときには、外務省や(株)日本貿易保険

が注意喚起を行うので、輸出入者は市場調査の対象として情報収集する必要はない。

> **問題4** 次は、日本を取り巻く貿易ビジネスの環境、および貿易に関係する条約や規則についての記述である。正しいものには○、誤っているものには×をつけなさい。

1. 日本が「貿易黒字」である状態とは、日本からの輸出が輸入を下回っていることを意味する。

2. WTO協定は、GATTの「自由」「無差別」「多角」の精神を受け継いでおり、「最恵国待遇」、「内国民待遇」のルールを定めている。

3. WTOのルールでいう「内国民待遇」とは、他の国の産品に与えている最も有利な待遇と同等の待遇を、他の加盟国の産品にも与えなくてはならないとするものである。

4. 輸出国内における販売よりも安く輸出すること（ダンピング輸出）が、輸入国の国内産業に被害を与えている場合に課す特別な関税を「不当廉売関税（アンチ・ダンピング関税）」といい、日本ではこれまでに、韓国および台湾産ポリエステル短繊維の一部、南ア、オーストラリア、中国およびスペイン産の電解二酸化マンガンに課した事例がある。

5. 輸出国で、国からの補助金を受けた貨物が日本に輸入されることで、日本国内の生産者が損害を受ける場合に課される特殊関税を「報復関税」という。

6. インコタームズは現在、2020年版が発効しているが、取引当事者が望めば、それ以前の年版（2010年版など）を使うこともできる。

7. 信用状統一規則では、「書類取引性」と「独立抽象性」が定められているが、後者は信用状に基づく決済は、売買契約や付随の他の契約から完全に独立して取引されることを意味するものである。

8. L/C無D/A、D/P手形であっても、輸出地銀行が手形の買取りを行う場合には、信用状統一規則の買取規則に準じて買取りを実行する。

9. 日本では海上運送におけるB/Lの要件の定義や取扱いについては、ハンブルグ・ルールに基づいている。

10. ヨーク・アントワープ規則では、共同海損の定義、処理方法を定めて

おり、通常、B/L などの運送書類の裏面約款、貨物保険の約款では、この規則に準拠すると記載されている。

11. 航空運送における Air Waybill の取扱い、運送人の義務と権利などは、ワルソー条約、改正ワルソー条約（ヘーグ議定書）、モントリオール条約などで定められており、運送責任限度額についても、この中で定められている。
12. 経済活動によって絶滅が危ぶまれる野生動植物の国際的な取引を規制するため、野生動植物の種の存続が脅かされることがないよう保護を図る国際的な枠組みを定めた条約を「ワシントン条約」という。
13. オゾン層を破壊するおそれのある物質を指定し、当該物質の製造、消費、国際間移動（貿易）を規制することを目的とした国際的な取決めを「バーゼル条約」という。
14. いわゆる「大量破壊兵器」として貿易取引について監視が行われているものには、核兵器、生物兵器、化学兵器に加えて、それらの運搬に用いられるロケット、ミサイル、無人航空機も含まれる。
15. 「ワッセナー・アレンジメント」は、地域の安定を損なうおそれのある大量破壊兵器、通常兵器および機微な関連汎用品・技術の移転に関する透明性の増大および、より責任ある管理を実現し、それらの過度の蓄積を防止するための国際的輸出管理体制である。
16. 「ASEAN（東南アジア諸国連合）」には、現在、東南アジア 10 ヵ国と日本、中国、韓国が加盟しており、経済関係の強化を含む、対話や相互理解促進を目的に向けて取り組んでいる。
17. ASEAN 加盟国は「ASEAN 自由貿易地域」（ACFTA）と呼ばれる自由貿易協定を締結している。
18. 日本政府は現在、各国と「経済連携協定（EPA）」の締結を進めており、2020 年 4 月現在で、シンガポール、メキシコ、マレーシア、フィリピン、チリ、タイ、ブルネイ、インドネシア、ASEAN 包括、ベトナム、スイス、インド、オーストラリア、モンゴル、TPP11、中国、韓国との EPA が締結・発効済である。
19. 開発途上国の生産者より商品を適正な価格で輸入して販売することにより、その国の生産者や労働者の生活改善と自立、ひいては貧困の解消を目指すものをフェアトレード（公平貿易）という。

正答 & 解説

問題1

正答 (A)、(C)、(H)、(I)

> **マーケティングとは**
> ・「マーケティング」とは、市場や顧客のニーズを知り、それと商品をマッチさせることで、その商品を市場に受け入れさせ、成長させ、さらに維持させるための活動全般をいう。
> ・マーケティング戦略の4要素は Product、Price、Place、Promotion で、4Ps という。
> ・4要素を組み合わせて考えることを、「マーケティング・ミックス」という。

問題2

正答
1. × 2. × 3. ○ 4. ○ 5. × 6. × 7. ×
8. ○ 9. × 10. ○ 11. × 12. ○ 13. × 14. ○
15. × 16. × 17. ○ 18. × 19. ○ 20. × 21. ×

解説

1. **Product 戦略**とは、例えば輸出者の場合、輸出国の製品仕様でそのまま輸入国内で販売できるか、輸入国市場に合わせて手直しが必要かを考えるものである。設問には手直しの必要性が述べられていないので誤り。

2. Product 戦略における**標準化戦略**とは、自国仕様と同じものを海外市場でも販売しようとするものである。設問の内容は、**国際規格**と呼ばれるものである。

5. **ISO 規格**に準拠していても、それぞれの国には独自の**規格・基準**があり、両者が合致しているとは限らない。よって、基本的には対象市場の規格・基準を満たさなければならない。

6. EU 域内での環境規制には RoHS 指令/WEEE 指令などがある。設問

のReach規制とは、EU域内の化学物質の安全評価制度のことである。なお、EUには製品安全規制としてCEマーキング制度がある。ただし、これらを満たしていてもEU域内各国独自の規格・基準は満たさなければならない。

7. HACCPとは、食品製造に関する工程上の危機要因の分析・管理を継続的に行うことで、安全確保を図る手法のことである。米国に「水産食品」や「肉」（すべての食品ではない）を輸出するには、このHACCPの手法で基準を満たした製造ラインで製造されたものでなければならないことになっている。

9. 必ずしも各国独自の規格・基準の認証を受ける必要はなく、ある国の規格・基準を満たしていれば、**相互認証**によって、別の国の規格・基準が満たされるとみなされる場合もある。

10. **記述のとおり**。これ以外にも、飲食料品、林産品に係るJAS規格などもある。

11. **Price戦略**では、輸出国での商品出荷価格だけでなく、貿易の流れの各段階にかかるコストを積み上げたもので考えなくてはならない。

13. **コスト志向型**の価格設定方法では、商品価格に必要とされる経費を足し上げ、さらに自社が目標とする利益も加えた額を販売価格として設定する。設問のものは、**競争志向型**の価格設定方法である。

15. **需要志向型**価格設定の場合でも、その価格で実際に取引ができるかを検証するために、コストの積上げをする必要がある。

16、18. 販売する商品の調達や商品製造のための原料の調達をするためのプロセス（**調達プロセス**）、調達や生産をした商品を販売するまでのプロセス（**販売プロセス**）の両方を考える。つまり、設問のように販売プロセスだけを考えるものではない。

20. 設問のものに加えて、法規制についても注意しなければならない。例えば、日本でも景表法等、表示規制をする法律がいくつもある。

21. 多くの国でインターネットがアクセスしやすいメディアとなっているのは事実であるが、途上国ではまだそうなっていない国もあり、広告・宣伝に使うメディアは選ばなくてはいけない。

Point マーケティングの各要素での考慮ポイント

◆ Product 戦略
　　仕様選択、規格や標準への適合
◆ Price 戦略
　　価格設定の考え方、方針の類型
◆ Place 戦略
　　調達プロセスと販売プロセス、国際運送手段、電子商取引
◆ Promotion 戦略
　　文化や習慣の違いを意識した広告表現、メッセージ表現

問題3

▲ 正答　1.○　2.×　3.×　4.×　5.○　6.×　7.×
　　　　8.○　9.×　10.○　11.×　12.×　13.○　14.○
　　　　15.×

解説

2. 統計のような確定・固定的な情報は**ストック情報**、ニュースのような現時点で状況が動いている情報は**フロー情報**と呼ばれる。

3. 地理的状況も**市場調査**の内容の1つである。例えば、気候では温度や湿度が食料品に大きく影響する。また、砂漠国では商品に防塵・防砂対策が必要な場合もある。

4. **マーケティング調査**には、取引相手国の国内運送事情もその範囲に入る。

5. **記述のとおり**。市場規模と競合を考える必要性から、輸入状況も重要な調査項目である。

6. マーケティング調査では、決済手段・期間、運送手段の手配者、各種手数料の負担者、リベート、マージンの相場といった現地商習慣も調べる必要がある。

7. インターネットは、便利な調査ツールではあるものの、発信日付が曖昧なものも多く、また、最新の情報であるかどうかが不明であることも多い。また、情報の信頼度もまちまちであるので、利用するには慎

重を期す。
9. 新聞、雑誌、テレビ等の商業マスメディアの中には一定の傾向を持つものもあるが、信頼できる情報であることに変わりはなく、むしろそれを織り込んで情報を吟味すべきである。
11. 消費者の購買意欲は、その市場での売行き見込みに大きく影響するため、市場調査内容として重要な要素である。
12. その国の政治状況によって通商政策が変わる可能性があるため、政治状況もチェックしておく必要がある。
15. 設問のように、カントリー・リスクが高まったときに官庁などが注意喚起を行うこともあるが、リスク回避のためには自社でも積極的に情報収集をしておくべきである。

マーケティング調査

◆主な調査内容
・一般的情報、全般的情報
　　地理的状況、政治状況、国内経済状況、対外経済状況
　　文化・社会的状況、通商政策・対外政策、法制度、規制
　　金融・為替、流通・物流状況　など
・商品に関する情報
　　市場の状況、受給動向、輸出入動向、競合他社の動向、
　　消費者動向、販促環境、受け入れられる製品の品質レベル、
　　受け入れられる価格帯、業者間の商習慣　など
◆カントリー・リスクの類型
・ポリティカル・リスク（Political Risk）
・トランスファー・リスク（Transfer Risk）
・ソブリン・リスク（Sovereign Risk）

問題4

 1. ×　2. ○　3. ×　4. ○　5. ×　6. ○　7. ○
　　　　 8. ×　9. ×　10. ○　11. ○　12. ○　13. ×　14. ○
　　　　15. ×　16. ×　17. ×　18. ×　19. ○

解説

1. 貿易黒字とは、輸出が輸入を上回る状態をいう。

2、3. **最恵国待遇、内国民待遇**は WTO の重要な原則である。前者は「WTO 加盟国には、他の国の産品に与えている最も有利な待遇と同等の待遇を与えなくてはならない」とするもの、後者は「国内産品に対するものと差別的であってはならない」とするものである。

5. 設問の場合に課される特別関税は、**相殺関税**という。**報復関税**とは、わが国の船舶、航空機、輸出貨物または通過貨物に対して差別的に不利益な取扱いをする国がある場合に、その国からの輸入品に対して課すものである。

8. L/C 無 D/P、D/A 手形の扱いについては、**ICC 取立統一規則**（URC522）に基づいて取り扱われる。

9. 日本では B/L の要件の定義や取扱いについては、**ヘーグ・ルール（船荷証券統一条約）、ヘーグ・ヴィスビー・ルール（ヘーグ・ルール改定議定書）**に基づいている。**ハンブルグ・ルール**も同じ役割を持つが、日本では批准されていない。

11. **記述のとおり**。日本ではこの 3 条約をすべて批准しているが、他の国ではそうとは限らないので、利用しようとする航空運送の運送人の運送規則がどの条約に準拠しているのかを注意する必要がある。

13. 設問のものは、**モントリオール議定書**である。**バーゼル条約**とは、特定の廃棄物（有害廃棄物及びその他の廃棄物）の国際間移動（貿易）と処分を規制する条約である。

15. **ワッセナー・アレンジメント**は、大量破壊兵器を対象としていない。大量破壊兵器については、核兵器は**核兵器不拡散条約（NPT）**、核関連物資は**原子力供給国グループ（NSG）**、生物・化学兵器には**オーストラリア・グループ（AG）**、ロケットやミサイルなどは**ミサイル技術管理レジーム（MTCR）**で国際的移動の監視が行われている。

16. **ASEAN** には日本、中国、韓国は加盟していない。ASEAN と日中韓の 3 国での、経済関係の強化を含む、対話や相互理解促進を目的に向けての取組みは **ASEAN ＋ 3** という。さらに、ASEAN ＋ 3 にインド、オーストラリア、ニュージーランドを加えたものを ASEAN+6 という。

17. ASEAN加盟国が締結しているASEAN自由貿易地域の略称は「AFTA」である。「ACFTA」は、ASEANと中国が締結している自由貿易協定である「ASEAN-中国自由貿易協定（ASEAN China Free Trade Agreement)」のこと。

18. 中国、韓国とはEPAは締結されていない。設問のもの以外のEPA発効済の相手にEUと米国がある。なお、カナダ、コロンビア、日中韓、韓国、トルコとのEPA、さらに、ASEAN＋6によるEPAである東アジア地域包括的経済連携（RCEP)が交渉中となっている。(2020年4月現在)。

19. **記述のとおり**。フェアトレード（公平貿易）は、開発途上国の生産品が不当に安い価格で買い叩かれる状況や児童労働を含む恒常的な低賃金労働を防ぐことで、途上国の生産者や労働者の貧困解消を目的としたものである。そのため、フェアトレード事業者は、「適正な価格」で商品を買い取る。そのため、先進国資本によって途上国で生産されたものを輸入するなど、単に途上国から輸入して販売するだけではこれに該当しない。フェアトレードで取り扱われる主な品目としてコーヒー、チョコレート、ワインなどの食品、手工芸品、衣服がある。

Point

日本を取り巻く貿易環境、主要な条約や規則をマスターしよう！

◆取引全般
　WTO協定、ウィーン売買条約、インコタームズ

◆取引される物品に関するもの
　ワシントン条約、バーゼル条約、ストックホルム条約、ロッテルダム条約、モントリオール議定書、核不拡散条約、原子力供給国グループ、オーストラリア・グループ、ミサイル技術管理レジーム、ワッセナー・アレンジメント

◆運送・貨物保険関連
　ヘーグ・ルール、ヘーグ・ヴィスビー・ルール、ハンブルグ・ルール、ワルソー条約、ヘーグ議定書、モントリオール条約、ヨーク・アントワープ規則

◆決済関連
　信用状統一規則、ICC取立統一規則

◆紛争解決関連
　ニューヨーク条約

◆通商関係
　WTO、APEC、ASEM、ASEAN、ASEAN＋3（6）、EPA、FTA
　その他、日本と関係の深い国・地域の経済協定（TPP、RCEP、NAFTA、EU、メルコスール、CEPAなど）についても理解しておくこと。

貨物セキュリティ規則

　米国では2001年の同時多発テロ以来、海上貨物のセキュリティ確保のための規制を次々と打ち出しています。方針としては、米国向け貨物の船積時点で貨物の情報を入手して、危険を把握するものとなっています。代表的な規制は以下のものです。

●CSI（Container Security Initiative）
　米国向けコンテナ貨物の輸出が多い港に、米国税関国境取締局（CBP）の職員を駐在させ、当該国税関と協力して危険

性の高いコンテナの特定、X線検査などを要請する取組み。

●24時間前申告ルール（24時間ルール）

　米国向け貨物について、船会社や航空会社などに対して海上貨物は船積みの24時間前まで、航空貨物は到着の4時間前までに積荷目録情報の提出義務を課すもの。

●C-TPAT（Customs-Trade Partnership Against Terrorism）

　税関と産業界が官民共同で行う、サプライ・チェーンおよび国境でテロ行為を防止し、安全を強化するための取組み。法令遵守に優れた輸入者などには、検査回数を少なくするなどの優遇措置を与えるもの。

●10＋2ルール

　米国向け海上貨物について、船積前にCBPへの申告を義務づけるもの。輸出者に10項目、船会社に2項目の申告を求めている。とくに輸出者は、船積みの24時間前に8項目、到着の24時間前までに2項目を申告しなければならない。

　このうち、24時間ルールや10＋2ルールは、貨物持込みのタイミングや、申告の手間など、輸出者に直接影響してくるものです。とくに、10＋2ルールに違反すると罰金が課せられることがあるので、気をつけてください。

　この米国の貨物セキュリティ規則に追随して、欧州や中国、また、日本でも同様の規則を導入しています。多くは「24時間ルール」と似たような内容ですが、いずれも船積みのスケジュールに影響を与えるものです。また、規制内容はしばしば変わりますので、最新の情報を入手するように心がけましょう。

「サプライチェーン／セキュリティ情報」（日本機械輸出組合）
https://www.jmcti.org/C-TPAT/index.htm

執筆者紹介　池田隆行

1972年生まれ。関西大学商学部卒。日本貿易振興会（2003年10月より日本貿易振興機構（ジェトロ））入会後、経理部、愛媛貿易情報センター、情報サービス部、海外調査部にて、貿易相談業務、貿易実務講座の開発・運営、貿易関連書籍の編集などの業務に携わる。

2006年に同機構を退職し、株式会社グローバル・ビズ・ゲートを設立。「インターネット貿易実務講座」「インターネット国際航空貨物取扱士講座」などを開発・運営。

また、学校、公共職業訓練にて貿易実務科目の講師のほか、各地で開催される貿易実務講座の講師として活躍中。

通関士、貿易実務検定、IATA-FIATAディプロマ、安全保障輸出管理実務能力認定など、貿易に関係する様々な資格・検定を取得。

カバーデザイン／折原カズヒロ
カバーイラスト／いぐちかなえ
ＤＴＰ制作／㈲ドアーズ本舎
編　　　集／吉川　史織

サクッとわかる貿易実務問題集【第4版】

2011年2月　1日　初　版第1刷発行
2020年4月13日　第4版第1刷発行

著　者　池　田　隆　行
発　行　者　桑　原　知　之
発　行　所　ネットスクール株式会社
　　　　　　　出　版　本　部
〒101-0054 東京都千代田区神田錦町 3-23
電話　03（6823）6458（営業）
FAX 03（3294）9595
https://www.net-school.co.jp
印刷・製本　倉　敷　印　刷　株　式　会　社

©2020　Takayuki IKEDA　Printed in Japan　ISBN978-4-7810-0292-7

本書は、「著作権法」によって、著作権等の権利が保護されている著作物です。本書の全部または一部につき、無断で転載、複写されると、著作権等の権利侵害となります。上記のような使い方をされる場合には、あらかじめ小社宛許諾を求めてください。

落丁・乱丁本はお取替えいたします。

「ネットスクール出版」創設の想い

　私は、人は人として「平等でありたい」と願っています。そんな思いから2000年に設立したネットスクール㈱は、書籍とe‐ラーニングを提供しています。

　書籍は、同じ情報が載った本が北海道でも沖縄でも同じ金額で売られていますし、e‐ラーニングはパソコンこそ必要になりますが、それさえあればどこにいてもいい講義が聴ける状況を作ることができるという平等なものたちです。この2つを融合した「ネット上での付加サービスのある良い本」それが我々が目指す書籍であり、e‐ラーニングです。

　そしてこの度、初めて自社での出版を実現することができました。

　これまで、著者として多くの書籍に関ってきましたが、もっともっと読者の声を聞き、もっともっとそれを書籍に反映していきたい、そんな思いから独自に『ネットスクール出版』を創設するに至りました。

　出版社としては、いま歩みを始めたばかりの会社ですが、より良いものを提供していきたいという気持ちは誰にも負けません。

　今後ともよろしくお付き合いください。

2007年5月1日

　　　　　　　　　ネットスクール株式会社

　　　　　　代表取締役社長　桑原 知之